BIBLIOTHÈQUE
LATINE-FRANÇAISE

PUBLIÉE

PAR

C. L. F. PANCKOUCKE.

Exegi monumentum ære perennius.
(Hor., *Od.* lib. III, ode 30.)

PARIS.—IMPRIMERIE DE C. L. F. PANCKOUCKE,
Rue des Poitevins, n. 14.

THÉATRE
DE PLAUTE

TRADUCTION NOUVELLE
ACCOMPAGNÉE DE NOTES

PAR J. NAUDET

MEMBRE DE L'INSTITUT (INSCRIPTIONS ET BELLES-LETTRES).

TOME HUITIEME.

PSEUDOLUS. — LE CORDAGE.

PARIS
C. L. F. PANCKOUCKE
MEMBRE DE L'ORDRE ROYAL DE LA LÉGION D'HONNEUR
ÉDITEUR, RUE DES POITEVINS, N° 14.

M DCCC XXXVII.

PLAUTE.

PSEUDOLUS.

AVANT-PROPOS DE PSEUDOLUS.

Caton s'écrie, dans le *Dialogue sur la Vieillesse:* « Que Plaute aimait son *Pseudolus !* qu'il aimait son *Truculentus* [1] ! » Caton était-il en effet dans la confidence de Plaute? Cicéron aurait-il pu certifier l'authenticité du mot de Caton, et la préférence donnée à ces deux comédies par l'auteur sur ses autres ouvrages? Quand le fait serait historique, il ne faudrait pas encore, quoique nous ne fussions pas de l'avis de Plaute lui-même, ajouter cet exemple aux exemples nombreux des prédilections malheureuses de poètes et de pères pour leurs enfans disgraciés; car ces deux productions, si elles ne se rangent pas parmi les plus ingénieuses de Plaute, y doivent tenir cependant un rang distingué. Je prendrai le mot de Caton pour ce qu'il est réellement, pour une fiction, et Cicéron aura exprimé son propre jugement, celui du public latin.

Alors se vérifie l'observation que nous avons déjà faite plusieurs fois sur les connaissances, sur le goût des Romains relativement à la composition et aux sujets dramatiques ; combien peu ils appréciaient, ou remarquaient même, l'art de motiver les péripéties, et de ne laisser rien d'incomplet dans le dénoûment, rien d'inachevé, ou d'insuffisamment expliqué dans le cours de l'action ; combien ils sacrifiaient volontiers, ou même à leur insu, le mérite de l'ensemble, pourvu que l'effet comique des scènes les divertît. Le vieux Simon, qui se déclare d'abord si courroucé, si sévère, si défiant, n'accepte-t-il pas trop aisément à la fin une transaction avec Pseudolus ? Et Pseudolus, qui s'était engagé à duper le prostitueur, à duper le vieillard, ne nous frustre-t-il pas d'une des intrigues promises, grâce à la complaisance de celui des deux ennemis qui semblait le plus difficile à vaincre, parce qu'il était averti, et auquel Pseudolus avait lancé le défi le plus propre à piquer la curiosité du spectateur ? Le complot contre le prosti-

---

[1] *De Senectute,* c. xiv.

tueur est habilement conçu, et surtout fort gaîment exécuté : c'en était assez pour les Romains ; les modernes auraient demandé pourquoi le vieux Simon change tout à coup ses dispositions hostiles en une simple gageure, et avoue sa partie perdue lorsque le prostitueur seul a succombé.

Voilà donc les sujets toujours représentés, toujours applaudis à Rome et dans la Grèce, le fonds, l'âme de la comédie ancienne, de la comédie, cette image de la réalité, ce miroir de la vie humaine, au dire de Cicéron[1] : une guerre de ruse et de fourberie contre un marchand de courtisanes, ou des triomphes insolens de courtisanes maîtresses d'elles-mêmes ; toujours le tableau de la perversité, de l'avarice, de la perfidie, dans le trafic privilégié et patenté du vice et de la débauche ; toujours la société des lieux de prostitution.

Ici, quoique Pseudolus donne son nom à la comédie, quoiqu'il demeure victorieux et maître du champ de bataille, ce n'est pas lui qui est le héros de la fable. C'est Ballion le prostitueur, Ballion le vaincu, qui fait le principal personnage : ce rôle était celui du coryphée de la troupe; celui que le fameux Roscius affectionnait entre tous les autres et dans lequel il enlevait tous les suffrages[2]. Ballion était le prostitueur par excellence; il était devenu le modèle et le type du genre, son nom était passé en proverbe.

Il se rencontre dans les comédies de Plaute plus de fripons que d'honnêtes gens, plus d'insensés que de sages, plus d'êtres vicieux que de personnes intègres et pures. Tel est le génie de la muse comique. C'est dans la malignité de l'espèce humaine que la malignité de Thalie a puisé ses inspirations ; le public est un maître qu'elle sert selon ses goûts, et dont elle subit même les caprices. On ne rit pas d'un modèle de vertu, on l'admire. Mais on se lasse d'admirer ; on ne se lasse pas de s'égayer d'un ridicule ou d'un vice.

Une femme de beaucoup d'esprit, auteur de plusieurs romans célèbres, répondit un jour à un ami qui lui reprochait d'accu-

---

[1] *Voyez* Donat, *Traité de la tragédie et de la comédie*, et Cic., *pro Sex. Roscio*, c. XVI.

[2] Cic., *pro Roscio com.*, c. VII.

muler trop d'infortunes sur ses héros : « Que voulez-vous ? est-ce qu'on peut faire une page avec le bonheur ? » Un auteur comique serait fondé aussi à dire : « Est-ce qu'on peut faire une comédie avec la perfection de la raison et de la vertu ? » Une raison médiocre, une vertu ordinaire toucheraient peu les spectateurs. Il faut qu'elles soutiennent de rudes épreuves, des combats pénibles, des atteintes douloureuses. Mais alors les ris, les jeux, la gaîté s'enfuient de la scène, et Thalie, sans y penser, prend le masque de Melpomène pour le sien. Les larmes ne lui vont pas; elle grimace quand elle pleure; et comment attendrir sans faire couler des larmes ? comment intéresser vivement à la vertu sans attendrir ?

Dans le dernier siècle on vit naître, d'une alliance monstrueuse, un être bâtard, le comique larmoyant. Son nom formé de ces deux mots étonnés de se trouver accouplés, suffit pour signaler la fausseté de sa bizarre nature. Assurément il n'est pas de la famille de Molière. Molière a bien compris qu'un spectacle comique vivait seulement de ridicule et de gaîté, et ne demandait d'autre aliment que les folies et les travers des hommes. Il nous montre toujours des fous d'ambition, des fous d'amour, des fous d'avarice, des fous de préjugés, quelques méchans, mais en moins grand nombre, et toujours dans des positions plaisantes, dont l'effet tempère l'indignation et l'horreur qu'excite une méchanceté profonde.

Les gens raisonnables ne figurent dans les pièces de Molière qu'au second plan; on aime à les voir et à les entendre comme objets de comparaison, comme auxiliaires habiles à rectifier les erreurs, à réparer ou empêcher les bévues, à confondre les impostures. Mais ils doivent leur succès à leur discrétion : s'ils avaient la prétention de paraître trop souvent et trop long-temps, ils refroidiraient la scène; ils font mieux de la livrer aux fous et aux méchans, pour que les fous et les méchans se livrent à notre dérision.

Le Molière latin a suivi une méthode pareille, mais avec moins de génie et de fécondité. La peinture des extravagances, des ridicules, des passions outrées ou mauvaises peut devenir fastidieuse, si elle n'étale pas assez d'originaux divers, si elle ne leur prête pas assez de masques différens. Il ne suffit pas de varier l'intrigue, il faut encore varier les personnages.

Cependant n'imputons pas trop sévèrement à Plaute et aux poètes comiques de l'antiquité, un défaut qui résultait nécessairement de l'état de la société, ou, pour mieux dire, de l'absence complète d'habitudes sociales dans la vie privée. Cet intermédiaire entre la solitude domestique et le tumulte de la place publique, le commerce du monde, les réunions de personnes des deux sexes, de familles différentes, d'états différens, assemblées pour le plaisir de converser décemment ensemble, n'avaient point lieu en ce temps; on n'en avait pas d'idée. Le Romain était père de famille dans son intérieur, soldat dans le camp, citoyen dans le Forum; s'il voulait être quelque chose d'analogue à ce que nous appelons homme du monde, homme de plaisir, et il le voulait généralement, journellement, il cherchait ses distractions dans le libertinage et l'ivrognerie; ses salons étaient les mauvais lieux; et, comme le dit un personnage de Plaute [1], la maison du prostitueur devenait le rendez-vous de tous, du plébéien et du chevalier, de l'honnête homme et du fripon tout ensemble. La comédie dut se ressentir de cette uniformité de l'existence commune, surtout quand elle s'abstint de toucher à la politique, et se renferma dans une philosophie générale, qui n'eut à observer désormais que la partie clandestine des mœurs, et non pas la société proprement dite; elle était privée ainsi de la ressource de ces mille nuances de caractères, de ces diversités d'esprits et de manières, que produisent le contraste des professions et l'influence des femmes dans les cités modernes; alors toutes les variétés individuelles allaient se perdre dans cette ignorance universelle, profonde de la sociabilité polie, et dans cette perpétuelle monotonie de l'unique opposition de l'homme libre à l'esclave, du citoyen à l'homme séparé de la cité.

[1] *Le Carthaginois*, v. 830-834.

DRAMATIS PERSONÆ.

PSEUDOLUS, servos.
CALIDORUS, adulescens.
BALLIO, leno.
LORARII IV.
SIMO, } senes.
CALLIPHO, }
HARPAX, cacula.
CHARINUS, adulescens.
PUER.
COCUS.
SIMIA, sycophanta.
PHOENICIUM, meretrix.

PERSONNAGES.

PSEUDOLUS, esclave de Simon, suivant de Calidore.
CALIDORE, fils de Simon, amant de Phénicie.
BALLION, prostitueur.
QUATRE ESCLAVES de Ballion.
SIMON, père de Calidore.
CALLIPHON, vieillard, ami de Simon.
HARPAX, valet de militaire.
CHARIN, jeune homme, ami de Calidore.
UN ESCLAVE de la maison du prostitueur.
UN CUISINIER.
SINGE, agent d'intrigue.
PHÉNICIE, maîtresse de Calidore, personnage muet.

ARGUMENTUM

(UT QUIBUSDAM VIDETUR)

PRISCIANI.

*P*RÆSENTEIS numerat quindecim miles minas,
*S*imul consignat symbolum, ut Phœnicium
*E*i det leno, qui eum cum reliquo adferat.
*V*enientem caculam intervortit symbolo,
*D*icens Syrum se Ballionis, Pseudolus:
*O*pemque herili ita tetulit: nam Simiæ
*L*eno mulierem, quem is subposuit, tradidit.
*V*enit Harpax verus; res palam congnoscitur:
*S*enexque argentum, quod erat pactus, reddidit.

ARGUMENT ACROSTICHE

<small>ATTRIBUÉ</small>

A PRISCIEN LE GRAMMAIRIEN.

Un militaire donne quinze mines comptant au prostitueur, et lui remet une empreinte de son cachet, qui doit servir de signe de reconnaissance à l'homme qui apportera la pareille avec le reste de l'argent pour emmener Phénicie. A peine le valet du militaire est-il arrivé, Pseudolus lui escroque sa lettre, en se faisant passer pour Syrus, esclave de Ballion : le drôle sauve ainsi son jeune maître. Car le prostitueur livre la fille à Singe, complice de Pseudolus. Vient ensuite le véritable Harpax ; le mystère se découvre, et le père paie la somme qu'il avait gagée.

ALIUD ARGUMENTUM

AB ILL. ANG. MAIO E PALIMPSESTO DEPROMPTUM.

CALIDORUS [scortum juvenis Phœnicium [1]]
Ecflictim deperibat numorum indigus.
Eamdem miles qui viginti mulierem
Minis mercatus abiit, absolvit quindecim.
Scortum reliquit ad lenonem ac symbolum:
Ut qui adtulisset signum simile cætero
Cum pretio, secum aveheret emtam mulierem.
Mox missus ad prehendendum scortum a milite
Venit calator militaris. Hunc [dolo [2]]
Adgreditur adulescentis servos Pseudolus,
Tanquam lenonis atriensis. Symbolum
Aufert, [atque [3]] minas quinque abceptas mutuas
Dat subdititio caculæ cum symbolo.
Lenonem fallit sycophantiose [4] cacula.
Scorto Calidorus potitur, vino [5] Pseudolus.

[1] Voces uncis inclusas Maius supplevit pro deficientibus.
[2] Maius *artibus*.
[3] Maius *et*.
[4] MS. secophantacie.
[5] MS. vivo Seudulo. Maius mutabat *astu* vel *fraude*.

AUTRE ARGUMENT

QUI SE TROUVE DANS LE PALIMPSESTE DE M. ANG. MAI.

Le jeune Calidore se mourait d'amour pour la courtisane Phénicie, mais l'argent lui manquait. Elle fut achetée vingt mines par un militaire, qui en paya quinze sur-le-champ, et qui partit, laissant chez le prostitueur la courtisane, et en même temps un signe de reconnaissance, afin que, sur la présentation d'un pareil, le reste de la somme payé, on emmenât la belle qui lui appartenait. Bientôt arrive pour la chercher un valet du militaire. L'esclave de Calidore, Pseudolus, l'attaque adroitement en se faisant passer pour l'intendant du prostitueur. Il lui dérobe le signe de reconnaissance, et le donne à un messager supposé, avec cinq mines qu'on lui a prêtées. Le faux soudard trompe le prostitueur; Calidore devient possesseur de son amie, et Pseudolus d'une cruche de vin.

M. ACCII PLAUTI

SARSINATIS UMBRI

PSEUDOLUS.

PROLOGUS.

« Studete hodie mihi, bona in scenam adfero:
« Nam bona bonis ferri reor æquom maxume,
« Ut mala malis; ut, qui mali sunt, habeant mala,
« Qui boni, bona. Bonos quod oderint mali,
« Sunt mali; malos quod oderint boni, bonos
« Esse oportet : vosque ideo estis boni, quandoquidem
« Semper odistis malos; et lege et legionibus
« Hos fugitastis, Quirites, subcessis bonis.
« Huic vos nunc pariter bonam boni operam date gregi,
« Qui bonus est, et hodie ad bonos adfert bona.
« Aureis, oculi, animus, ampliter fient saturi.
« In scenam qui jejunus venerit, aut sitiens,
« Is risu et ventre raso vigilabit sedulo;
« Dum ridebunt saturi, mordebunt famelici.
« Nunc, si sapitis, cedite, jejuni, atque discedite.
« Vos, saturi, state, imo sedete, atque adtendite:

PSEUDOLUS

COMÉDIE

DE PLAUTE.

PROLOGUE.

« Accordez-moi votre faveur aujourd'hui, j'apporte ici du bon. En effet, on doit offrir aux bons de bonnes choses, c'est tout juste, comme des mauvaises aux méchans, pour qu'il arrive mal aux méchans et bien aux bons : les méchans sont ennemis des bons, c'est ce qui fait qu'ils sont méchans ; les bons sont ennemis des méchans, c'est ce qui fait qu'ils sont bons. Aussi êtes-vous bons, Romains, parce que les méchans vous furent toujours odieux ; vos lois et vos légions n'ont pas cessé de les poursuivre et d'avoir bon succès. Que votre bonté ne se démente pas aujourd'hui, écoutez bonnement cette bonne troupe comique, prête à donner du bon à un bon public. Les oreilles, les yeux, l'esprit auront de quoi se repaître amplement. Si quelqu'un vient au théâtre avec la faim ou la soif, il n'aura qu'à se tenir bien éveillé, le rire ni les alimens ne l'incommoderont pas ; pendant que

« Non argumentum, neque hujus nomen fabulæ
« Nunc proloquar ego ; satis id faciet Pseudolus ;
« Satis id dictum vobis puto jam atque deputo.
« Ubi lepos, joci, risus, vinum, ebrietas decent,
« Gratiæ, decor, hilaritas, atque delectatio,
« Qui quærit alia, is malum videtur quærere ;
« Curas malas abjicite jam, ut otiosi, hodie. »
Exporgi meliu'st lumbos, atque exsurgier :
Plautina longa fabula in scenam venit.

les bons vivans riront, les affamés se mordront les lèvres. Si vous faites bien, vous qui n'avez pas dîné, vous nous laisserez, vous vous en irez d'ici. Vous dont la panse est garnie, faites station, ou mieux, prenez séance, et soyez attentifs. Je ne vous annoncerai ni le sujet ni le titre de la pièce; Pseudolus fera très-bien cette affaire. J'en ai dit assez, plus j'y pense et plus j'y repense. Où l'aimable gaîté, les ris, les jeux, le vin et l'ivresse doivent régner avec les grâces, la beauté, la joie et les plaisirs, chercher autre chose, c'est vouloir chercher son malheur. Banissez donc en ce jour les noirs soucis, il est heure de loisir; » (ou sinon), il faut allonger les reins et lever le siège; une grande comédie de Plaute vient occuper la scène.

PSEUDOLUS.

PSEUDOLUS, CALIDORUS[*].

PSEUDOLUS.

Si ex te tacente fieri possem certior,
Here, quæ miseriæ te tam misere macerant,
Duorum labori ego hominum parsissem lubens,
Mei te rogandi, et tui respondendi mihi.
Nunc, quoniam id fieri non potest, necessitas
Me subigit, ut te rogitem; responde mihi :
Quid est, quod tu exanimatus jam hos multos dies
Gestas tabellas tecum, eas lacrumis lavis,
Neque tui participem consili quemquam facis?
Eloquere, ut quod ego nescio, id tecum sciam.

CALIDORUS.

Misere miser sum, Pseudole!

PSEUDOLUS.

     Id te Jupiter
Prohibessit.

CALIDORUS.

   Nihil hoc Jovis ad judicium adtinet :
Sub Veneris regno vapulo, non sub Jovis.

[*] Actus I, Scena 1.

PSEUDOLUS.

PSEUDOLUS, CALIDORE*.

PSEUDOLUS.

Si ton silence, mon maître, pouvait m'apprendre quel chagrin te tourmente si cruellement, je me ferais un plaisir d'épargner une peine à deux personnes à la fois, à moi celle de te questionner, à toi celle de me répondre. Mais puisque la chose n'est pas possible, il faut de toute nécessité que je te presse de questions; réponds-moi : Qu'as-tu depuis quelques jours pour être si désolé en tenant sans cesse à la main ces tablettes, que tu arroses de tes pleurs, sans mettre personne dans ta confidence? Parle, afin que je ne l'ignore plus, et que je sois aussi savant que toi.

CALIDORE, soupirant.

Je suis malheureux, bien malheureux, Pseudolus.

PSEUDOLUS.

Que Jupiter t'en préserve!

CALIDORE.

Cette affaire-ci n'est point du ressort de Jupiter : c'est sous l'empire de Vénus que je souffre la torture, et non par la volonté de Jupiter.

* Acte I, Scène 1.

PSEUDOLUS.
Licet me id scire quid sit? nam tu me antidhac
Supremum habuisti comitem cousiliis tuis.
CALIDORUS.
Idem animus nunc est.
PSEUDOLUS.
Fac me certum quid tibi 'st:
Juvabo aut re, aut opera, aut consilio bono.
CALIDORUS.
Cape has tabellas, tute hinc narrato tibi,
Quæ me miseria et cura contabefacit.
PSEUDOLUS.
Mos tibi geretur: sed quid hoc, quæso?
CALIDORUS.
Quid est?
PSEUDOLUS.
Ut opinor, quærunt literæ hæ sibi liberos,
Alia aliam scandit.
CALIDORUS.
Ludis me ludo tuo.
PSEUDOLUS.
Has quidem, pol, credo, nisi Sibylla legerit,
Interpretari alium potesse neminem.
CALIDORUS.
Cur inclementer dicis lepidis literis,
Lepidis tabellis, lepida conscribtis manu?

PSEUDOLUS.
An, obsecro, hercle, habent quoque gallinæ manus?

PSEUDOLUS.

Puis-je savoir de quoi il s'agit? Autrefois tu me prenais pour le confident le plus intime de tes pensées.

CALIDORE.

Je suis toujours dans les mêmes sentimens.

PSEUDOLUS.

Dis-moi ce que tu as; je t'aiderai ou d'argent comptant, ou d'action, ou de bon conseil.

CALIDORE, lui présentant les tablettes.

Prends ces tablettes, lis, tu te feras toi-même le récit de la douleur et des peines qui me consument.

PSEUDOLUS.

Je vais t'obéir. (*Après avoir regardé l'écriture*) Mais qu'est-ce que c'est que cela, je te prie?

CALIDORE.

Quoi?

PSEUDOLUS.

A ce qu'il me semble, ces lettres veulent avoir de la progéniture, elles grimpent les unes sur les autres.

CALIDORE, avec indignation.

Plaisante-moi, mauvais plaisant.

PSEUDOLUS.

Je crois, par Pollux, qu'à moins d'avoir une Sibylle pour déchiffrer cela, personne n'y comprendra goutte.

CALIDORE.

Pourquoi traiter si brutalement ces tablettes charmantes, ces charmans caractères qu'une main charmante a tracés?

PSEUDOLUS.

Par Hercule, est-ce que les poules ont aussi des

Nam has quidem gallina scribsit.

CALIDORUS.
Odiosus mihi es.
Lege, vel tabellas redde.

PSEUDOLUS.
Imo enim perlegam:
Advortito animum.

CALIDORUS.
Non adest.

PSEUDOLUS.
At tu cita.

CALIDORUS.
Imo ego tacebo, tu hinc ex cera cita:
Nam isteic meus animus nunc est, non in pectore.

PSEUDOLUS.
Tuam amicam video, Calidore.

CALIDORUS.
Ubi ea est, obsecro?

PSEUDOLUS.
Eccam in tabellis porrectam; in cera cubat.

CALIDORUS.
At te di deaeque, quantus es.....

PSEUDOLUS.
Servassint quidem.

CALIDORUS.
Quasi solstitialis herba, paulisper fui;
Repente exortus sum, repentino obcidi.

mains, je te prie? car c'est une poule qui a écrit cette missive.

CALIDORE.

Tu m'assommes. Lis, ou rends les tablettes.

PSEUDOLUS.

Non, je lirai, et tout. Attention.

CALIDORE.

Ai-je l'esprit présent?

PSEUDOLUS.

Eh bien, somme-le de comparoir.

CALIDORE.

Non, ce n'est pas moi qui lui ferai sommation; demande-le plutôt à ces tablettes, c'est là qu'il réside, et non dans mon sein.

PSEUDOLUS, regardant l'écrit.

Je vois ta bonne bonne amie, Calidore.

CALIDORE.

Où est-elle, je te prie?

PSEUDOLUS.

La voici couchée sur ces tablettes; elle est tout au long sur la cire.

CALIDORE.

Que les dieux et les déesses fassent de toi et de toute ta personne....

PSEUDOLUS.

Un heureux, par ma foi.

CALIDORE, d'un ton lamentable.

Comme l'herbe née pendant le solstice, j'ai fleuri un moment; à peine florissant, soudain je meurs.

PSEUDOLUS.

Tace, dum tabellas perlego.

CALIDORUS.

Ergo quin legis?

PSEUDOLUS.

« Phœnicium Calidoro amatori suo
Per ceram et linum literasque interpretes
Salutem mittit, et salutem abs te expetit,
Lacrumans titubanti animo, corde, et pectore. »

CALIDORUS.

Perii! salutem nusquam invenio, Pseudole,
Quam illi remittam.

PSEUDOLUS.

Quam salutem?

CALIDORUS.

Argenteam.

PSEUDOLUS.

Pro lignean' salute vis argenteam
Remittere illi? vide, sis, quam tu rem geras.

CALIDORUS.

Recita modo : ex tabellis, jam faxo, scies,
Quam subito argento mi usus invento siet.

PSEUDOLUS.

« Leno me peregre militi macedonico
Minis viginti vendidit, voluptas mea :
Et priusquam hinc abiit, quindecim miles minas
Dederat; nunc unæ quinque remorantur minæ.
Ea causa miles heic reliquit symbolum,

PSEUDOLUS.

Tais-toi, pendant que je lis ces tablettes.

CALIDORE.

Eh bien, lis donc.

PSEUDOLUS, lisant.

« Phénicie à Calidore, son amant. Cette cire close sous ce fil, ces lignes interprètes de ma pensée, te saluent de ma part, et te demandent salut pour moi, pour ton amante éplorée, qui sent défaillir son âme, son esprit, son cœur. »

CALIDORE.

O désespoir ! je ne puis trouver le moyen, Pseudolus, de lui rendre son salut.

PSEUDOLUS.

Et comment veux-tu le rendre ?

CALIDORE.

En argent.

PSEUDOLUS, montrant les tablettes.

Elle te le donne sur bois, et tu le lui rendrais en argent ! Prends-y garde, tu ne fais pas là de bonnes affaires.

CALIDORE.

Lis toujours : ces tablettes t'apprendront quel besoin d'argent me presse.

PSEUDOLUS, reprenant la lecture.

« Chère âme, le prostitueur m'a vendue vingt mines à un militaire macédonien, pour aller en pays étranger. Le militaire est parti, mais en donnant d'avance quinze mines ; il n'en reste plus que cinq à payer ; et il a laissé une empreinte de son cachet, où son portrait est gravé,

Expressam in cera ex anulo suam imaginem,
Ut qui huc adferret ejus similem symbolum,
Cum eo simul me mitteret. Ei rei dies
Hæc præstituta 'st, proxuma Dionysia. »

CALIDORUS.

Cras ea quidem sunt : prope adest exitium mihi,
Nisi quid mihi in te est auxili.

PSEUDOLUS.

Sine perlegam.

CALIDORUS.

Sino, nam mihi videor cum ea fabularier;
Lege, dulce amarumque una nunc misces mihi.

PSEUDOLUS.

« Nunc nostri amores, mores, consuetudines,
Jocus, ludus, sermo, suavis saviatio,
Conpressiones arctæ amantum conparum,
Teneris labellis molleis morsiunculæ,
Papillarum horridularum obpressiunculæ;
Harum voluptatum mihi omnium, atque itidem tibi
Distractio, discidium, vasticies venit,
Nisi quæ mihi in te 'st aut tibi est in me salus.
Hæc quæ ego scivi, ut scires curavi omnia :
Nunc ego te experiar quid ames, quid simules. Vale. »

CALIDORUS.

Est misere scribtum, Pseudole !

PSEUDOLUS.

Oh miserrume !

CALIDORUS.

Quin fles ?

pour que la pareille servît de pièce de crédit à l'homme qui la présenterait en venant me chercher de sa part. Le jour est fixé aux prochaines Dionysiaques. »

CALIDORE.

Et c'est demain ! Je suis sur le bord de l'abîme, si tu ne viens à mon secours.

PSEUDOLUS, avec un flegme affecté.

Laisse-moi achever.

CALIDORE.

Achève, car il me semble que je m'entretiens ainsi avec elle. Lis, c'est pour moi un breuvage mêlé de douceur et d'amertume.

PSEUDOLUS, reprenant la lecture.

« Voilà que nos plaisirs, nos désirs, nos entretiens, avec les ris, les jeux, la causerie, le suave baiser, et les intimes étreintes d'un couple amoureux, et les tendres morsurettes imprimées sur des lèvres caressantes, et les frémissemens d'un sein mollement pressé, tout est détruit; plus de voluptés; on nous sépare, on nous arrache l'un à l'autre, si nous ne trouvons toi en moi, moi en toi, un appui salutaire. J'ai voulu te faire savoir tout ce que je savais. Je verrai maintenant si tu m'aimes, ou si ton amour n'est qu'une feinte. Adieu. »

CALIDORE, avec un profond soupir.

Que cette lettre est attendrissante, Pseudolus!

PSEUDOLUS, d'un ton ironiquement douloureux.

Ah! déchirante!

CALIDORE.

Pourquoi ne pleures-tu pas?

PSEUDOLUS.

Pumiceos oculos habeo : non queo
Lacrumam exorare ut exspuant unam modo.

CALIDORUS.

Quid ita?

PSEUDOLUS.

Genus nostrum semper siccoculum fuit.

CALIDORUS.

Nihilne adjuvare me audes ?

PSEUDOLUS.

Quid faciam tibi?

CALIDORUS.

Heu !

PSEUDOLUS.

Heu ? id quidem tibi, hercle, ne parsis, dabo.

CALIDORUS.

Miser sum ; argentum nusquam invenio mutuum,
Pseudole.

PSEUDOLUS.

Heu !

CALIDORUS.

Neque intus numus ullus est.

PSEUDOLUS.

Eheu !

CALIDORUS.

Ille abducturus est mulierem cras.

PSEUDOLUS.

Eheu !

PSEUDOLUS.

J'ai des yeux de roc : impossible d'en tirer une larme ; j'ai beau les prier.

CALIDORE.

Comment cela ?

PSEUDOLUS.

Notre famille a toujours été la famille aux yeux secs.

CALIDORE.

Est-ce que tu ne veux pas m'aider un peu ?

PSEUDOLUS.

Que puis-je faire pour toi ?

CALIDORE.

Hélas !

PSEUDOLUS.

Des hélas, par Hercule ? ne t'en fais pas faute, j'en ai à ton service.

CALIDORE.

Que je suis malheureux, Pseudolus ! je ne trouve nulle part d'argent à emprunter.

PSEUDOLUS.

Hélas !

CALIDORE.

Je n'ai pas un seul denier à la maison.

PSEUDOLUS.

Hélas !

CALIDORE.

Demain elle m'est ravie.

PSEUDOLUS.

Hélas !

CALIDORUS.

Istoccine pacto me adjutas?

PSEUDOLUS.

Do id quod mihi 'st.
Nam is mihi thesaurus jugis in nostra 'st domo.

CALIDORUS.

Actum hodie de me est : sed potes nunc mutuam
Drachmam dare mihi unam, quam cras reddam tibi?

PSEUDOLUS.

Vix hercle, opinor, si me obponam pignori.
Sed quid de drachma facere vis?

CALIDORUS.

Restim volo
Mihi emere.

PSEUDOLUS.

Quamobrem?

CALIDORUS.

Quî me faciam pensilem.
Certum 'st mihi ante tenebras tenebras persequi.

PSEUDOLUS.

Quis mi igitur drachmam reddet, si dederim tibi?
An tu te ea causa vis sciens suspendere,
Ut me defrudes drachma, si dederim tibi?

CALIDORUS.

Profecto nullo pacto possum vivere,
Si illa a me abalienatur atque abducitur.

PSEUDOLUS.

Quid fles, cucule? vives.

CALIDORE.

Est-ce ainsi que tu viens à mon aide?

PSEUDOLUS.

Je te donne ce que j'ai. Car de cette monnaie-là, j'en ai un trésor inépuisable au logis.

CALIDORE.

C'est fini de moi aujourd'hui. Ne peux-tu pas me prêter une drachme seulement, que je te rendrai demain?

PSEUDOLUS.

Ce serait tout au plus, je crois, par Hercule, quand je me mettrais en gage moi-même. Mais que veux-tu faire d'une drachme?

CALIDORE.

J'achèterai une corde.

PSEUDOLUS.

A quel usage?

CALIDORE.

Pour me pendre. Oui, j'y suis résolu, avant la nuit je serai descendu dans la nuit éternelle.

PSEUDOLUS.

Et qui est-ce qui me paiera la drachme, si je te la prête? Est-ce que tu veux te pendre tout exprès pour me voler l'argent que je t'aurai prêté?

CALIDORE, désespéré.

Non, je ne peux plus vivre si je la perds, si on me l'enlève.

PSEUDOLUS.

Pourquoi pleures-tu, coucou? tu ne mourras pas.

CALIDORUS.
Quid ego ni fleam,
Quoi nec paratus numus argenti siet,
Neque quoi libellæ spes sit usquam gentium?
PSEUDOLUS.
Ut literarum ego harum sermonem audio,
Nisi tu illi drachmis fleveris argenteis,
Quod tu istis lacrumis te probare postulas,
Non pluris refert, quam si imbrem in cribrum geras.
Verum ego te amantem, ne pave, non deseram.
Spero, alicunde hodie me bona opera, aut hac mea,
Tibi inventurum esse auxilium argentarium.
Atque id futurum, unde, unde dicam nescio,
Nisi quia futurum 'st : ita supercilium salit.

CALIDORUS.
Utinam quæ dicis, dictis facta subpetant!
PSEUDOLUS.
Scis tu quidem, hercle, mea si conmovi sacra,
Quo pacto et quantas soleam turbelas dare!
CALIDORUS.
In te nunc sunt omneis spes ætati meæ.
PSEUDOLUS.
Satin' est, si hanc hodie mulierem ecficio tibi,
Tua ut sit, aut si tibi do viginti minas?
CALIDORUS.
Satis, si futurum 'st.

PSEUDOLUS.
Roga me viginti minas,

CALIDORE.

Comment ne pleurerais-je pas, quand je n'ai pas un scrupule d'argent vaillant, pas une obole à espérer au monde?

PSEUDOLUS.

Autant que je peux comprendre le langage de cette lettre, à moins que tu ne pleures des larmes d'argent, toutes tes larmes ne prouveront rien à ta belle, et ne feront pas plus que si tu jetais de l'eau dans un crible. Mais n'aie pas peur, je ne t'abandonnerai pas. J'espère aujourd'hui par mes bons soins, ou avec le secours de cette main (*montrant sa main gauche*), trouver quelque part un renfort d'argent pour tes amours. Où le prendrai-je? où? je n'en sais rien. Mais nous l'aurons, mon sourcil qui tressaille me le dit.

CALIDORE.

Pourvu que l'évènement réponde à tes paroles!

PSEUDOLUS, se redressant avec fierté.

Tu sais bien, par Hercule, quand je remue l'intérieur de mon temple, si je fais tapage.

CALIDORE.

En toi est tout l'espoir de ma vie.

PSEUDOLUS.

Seras-tu content, si, aujourd'hui même, je t'assure la possession de ta belle, ou te procure vingt mines?

CALIDORE.

Sans doute; (*avec un ton d'incrédulité*) si tu y parviens.

PSEUDOLUS.

Demande-moi vingt mines, pour t'apprendre que j'ai

Ut me ecfecturum tibi, quod promisi, scias :
Roga, obsecro, hercle; gestio promittere.

CALIDORUS.

Dabisne argenti mihi hodie viginti minas ?

PSEUDOLUS.

Dabo, molestus nunc jam ne sis mihi.
Atque hoc ne dictum tibi neges, dico prius,
Si neminem alium potero, tuom tangam patrem.

CALIDORUS.

Di te mihi omneis servent : verum si potes
Pietatis causa vel etiam matrem quoque.

PSEUDOLUS.

De istac re in oculum utrumvis conquiescito.

CALIDORUS.

Oculum utrum, anne in aurem ?

PSEUDOLUS.

      At hoc pervolgatum 'st minus.
Nunc ne quis dictum sibi neget, dico omnibus,
Pube præsenti, in concione, omni poplo,
Omnibus amicis, gnotisque edico meis,
In hunc diem a me caveant, ne credant mihi.

CALIDORUS.

St ! tace, obsecro, hercle.

PSEUDOLUS.

      Quid negoti 'st ?

le pouvoir de faire ce que je promets. Demande, par Hercule, je t'en prie. Il me tarde de m'engager à les donner.

CALIDORE.

Me donneras-tu aujourd'hui vingt mines?

PSEUDOLUS, prenant un air d'importance.

Je les donnerai; ne m'importune pas davantage. Et je t'avertis, ne va pas le nier ensuite, que j'attraperai ton père, si je ne peux pas attraper un autre.

CALIDORE.

Que les dieux te protègent! Mais si c'est possible, en bon fils, je te prie de ne pas épargner non plus ma mère.

PSEUDOLUS.

Pour ce qui est de ton affaire, tu peux dormir sur l'un et l'autre œil.

CALIDORE.

L'un et l'autre œil? ou l'une et l'autre oreille?

PSEUDOLUS.

Le premier est moins commun. (*Prenant le ton des proclamations*) Maintenant, afin qu'on n'en puisse prétexter ignorance, j'en donne avis à tous, en présence des citoyens, en pleine assemblée; j'avertis le public, et tous mes amis, et mes connaissances, de se défier de moi aujourd'hui, et de ne pas m'en croire.

CALIDORE.

St! tais-toi, par Hercule, je te prie.

PSEUDOLUS.

Qu'est-ce qui arrive?

CALIDORUS.

Ostium
Lenonis crepuit.

PSEUDOLUS.

Crura mavellem modo.

CALIDORUS.

Atque ipse egreditur penitus perjurum caput.

LENO, LORARII IV, PSEUDOLUS, CALIDORUS*.

LENO.

Exite, agite, ite ingnavi, male habiti, et male conciliati,
Quorum nunquam quidquam quoiquam venit in mentem, ut recte faciant;
Quibus, nisi ad hoc exemplum experior, non potest usurpari usura.
Neque ego homines magis asinos unquam vidi, ita plagis costæ callent;
Quos dum ferias, tibi plus noceas; eo enim ingenio hi sunt flagritribæ :
Qui hæc habent consilia, ubi data obcasio 'st, rape, clepe, tene, harpaga,
Bibe, es, fuge, hoc est eorum opus.
Ut mavelis lupos apud oveis linquere, quam hos domi custodes.

* Actus I, Scena II.

CALIDORE.

J'entends craquer la porte du prostitueur.

PSEUDOLUS.

Que ne sont-ce plutôt ses jambes!

CALIDORE.

C'est lui-même qui sort, le traître.

BALLION, QUATRE ESCLAVES, PSEUDOLUS, CALIDORE*.

(Pseudolus et Calidore se tiennent à l'écart.)

BALLION, aux esclaves.

Allons, venez, approchez, vauriens trop chèrement nourris, trop chèrement achetés, dont pas un n'aurait jamais l'idée de bien faire, et de qui je ne peux tirer aucun service, qu'en m'y prenant de la sorte (*il les bat*). Je n'ai pas vu d'ânes comme ces animaux-là, tant ils ont les côtes endurcies aux coups. Qu'on les batte, on leur fait moins de mal qu'à soi-même. Telle est leur nature; c'est la mort aux étrivières. Toutes leurs pensées se réduisent à ceci : profiter de l'occasion et piller, filouter, agripper, emporter, boire, manger, s'enfuir; voilà toute leur besogne. On aimerait mieux laisser des loups dans une bergerie, que de pareils gardiens à la maison. Et cependant, regardez leur mine, on les prendrait pour d'assez bons serviteurs. Mais à l'œuvre, comme ils trom-

---

* Acte I, Scène II.

At faciem quom adspicias eorum haud mali videntur,
　　opera fallunt.
Nunc adeo hanc edictionem nisi animum advortitis
　　omneis,
Nisi somnum socordiamque ex pectore oculisque amo-
　　vetis,
Ita ego vostra latera loris faciam, ut valide varia sint,
Ut ne peristromata quidem æque picta sint campanica,
Neque alexandrina belluata conchyliata tapetia.
Atque heri ante dixeram omnibus, dederamque eas pro-
　　vincias :
Verum ita vos estis perditi, neglegenteis, ingenio in-
　　probo,
Opficium vostrum ut vos malo cogatis conmonerier.
Nempe ita animati estis vos : vincite hoc duritia ergo
　　atque me.
Hoc vide, sis, ut alias res agunt! hoc agite, hoc ani-
　　mum advortite.
Huc adhibete aureis, quæ ego loquar, plagigera genera
　　hominum.
Nunquam, edepol, vostrum durius tergum erit, quam
　　terginum hoc meum.
Quî nunc? doletne? hem, sic datur, si quis herum ser-
　　vos spernit.
Adsistite omneis contra me, et quæ loquor, advortite
　　animum.
Tu qui urnam habes, aquam ingere, face plenum ahe-
　　num sit cito.
Te, cum securi, caudicali præficio provinciæ.

pent ! Or çà, si vous n'écoutez tous l'ordre que je vous signifie, si vous ne bannissez de votre cœur et de vos yeux le sommeil et la paresse, je vous arrangerai les reins d'importance ; ils seront plus chamarrés de dessins et de couleurs que les tentures campaniennes et que la pourpre à ramages des tapis d'Alexandrie. Ne vous avais-je pas fait la leçon hier ? n'avais-je pas distribué les emplois ? Mais vous êtes de si mauvais sujets, de tels fainéans, une si misérable engeance, qu'il faut vous avertir de votre devoir à coups de fouet. Ainsi vous le voulez ; soyez donc assez durs pour triompher de ceci (*montrant un fouet de cuir*) et de moi.... Regardez-les un peu, comme ils ont l'esprit ailleurs. Attention ! qu'on m'écoute ; prêtez l'oreille à mes discours, race patibulaire. Non, par Pollux, votre cuir ne surpassera pas en dureté le cuir de mon fouet. (*Il frappe*) Hein ! hein ! le sentez-vous ? tenez, voilà comme on en donne aux serviteurs désobéissans. Allons, rangez-vous tous devant moi, et soyez tout oreilles pour m'entendre. (*S'adressant à l'un d'eux*) Toi qui as la cruche, apporte de l'eau, et remplis le chaudron vitement. (*A un autre*) Toi, avec ta hache, tu auras la charge de fendeur de bois.

LORARII.

At hæc retunsa 'st.

LENO.

Sine siet : itidem vos quoque estis plagis omneis :
Num qui minus ea gratia tamen omnium opera utor?
Tibi hoc præcipio, ut niteant ædeis; habes quod facias,
    propera, abi intro.
Tu esto lectisterniator : tu argentum eluito, idem ex-
    struito.
Hæc, quom ego a foro revortor, facite, ut obfendam
    parata,
Vorsa, sparsa, tersa, strata, lautaque coctaque omnia
    uti sint.
Nam mihi hodie natalis dies est, decet eum omneis vos
    concelebrare.
Pernam, callum, glandium, sumen, facito in aqua
    jaceant : satin' audis?
Magnifice volo enim summos viros abcipere, ut mihi
    rem esse reantur.
Intro abite, atque hæc cito celebrate, ne mora quæ sit,
    cocus quom veniat,
Mihi : ego eo in macellum, ut piscium quidquid est
    pretio præstinem.
I, puere, præ, ne quisquam pertundat crumenam
    cautio'st.
Vel obperire : est quod domi dicere pæne fui oblitus.
Auditin'? vobis, mulieres, hanc habeo edictionem :
Vos quæ in munditiis, mollitiis, deliciisque ætatulam
    agitis

PSEUDOLUS.

L'ESCLAVE, montrant sa hache.

Mais elle est tout usée.

BALLION.

Sers-t'en comme elle est. Est-ce que vous ne l'êtes pas tous aussi vous autres par les coups? je ne renonce pas pour cela à votre service. (*A un autre*) Je te recommande, toi, de rapproprier la maison ; tu auras assez d'occupation, dépêche, va-t'en. (*A un autre*) Toi, tu auras l'intendance de la salle à manger : nettoie l'argenterie, et range-la sur les buffets. Ayez soin qu'à mon retour du forum je trouve tout apprêté, balayé, arrosé, essuyé, étalé, accommodé, cuit à point. C'est aujourd'hui mon anniversaire, vous devez tous célébrer ma fête. (*A l'esclave marmiton*) Tu auras soin de mettre dans l'eau un jambon, un filet, des ris de porc, une tétine. Tu m'entends? je veux traiter magnifiquement de grands personnages, pour qu'ils me croient à mon aise. (*A tous*) Allez, empressez-vous d'exécuter mes ordres. Qu'il n'y ait point de retard quand le cuisinier viendra. Je vais au marché acheter les poissons les plus exquis. (*A un esclave qui porte la bourse sur son épaule*) Marche devant, petit garçon. Il faut prendre garde aux filous qui pourraient faire une trouée à la bourse. Mais attends, j'ai quelques ordres à donner encore à la maison, j'allais l'oublier. (*Il appelle ses courtisanes*) Écoutez, jeunes filles : je vous notifie mes volontés. Vous, les belles élégantes, toujours atifées, choyées, dorlotées, vous qu'on renomme pour faire les délices des grands personnages, c'est aujourd'hui que je vous mettrai à l'épreuve; et que je connaîtrai celle qui s'inquiète de son

Viris cum summis inclutæ amicæ, nunc ego scibo,
    atque hodie experiar,
Quæ capiti, quæ ventri operam det, quæque suæ rei,
    quæ somno studeat :
Quam libertam fore mihi credam, et quam venalem,
    hodie experiar.
Facite hodie, ut mihi munera multa huc ab amatoribus
    conveniant.
Nam nisi penus annuus hodie convenit, cras populo
    prostituam vos.
Natalem scitis mihi diem esse hunc : ubi isti sunt, qui-
    bus vos oculi estis,
Quibus vitæ, quibus deliciæ estis, quibus savia, mam-
    milla, mellitæ?
Manipulatim mihi munerigeruli facite ante ædeis jam
    heic adsint.
Cur ego vestem, aurum, atque ea quibus est vobis usui,
    præhibeo? quid mihi
Domi, nisi malum, vostra opera est hodie, inprobæ?
    vino modo cupidæ estis :
Eo vos vostros pantices usque adeo madefacitis, quom
    ego sim heic siccus.
Nunc adeo hoc factum'st optumum, ut nomine quamque
    adpellem suo;
Ne dictum esse actutum sibi quæpiam vostrarum mihi
    neget : advortite animum cunctæ.
Principio, Hedylium, tecum ago, quæ amica es frumen-
    tariis,
Quibus cunctis monteis maxumi acervi frumenti sunt
    domi :

état à venir, de sa subsistance, de ses intérêts, celle qui ne songe qu'à dormir ; je verrai qui doit devenir mon affranchie, qui je dois vendre comme servante. Tâchez que les présens m'arrivent en abondance aujourd'hui de la part de vos amans ; car si mes provisions de toute l'année ne sont amassées en ce jour, demain je vous expose aux caprices des passans. Vous savez que c'est aujourd'hui mon anniversaire ; viennent donc ceux qui vous aiment comme leurs propres yeux, qui vous appellent : « Ma vie, mes délices, mon bouchon, mon tétet mignon, mon miel. » Faites en sorte que leur troupe se présente à ma porte armée de cadeaux. A quoi me sert de vous entretenir de robes, de bijoux, de tout ce qui vous est nécessaire ? Que me revient-il de votre industrie, coquines, sinon des ennuis ? Vous n'aimez que le vin ; aussi vous vous arrosez le gosier, tandis que je suis à sec. (*Après une pause*) Le mieux est que j'appelle chacune par son nom, pour qu'il n'y en ait pas parmi vous qui puisse prétexter ignorance. Soyez donc toutes attentives. C'est à toi d'abord que je m'adresse, Hédylie, la bonne amie de ces marchands de blé qui en ont tous chez eux des amas gros comme des montagnes. Il faut, s'il te plaît, qu'on m'apporte aujourd'hui du blé pour me nourrir moi et ma maison cette année, que j'en regorge, et que, dans les discours de la ville, mon nom soit changé, et qu'on m'appelle au lieu de Ballion, le roi Jason.

Fac, sis, sit delatum huc mihi frumentum, hunc annum
quod satis
Mihi, etiam familiæ omni sit meæ, atque adeo ut fru-
mento adfluam,
Ut civitas nomen mihi conmutet, meque ut prædicet
Lenone ex Ballione regem Iasonem.

CALIDORUS.

Audin', furcifer
Quæ loquitur? satin' magnificus tibi videtur?

PSEUDOLUS.

Pol, iste,
Atque etiam malificus : sed tace, atque hanc rem gere.

LENO.

Æschrodora tu, quæ amicos tibi habes lenonum æmulos
Lanios, qui item ut nos jurando jure malo quærunt rem,
audi :
Nisi carnaria tria grandia tergoribus oneri uberi hodie
Mihi erunt, cras te quasi Dircam olim, ut memorant, duo
Gnati Jovis devinxere ad taurum, item, hodie stringam
ad carnarium : id tibi
Profecto taurus fiet.

PSEUDOLUS.

Nimis sermone hujus ira incendor.
Hunccine heic hominem pati colere juventutem atticam?
Ubi sunt, ubi latent, quibus ætas integra 'st, qui amant
a lenone?
Quin conveniunt, quin una omneis peste hac populum
hunc liberant?
Sed nimis sum stultus, nimium fui indoctus; ne illi au-
deant

CALIDORE, bas à Pseudolus.

L'entends-tu discourir, le pendard? Est-il fier! que t'en semble?

PSEUDOLUS.

Oui, et fièrement scélérat. Mais silence, et fais attention.

BALLION.

Toi, Eschrodore, qui as pour amans les dignes émules des prostitueurs, les bouchers qui s'enrichissent comme nous par le mensonge et la fraude, écoute : Si je n'ai aujourd'hui trois immenses crocs garnis, chargés de viande, tu sais comme les fils de Jupiter attachèrent Dircé à un taureau furieux, je t'enchaînerai au croc tout de même. Cela vaudra bien le taureau.

PSEUDOLUS, bas à Calidore.

Je me sens bouillir de colère en l'entendant parler. Comment la jeunesse athénienne souffre-t-elle qu'un être pareil habite cette ville? Où sont, où se cachent nos gars dans la vigueur de l'âge, nos amoureux qui hantent les prostitueurs? Que ne s'assemblent-ils, que ne conspirent-ils pour délivrer la cité de ce fléau? Mais, que je suis bête! je ne sais ce que je dis. Comment auraient-ils ce courage, quand leur amour les asservit

Id facere, quibus ut serviant suus amor cogit, simul
Prohibet, faciant advorsum eos quod volunt.

CALIDORUS.

Vah, tace.

PSEUDOLUS.

Quid est?

CALIDORUS.

Male morigerus male facis mihi, quom sermone huic
obsonas.

PSEUDOLUS.

Taceo.

CALIDORUS.

At taceas malo multo, quam tacere te dicas.

LENO.

Tu autem
Xystilis, fac ut animum advortas, quojus amatores olivi
Dynamin domi habent maxumam.
Si mihi non jam huc culleis oleum deportatum erit,
Te ipsam culleo ego cras faciam ut deportere in per-
   gulam.
Ibi tibi adeo lectus dabitur, ubi tu haud somnum capias,
Sed ubi usque ad languorem.... tenes quorsum hæc ten-
   dant quæ loquor?
Ain', excetra tu, quæ tibi amicos tot habes, tam probe
   oleo onustos,
Num quoipiam 'st hodie tua tuorum opera conservorum
Nitidiusculum caput? aut num ipse pulmento utor magis
Unctiusculo? sed scio, tu oleum haud magni pendis,
   vino te

à ces scélérats, et rend leurs volontés impuissantes contre eux ?

CALIDORE.

Ah ! tais-toi.

PSEUDOLUS.

Qu'est-ce ?

CALIDORE.

Ton bavardage m'importune et me nuit en couvrant sa voix.

PSEUDOLUS.

Je me tais.

CALIDORE.

Il vaudrait bien mieux le faire que de le dire.

BALLION.

Xystile, attention, toi dont les amans possèdent d'énormes quantités d'huile ! S'ils ne m'en font pas une large part promptement, je te mettrai à l'étroit dans ta chambre, et l'on t'y donnera un lit sur lequel tu ne dormiras pas d'un bon somme, mais où tu lasseras... tu comprends ce que je veux dire. Comment, infâme, lorsque tu as des amans si bien fournis d'huile, tu ne procures pas à un seul de tes camarades de quoi rendre sa chevelure plus luisante, ni à moi de quoi graisser mes ragoûts ? Mais, je le sais, l'huile ne te tente pas; c'est le vin qui te domine. Laisse faire, je solderai tous nos comptes à la fois, drôlesse, si tu ne me donnes pleine satisfaction aujourd'hui. Et toi, qui es toujours au moment de me compter le prix de ta liberté, mais qui ne sais que promettre, sans savoir jamais tenir ta promesse, Phénicie, c'est à toi que je parle, délices de nos gens les plus hup-

Devincis : sine modo : reprehendam ego cuncta, hercle,
   una opera, nisi
Quidem hodie tu omnia facis, scelesta, hæc uti loquor.
Tu autem, quæ pro capite argentum mihi jam jamque
   sæpe numeras,
Ea pacisci modo scis; sed quæ pacta es, non scis solvere.
Phœnicium, tibi hæc ego loquor, deliciæ summatum
   virûm :
Nisi hodie mihi ex fundis tuorum amicorum omne huc
   penus adfertur,
Cras, Phœnicium, Phœnicio corio invises pergulam.

CALIDORUS, PSEUDOLUS, BALLIO*.

CALIDORUS

Pseudole, non audis quæ hic loquitur?

PSEUDOLUS.

Audio, here, equidem atque animum advorto.

CALIDORUS.

Quid mihi es auctor, huic ut mittam, ne amicam hic meam prostituat?

PSEUDOLUS.

Nihil curassis : liquido es animo, ego pro me et pro te curabo.

* Actus I, Scena III.

pés : Si aujourd'hui les domaines de tes amoureux ne me fournissent de provisions de toute espèce, demain, Phénicie, tu retourneras dans ta chambre avec une teinture phénicienne sur ta peau.

(Les courtisanes rentrent.)

CALIDORE, PSEUDOLUS, BALLION*.
(Les deux premiers s'entretiennent à part d'abord, sans être aperçus par Ballion.)

CALIDORE.

Entends-tu, Pseudolus, ce qu'il dit?

PSEUDOLUS.

Oui, je l'entends, mon maître, et je n'en perds pas un mot.

CALIDORE.

Quel présent me conseilles-tu de lui offrir, pour qu'il ne fasse pas de ma maîtresse une prostituée?

PSEUDOLUS.

Que ce soin ne t'inquiète pas; aie l'esprit sans nuage : je m'occuperai de cette affaire pour toi et pour moi. Il

---

* Acte I, Scène III.

Jam diu ego huic bene et hic mihi volumus, et amici-
 tia 'st antiqua.
Mittam hodie huic suo die gnatali malam rem magnam
 et maturam.

CALIDORUS.

Quid opu'st?

PSEUDOLUS.

Potin' aliam rem ut cures?

CALIDORUS.

At.

PSEUDOLUS.

Bat.

CALIDORUS.

Crucior.

PSEUDOLUS.

Cor dura.

CALIDORUS.

Non possum.

PSEUDOLUS.

Fac possis.

CALIDORUS.

Quonam pacto possim vincere animum?

PSEUDOLUS.

In rem quod sit prævortaris, quam re advorsa animo
 auscultes.

CALIDORUS.

Nugæ istæc sunt : non jucundum 'st, nisi amans facit
 stulte.

PSEUDOLUS.

Pergin'?

y a long-temps que moi et lui nous nous voulons du bien réciproquement ; nous sommes d'anciens amis. Je lui enverrai aujourd'hui, pour son anniversaire, un très-mauvais présent qui ne se fera pas attendre.

CALIDORE.

Que faut-il faire ?

PSEUDOLUS, avec impatience.

Si tu pouvais t'occuper d'autre chose ?

CALIDORE, avec un long soupir.

Ah !

PSEUDOLUS, ennuyé.

Bah !

CALIDORE.

Je suis au supplice.

PSEUDOLUS.

Affermis ton âme.

CALIDORE.

Je ne puis.

PSEUDOLUS.

Fais en sorte de le pouvoir.

CALIDORE.

Comment puis-je maîtriser ma passion ?

PSEUDOLUS.

Il faut songer à l'utile plutôt que de te passionner inutilement dans une circonstance critique.

CALIDORE.

Vaines remontrances ! il n'y a pas de plaisir pour un amant, s'il n'extravague.

PSEUDOLUS, en colère.

Tu le veux ?

CALIDORUS.

O Pseudole mi, sine sim nihili.

PSEUDOLUS.

Mitte me, sis. Sino, modo ego
Abeam.

CALIDORUS.

Mane, mane : jam ut voles me esse, ita ero.

PSEUDOLUS.

Nunc tu sapis.

BALLIO.

It dies; ego mihi cesso : i præ, puere.

CALIDORUS.

Heus, abiit : quin revocas?

PSEUDOLUS.

Quid properas? placide.

CALIDORUS.

At priusquam abeat.

BALLIO.

Quid hoc, malum, tam placide is, puere?

PSEUDOLUS.

Hodie gnate, heus, hodie gnate, tibi ego dico, heus,
    hodie gnate, redi et
Respice ad nos; tametsi obcupatum moramur, mane:
    sunt conloqui
Qui volunt te.

CALIDORE, lui prenant la main.

O mon cher Pseudolus, permets-moi de n'avoir pas le sens commun.

PSEUDOLUS, brusquement.

Laisse-moi, je te prie. Va, je te permets tout, pourvu que je m'en aille.

CALIDORE.

Demeure, demeure; je serai ce que tu voudras que je sois.

PSEUDOLUS.

Te voilà plus sage.

BALLION.

Le jour fuit, je m'amuse. (*A son jeune esclave*) Marche devant, garçon.

CALIDORE, à Pseudolus.

Hé bien! il s'en va. Est-ce que tu ne le rappelles pas?

PSEUDOLUS.

Pourquoi te presser? doucement.

CALIDORE.

Il ne faut pas attendre qu'il soit parti.

BALLION, au jeune esclave.

Eh peste! pourquoi marches-tu si doucement, garçon?

PSEUDOLUS, courant après Ballion, qui s'éloigne toujours sans regarder.

Hé! roi de la fête d'aujourd'hui; roi de la fête d'aujourd'hui, holà! C'est à toi que je m'adresse, roi de la fête d'aujourd'hui; reviens sur tes pas, regarde-nous. Quoique nous te dérangions de tes affaires, demeure; il y a ici des gens qui veulent te parler.

4.

BALLIO.

Quid hoc est? quis est qui moram obcupato molestam obtulit?

CALIDORUS.

Qui tibi sospitalis fuit.

BALLIO.

Mortuu'st, qui fuit : qui est, vivos est.

PSEUDOLUS.

Nimis superbe.

BALLIO.

Nimis molestus.

CALIDORUS.

Reprehende hominem; adsequere.

BALLIO.

I, puere.

PSEUDOLUS.

Adcedamus hac obviam.

BALLIO.

Jupiter te perdat, quisquis es.

PSEUDOLUS.

Te volo.

BALLIO.

At vos ego ambos : vorte hac te, puere.

PSEUDOLUS.

Non licet Conloqui te?

BALLIO.

At mihi non lubet.

BALLION, sans se retourner.

Qu'est-ce? quel est l'importun qui m'arrête quand j'ai affaire?

CALIDORE, marchant à sa suite.

Un homme qui fut ton bienfaiteur.

BALLION, toujours sans se retourner.

Mort est celui qui fut; vivant celui qui est.

PSEUDOLUS.

Que tu es fier!

BALLION, toujours de même.

Que tu es ennuyeux! (*Il continue de s'éloigner.*)

CALIDORE, à Pseudolus.

Retiens-le; cours après lui.

BALLION, à son esclave.

Marche, petit.

PSEUDOLUS, s'avançant pour lui barrer le passage.

Allons de ce côté à sa rencontre.

BALLION, se sentant retenu, et commençant à se retourner.

Que Jupiter t'extermine, qui que tu sois!

PSEUDOLUS, prenant un ton équivoque pour lui renvoyer l'imprécation, en paraissant lui demander audience.

Et toi, dis.

BALLION, sur le même ton.

Et vous deux, je vous le dis. (*A son esclave, en prenant une autre direction*) Viens de ce côté, petit.

PSEUDOLUS.

Ne peut-on avoir un moment d'entretien avec toi?

BALLION.

Je ne veux pas.

CALIDORUS.

Sin tuam'st quidpiam in rem?

BALLIO.

Licet-
Ne, obsecro, vivere, an non licet?

PSEUDOLUS.

Vah, manta.

BALLIO.

Omitte.

CALIDORUS.

Ballio,
Audi.

BALLIO,

Surdus sum; profecto inanilogus es.

CALIDORUS.

Dedi, dum fuit.

BALLIO.

Non peto quod dedisti.

CALIDORUS.

Dabo, quando erit.

BALLIO.

Ducito,
Quando habebis.

CALIDORUS.

Heu heu, quam ego malis perdidi modis,
Quod tibi detuli et quod dedi!

BALLIO.

Mortua re, verba nunc facis.
Stultus es, rem actam agis.

PSEUDOLUS.

Mais si c'est une chose qui t'intéresse?

BALLION.

Veux-tu me laisser vivre, ou non, je t'en prie? (*Il s'en va.*)

PSEUDOLUS, l'arrêtant.

Ah! demeure un peu.

BALLION.

Laisse-moi.

CALIDORE, le prenant d'un autre côté.

Ballion, écoute.

BALLION.

Je suis sourd : tu n'as que des sornettes à dire, certainement.

CALIDORE.

Je t'ai donné tant que j'ai eu quelque chose.

BALLION.

Je ne réclame pas ce que tu m'as donné.

CALIDORE.

Je te donnerai, quand je serai en fonds.

BALLION.

Elle est à toi, quand tu auras de l'argent.

CALIDORE.

Hélas! hélas! que j'ai perdu follement tout ce que j'ai porté chez toi, tout ce que je t'ai donné!

BALLION, se détournant toujours avec dédain.

Ton argent est défunt, et tu as recours à présent aux paroles. Sottise que de revenir sur le passé.

PSEUDOLUS.
Gnosce saltem hunc qui est.
BALLIO.
Jam diu
Scio qui is fuit : nunc quis est, ipsus sciat. Ambula tu.

PSEUDOLUS.
Potin' ut semel modo, Ballio, huc cum lucro respicias?

BALLIO.
Respiciam istoc pretio : nam si sacruficem summo Jovi,
Atque in manibus exta teneam, ut porriciam, interea loci
Si lucri quid detur, potius rem divinam deseram.

PSEUDOLUS.
Non potest pietate obsisti huic; ut res sunt ceteræ?
Deos quidem, quos maxume æquom 'st metuere, eos minumi facit.

BALLIO.
Conpellabo : salve multum, serve Athenis pessume.

PSEUDOLUS.
Di te deæque ament vel hujus arbitratu, vel meo :
Vel si dignus alio pacto, neque ament, neque faciant bene.

BALLIO.
Quid agitur, Calidore?

PSEUDOLUS.
Amatur, atque egetur acriter.

PSEUDOLUS.

Reconnais l'homme qui te parle.

BALLION.

Il y a long-temps que je sais ce qu'il a été; c'est à lui de savoir ce qu'il est à présent. (*A son esclave*) Marche, petit.

PSEUDOLUS.

Te plaît-il au moins de tourner un seul regard vers nous? il y aura profit pour toi.

BALLION.

A cette condition je regarde. Car au milieu d'un sacrifice au grand Jupiter, dans le moment même où je tiendrais les entrailles de la victime pour les poser sur l'autel, si l'on venait m'offrir quelque chose à gagner, je déserterais incontinent la cérémonie.

PSEUDOLUS, à part.

Il n'y a pas de religion qui tienne avec lui; que serait-ce du reste? Ce qu'on doit le plus révérer, les dieux mêmes, il s'en moque.

BALLION, à part, montrant Pseudolus.

Je vais causer avec lui. (*Haut*) Salut profond au plus méchant serviteur qui soit dans Athènes.

PSEUDOLUS.

Que les dieux te protègent, comme nous le désirons, lui et moi; ou autrement, selon tes mérites, qu'ils ne t'accordent jamais ni protection ni faveur.

BALLION.

Comment t'en va, Calidore?

CALIDORE.

Comme un amant dans une cruelle détresse.

BALLIO.

Misereat, si familiam alere possim misericordia.

PSEUDOLUS.

Eia! scimus nos quidem te qualis sis; ne prædices.
Sed scin' quid nos volumus?

BALLIO.

Pol, ego propemodo : ut male sit mihi.

PSEUDOLUS.

Et id, et hoc quod te revocamus, quæso animum advorte.

BALLIO.

Audio :
Atque in pauca, ut obcupatus nunc sum, confer, quid velis.

PSEUDOLUS.

Hunc pudet, quod tibi promisit, quaque id promisit die,
Quia tibi minas viginti pro amica etiam non dedit.

BALLIO.

Nimio id quod pudet facilius fertur, quam illud quod
    piget :
Non dedisse, istum pudet : me, quia non abcepi, piget.

PSEUDOLUS.

At dabit, parabit : aliquot hos dies manta modo.
Nam hic id metuit, ne illam vendas ob simultatem suam.

BALLIO.

Fuit obcasio, si vellet, jampridem argentum ut daret.

CALIDORUS.

Quid, si non habui?

BALLION.

Je compâtirais, si je pouvais nourrir mes gens avec de la compassion.

PSEUDOLUS.

Là, là! nous savons quel homme tu es, sans que tu le dises. Mais sais-tu ce que nous te voulons?

BALLION.

A peu près, par Pollux; du mal.

PSEUDOLUS.

Et cela, et autre chose encore dont nous désirons t'entretenir; donne-nous audience un moment, je te prie.

BALLION.

J'écoute; mais abrège ta requête, car j'ai affaire.

PSEUDOLUS, montrant Calidore.

Il est honteux, après t'avoir promis vingt mines pour sa maîtresse, et pris terme pour le paiement, de n'avoir pas encore payé.

BALLION.

La honte se supporte plus facilement que le mal. Il est honteux de n'avoir pas payé; je suis malheureux de n'avoir pas reçu.

PSEUDOLUS.

Il paira, il se procurera de quoi. Attends quelques jours seulement; car il a peur que tu ne la vendes pour te venger.

BALLION.

Il a eu moyen, depuis long-temps, de me payer, s'il avait voulu.

CALIDORE.

Et si je n'avais rien?

BALLIO.

Amabas? invenires mutuom,
Ad danistam devenires, adderes fenusculum :
Subripuisses patri.

PSEUDOLUS.

Subriperet hic patri, audacissume?
Non periclum 'st, ne quid recte monstres.

BALLIO.

Non lenonium 'st.

CALIDORUS.

Egon' patri subripere possim quidquam, tam cauto seni?
Atque adeo, si facere possem, pietas prohibet.

BALLIO.

Audio.
Pietatem ergo istam amplexator noctu pro Phœnicio.
Sed quoniam pietatem amori video tuo prævortere,
Omneis tibi patres sunt? nullu'st tibi quem roges mutuom
Argentum?

CALIDORUS.

Quin nomen quoque jam interiit Mutuom.

BALLIO.

Heus tu, postquam, hercle, isti a mensa surgunt saturi,
poti,
Qui suum repetunt, alienum reddunt gnato nemini,
Postilla omnes cautiores sunt, ne credant alteri?

CALIDORUS.

Nimis miser sum, numum nusquam reperire argenti
queo:
Ita miser et amore pereo, et inopia argentaria.

BALLION.

Et tu étais amoureux? Il fallait trouver à emprunter, aller chez l'usurier, proposer un petit intérêt, voler ton père.

PSEUDOLUS.

Voler son père, effronté! Il n'y a pas de danger que tu donnes un bon conseil.

BALLION.

Cela ne regarde pas les prostitueurs.

CALIDORE.

Puis-je voler mon père, un vieillard si vigilant? et quand je le pourrais, la piété filiale me l'interdit.

BALLION.

Eh bien donc, couche avec la piété filiale au lieu de Phénicie. Mais puisque la piété filiale, à ce que je vois, passe chez toi avant l'amour, est-ce que tu rencontres partout des pères? n'y a-t-il personne à qui tu puisses demander de te prêter?

CALIDORE.

Prêter! le mot même n'existe plus.

BALLION.

En effet, dis donc, par Hercule. Nos gens qui se sont repus et engraissés à tenir table sur la place, en poursuivant toujours leurs rentrées sans jamais rendre à personne, ont appris aux dépens des autres à n'être pas confians.

CALIDORE.

Que je suis malheureux! je ne peux trouver nulle part un denier vaillant. O misère! ainsi je meurs à la fois d'amour et de disette d'argent.

BALLIO.

Eme die cæca, hercle, olivom, id vendito oculata die.
Jam, hercle, vel ducentæ fieri possunt præsenteis minæ.

CALIDORUS.

Perii! an non tum lex me perdit quina vicenaria?
Metuunt credere omneis.

BALLIO.

Eadem 'st mihi lex, metuo credere.

PSEUDOLUS.

Credere autem? eho, an pœnitet te, quanto hic fuerit
  usui?

BALLIO.

Non est justus quisquam amator, nisi qui perpetuat data,
Datque usque: quando nihil sit, simul amare desinat.

CALIDORUS.

Nihilne te mei miseret?

BALLIO.

Inanis cedis; dicta non sonant.
Atque ego te vivom salvomque vellem.

PSEUDOLUS.

Eho, an jam mortuu'st?

BALLIO.

Ut ut est, mihi quidem profecto cum istis dictis mortuu'st.
Ilico vixit amator, ubi lenoni placet.
Semper tu ad me cum argentata adcedito querimonia:
Nam istoc, quod nunc lamentare, non esse argentum tibi,
Apud novercam querere.

BALLION.

Achète de l'huile à longue échéance, par Hercule, et vends-la au comptant, tu pourras mettre deux cents mines dans ta bourse.

CALIDORE.

O désespoir! la loi des vingt-cinq ans est ma mort; tout le monde a peur de faire crédit.

BALLION.

La même loi me retient, j'ai peur de me hasarder.

PSEUDOLUS.

Te hasarder! Dis donc, est-ce que tu n'as pas assez gagné avec lui?

BALLION.

Il n'y a de véritable amoureux, que celui qui donne continuellement, qui donne toujours. Dès qu'il n'a plus, qu'il cesse d'aimer.

CALIDORE.

Tu n'as donc nulle pitié de moi?

BALLION.

Il y a chez toi trop de vide, tes paroles ne résonnent pas. Quant à moi, je voudrais te voir vivant et content.

PSEUDOLUS.

Oh! oh! est-ce qu'il est mort?

BALLION.

Quel qu'il soit, avec les discours qu'il me tient, il est mort pour moi. (*A Calidore*) Le prostitueur, selon qu'il lui plaît, rend la vie aux amoureux. Il faut venir toujours chez moi avec des larmes d'argent; car, en ce moment, pour ce qui est de tes lamentations sur ta détresse, c'est comme si tu voulais attendrir une marâtre.

PSEUDOLUS.

Eho, an unquam tu hujus nubsisti patri?

BALLIO.

Di melius faciant.

PSEUDOLUS.

Fac hoc, quod te rogamus, Ballio,
Mea fide, si isti formidas credere; ego in hoc triduo
Aut terra aut mari alicunde evolvam id argentum tibi.

BALLIO.

Tibi ego credam?

PSEUDOLUS.

Cur non?

BALLIO.

Quia, pol, qua opera credam tibi,
Una opera adligem fugitivam canem agninis lactibus.

CALIDORUS.

Siccine mihi abs te bene merenti male refertur gratia?

BALLIO.

Quid nunc vis?

CALIDORUS.

Ut obperiare hos sex dies saltem modo,
Ne illam vendas, neu me perdas hominem amantem.

BALLIO.

Animo bono es:
Vel sex menseis obperibor.

CALIDORUS.

Euge, homo lepidissume.

PSEUDOLUS.

Ah çà! est-ce que son père t'a pris pour femme?

BALLION.

Les dieux m'en préservent!

PSEUDOLUS.

Rends-toi à nos prières, Ballion. Je suis son garant, si tu as peur de l'avoir pour débiteur. Avant trois jours, je tirerai, n'importe d'où, de la terre ou de la mer, l'argent qu'il te faut.

BALLION.

Que j'accepte ta garantie?

PSEUDOLUS.

Pourquoi pas?

BALLION.

Accepter ta garantie, par Pollux! autant vaudrait attacher avec des tripes d'agneau un chien qui a l'habitude de fuir.

CALIDORE.

Peux-tu récompenser si mal mes bienfaits?

BALLION, s'apprêtant à sortir.

Qu'y a-t-il encore pour ton service?

CALIDORE.

Que du moins tu attendes six jours, que tu ne la vendes pas, que tu ne réduises pas un amant au désespoir.

BALLION, d'un ton de persiflage.

Sois tranquille; j'attendrai même six mois.

CALIDORE.

Bien, bien; que tu es aimable!

BALLIO.

Imo vin' etiam te faciam ex læto lætantem magis?

CALIDORUS.

Quid jam?

BALLIO.

Quia enim non venalem habeo Phœnicium.

CALIDORUS.

Non habes?

BALLIO.

Non, hercle, vero.

CALIDORUS.

Pseudole, arcesse hostias,
Victimas, lanios, ut ego huic sacruficem summo Jovi;
Nam hic mihi nunc est multo potior Jupiter, quam Jupiter.

BALLIO.

Nolo victimas; agninis me extis placari volo.

CALIDORUS.

Propera, quid stas? arcesse agnos: audin' quid ait Jupiter?

PSEUDOLUS.

Jam heic ero: verum extra portam Metiam currendum'st
prius.

CALIDORUS.

Quid eo?

PSEUDOLUS.

Lanios inde arcessam duos cum tintinnabulis.
Eadem duo greges virgarum inde ulmearum adegero,

BALLION.

Ce n'est rien ; veux-tu que j'augmente ta joie?

CALIDORE, avec empressement.

Voyons.

BALLION.

Je ne veux plus vendre Phénicie.

CALIDORE, surpris et satisfait.

Tu ne veux plus !

BALLION.

Non, vraiment, par Hercule !

CALIDORE.

Pseudolus, va chercher les petites victimes, les grandes victimes, amène le victimaire, que je sacrifie à ce Jupiter, mon dieu suprême. Oui, il est mon Jupiter, cent fois préférable à Jupiter même.

BALLION.

Non, point de grandes victimes; il suffit, pour me rendre propice, d'une offrande d'agneaux.

CALIDORE.

Cours donc; qu'attends-tu ? va chercher des agneaux : tu entends ce que dit Jupiter ?

PSEUDOLUS, comme prêt à partir.

Je serai ici dans un moment; mais il faut que je coure d'abord à la porte Metia.

CALIDORE.

Pourquoi?

PSEUDOLUS.

J'en ramènerai deux victimaires munis de clochettes, avec deux troupeaux de houssines d'orme, pour toucher

5.

Ut hodie ad litationem huic subpetat satias Jovi.
In malam crucem istic ibit Jupiter lenonius.

BALLIO.

Ex tua re non est, ut ego emoriar.

PSEUDOLUS.

Quîdum?

BALLIO.

Ego dicam tibi:
Quia, edepol, dum ego vivos vivam, nunquam eris frugi
bonæ.

PSEUDOLUS.

Ex tua re non est, ut ego emoriar.

BALLIO.

Quîdum?

PSEUDOLUS.

Sic: quia
Si ego emortuus sim, Athenis te sit nemo nequior.

CALIDORUS.

Dic mihi, obsecro, hercle, verum serio, hoc quod te rogo.
Non habes venalem amicam tu meam Phœnicium?

BALLIO.

Non, edepol, habeo profecto; nam jampridem vendidi.

CALIDORUS.

Quomodo?

BALLIO.

Sine ornamentis, cum intestinis omnibus.

CALIDORUS.

Meam tu amicam vendidisti?

PSEUDOLUS.

ton Jupiter par un sacrifice dont il ait tout son soûl; et ensuite, au gibet le Jupiter prostitueur.

BALLION.

Ma mort serait contraire à tes intérêts.

PSEUDOLUS.

Et comment?

BALLION.

Je ne te le cacherai pas : tant que je serai en vie, tu ne seras jamais.... un bon sujet.

PSEUDOLUS.

Ma mort serait contraire aussi à tes intérêts.

BALLION.

Et comment?

PSEUDOLUS.

Le voici : c'est que, si j'étais mort, il n'y aurait pas dans Athènes un drôle pire que toi.

CALIDORE, à Ballion.

Réponds-moi sérieusement, par Hercule, comme je te le demande : tu ne veux plus vendre ma maîtresse Phénicie?

BALLION.

Non, par Hercule, je ne le veux plus, certainement; car elle est vendue.

CALIDORE, confondu.

Comment?

BALLION, d'un air moqueur.

Sans ses nippes; mais avec tout ce qu'elle contient.

CALIDORE.

Tu as vendu ma maîtresse?

BALLIO.

Valde, viginti minis.

CALIDORUS.

Viginti minis?

BALLIO.

Utrum vis, vel quater quinis minis,
Militi macedonio : et jam quindecim habeo minas.

CALIDORUS.

Quid ego ex te audio?

BALLIO.

Amicam tuam esse factam argenteam.

CALIDORUS.

Cur id ausus facere?

BALLIO.

Lubuit, mea fuit.

CALIDORUS.

Eho, Pseudole,
I, gladium adfer.

PSEUDOLUS.

Quid opus gladio?

CALIDORUS.

Quî hunc obcidam, atque me.

PSEUDOLUS.

Quin tu te obcidis potius? nam hunc fames jam obciderit.

CALIDORUS.

Quid ais, quantum terra tegit, hominum perjurissume?
Juravistin' te illam nulli venditurum, nisi mihi?

BALLION.

Oui vraiment, vingt mines....

CALIDORE.

Vingt mines?

BALLION.

Ou si tu aimes mieux, quatre fois cinq mines, à un militaire macédonien, et j'en ai reçu déjà quinze.

CALIDORE.

Qu'entends-je?

BALLION.

Que de ta maîtresse j'ai fait de l'argent.

CALIDORE.

Et pourquoi l'as-tu osé?

BALLION.

Il m'a plu ainsi, elle m'appartenait.

CALIDORE.

Holà, Pseudolus, apporte une épée.

PSEUDOLUS.

Une épée! pourquoi faire?

CALIDORE.

Pour le tuer, et moi aussi.

PSEUDOLUS.

Tu n'as qu'à te tuer tout seul; lui, la faim le tuera quelque jour.

CALIDORE, à Ballion.

Dis-moi, le plus perfide de tous les hommes que nourrit la terre, ne m'avais-tu pas juré de ne la vendre à personne qu'à moi?

BALLIO.

Fateor.

CALIDORUS.

Nempe conceptis verbis.

BALLIO.

Etiam consultis quoque.

CALIDORUS.

Perjuravisti, sceleste.

BALLIO.

At argentum intro condidi.
Ego scelestus nunc argentum promere possum domo:
Tu, qui pius es istoc genere gnatus, numum non habes.

CALIDORUS.

Pseudole, adsiste altrinsecus, atque onera hunc maledictis.

PSEUDOLUS.

Licet.
Nunquam ad prætorem æque cursim curram, ut emittar
manu.

CALIDORUS.

Ingere mala multa.

PSEUDOLUS.

Jam ego te disferam dictis meis,
Inpudice.

BALLIO.

Ita est.

PSEUDOLUS.

Sceleste.

BALLIO.

Dicis vera.

BALLION, d'un air goguenard.

J'en conviens.

CALIDORE.

Et en termes exprès?

BALLION, avec une intention équivoque.

Oui, bien exprès.

CALIDORE.

Tu as violé ton serment, scélérat!

BALLION.

Mais j'ai emboursé l'argent. Avec ma scélératesse, j'ai de l'argent chez moi à ma disposition ; toi, avec les vertus de ta race, tu n'as pas une obole.

CALIDORE.

Pseudolus, mets-toi de l'autre côté, accablons-le d'invectives.

PSEUDOLUS.

Volontiers ; je ne serai jamais aussi pressé de courir chez le préteur qui devra m'affranchir.

CALIDORE.

N'épargne pas les injures.

PSEUDOLUS, à Ballion.

Je vais te déchirer par mes discours, infâme!

BALLION, avec une impassibilité moqueuse.

C'est juste.

PSEUDOLUS.

Scélérat!

BALLION.

Tu dis vrai.

PSEUDOLUS.

                Verbero.

BALLIO.

Quippini?

CALIDORUS.

    Bustirape.

BALLIO.

    Certe.

CALIDORUS.

        Furcifer.

BALLIO.

                Factum optume.

CALIDORUS.

Sociofraude.

BALLIO.

    Sunt mea hæc ista.

PSEUDOLUS.

        Parricida.

BALLIO.

            Perge tu.

PSEUDOLUS.

Sacrilege.

BALLIO.

    Fateor.

CALIDORUS.

    Perjure.

BALLIO.

            Vetera vaticinamini.

CALIDORUS.

Legirupa.

PSEUDOLUS.
Grenier d'étrivières!

BALLION.
Oui-dà!

CALIDORE.
Pilleur de sépultures.

BALLION.
Certainement.

CALIDORE.
Pendard.

BALLION.
C'est très-bien.

CALIDORE.
Complice de toute fraude.

BALLION.
Je me reconnais là.

PSEUDOLUS.
Parricide.

BALLION, à Pseudolus.
A ton tour, courage.

PSEUDOLUS.
Sacrilège.

BALLION.
Je le confesse.

CALIDORE.
Parjure.

BALLION.
Vous êtes des oracles d'histoire ancienne.

CALIDORE.
Ennemi des lois.

BALLIO.

    Valide.

PSEUDOLUS.

    Pernicies adulescentum.

BALLIO.

                     Acerrume.

CALIDORUS.

Fur.

BALLIO.

  Babæ!

PSEUDOLUS.

    Fugitive.

BALLIO.

    Bombax!

CALIDORUS.

        Fraus populi.

BALLIO.

                  Planissume.

PSEUDOLUS.

Fraudulente.

CALIDORUS.

  Inpure leno.

PSEUDOLUS.

    Cœnum.

BALLIO.

                Cantores probos!

CALIDORUS.

Verberavisti patrem atque matrem.

BALLIO.

                Atque obcidi quoque,
Potius quam cibum præhiberem. Num peccavi quidpiam?

BALLION.

Hardi!

CALIDORE.

Fléau de la jeunesse.

BALLION.

Courage!

CALIDORE.

Voleur.

BALLION.

A merveille!

CALIDORE.

Échappé des fers.

BALLION.

Vivat!

CALIDORE.

Escroc public.

BALLION.

C'est bien cela.

PSEUDOLUS.

Fripon.

CALIDORE.

Prostitueur impur.

PSEUDOLUS.

Fange.

BALLION.

La belle chanson!

CALIDORE.

Tu as frappé ton père et ta mère.

BALLION.

Et je les ai tués même, pour ne pas les nourrir. Quel mal y a-t-il?

PSEUDOLUS.

In pertusum ingerimus dicta dolium : operam ludimus.

BALLIO.

Numquid alium etiam voltis dicere?

CALIDORUS.

Ecquid te pudet?

BALLIO.

Ted amatorem inventum esse inanem, quasi cassam
  nucem?
Sed quamquam multa, malaque in me dicta dixistis mihi,
Nisi mihi adtulerit miles quinque, quas debet, minas,
Sicut hæc est præstituta summa argento dies :
Si is non aderit, posse opinor facere opficium me meum.

CALIDORUS.

Quid id est?

BALLIO.

Si tu argentum adtuleris, cum illo perdiderim fidem.
Hoc meum est opficium. Ego, operæ si sit, plus tecum
  loquar :
Sed sine argento frustra est, quod me tui misereri
  postulas.
Hæc mea 'st sententia, ut tu hinc porro, quid agas,
  consulas.

CALIDORUS.

Jamne abis?

BALLIO.

Negoti nunc sum plenus.

PSEUDOLUS, à Calidore.

Nos paroles tombent comme l'eau dans un tonneau percé; nous nous donnons une peine inutile.

BALLION.

Avez-vous encore quelque chose à dire?

CALIDORE.

Tu n'as pas de honte?

BALLION.

D'avoir trouvé un amoureux à sec, comme toi, qui vaut autant qu'une noix vide? Mais malgré tous vos propos contre moi, si le militaire ne m'apporte pas l'argent qu'il me doit, aujourd'hui terme du paiement, s'il ne se présente pas, je pense que je pourrai faire mon métier.

CALIDORE.

Et que feras-tu?

BALLION.

Si tu apportes de l'argent, je consens à perdre tout crédit chez l'autre. C'est là mon métier. Si j'avais le temps, je prolongerais l'entretien; mais sans argent me prier de compatir à ta peine, c'est parler en vain. Voilà mon dernier mot, afin que tu avises en conséquence à ce que tu dois faire.

CALIDORE.

Tu t'en vas?

BALLION.

Je suis accablé d'affaires en ce moment.

PSEUDOLUS.

Paulo post magis.
Illic homo meus est, nisi omneis di me atque homines deserunt;
Exossabo ego illum similiter itidem ut muraenam cocus.
Sed nunc, Calidore, operam te mihi volo dare.

CALIDORUS.

Ecquid inperas?

PSEUDOLUS.

Hoc ego oppidum admoenire, ut hodie capiatur, volo.
Ad eam rem usu'st hominem astutum, doctum, scitum, et callidum,
Qui inperata ecfecta reddat, non qui vigilans dormiat.

CALIDORUS.

Cedo mihi, quid es facturus?

PSEUDOLUS.

Tempori ego faxo scies:
Nolo bis iterare; sat sic longae fiunt fabulae.

CALIDORUS.

Optumum atque aequissumum oras.

PSEUDOLUS.

Propera, adduc hominem cito.
Pauci ex multis sunt amici, homini qui certi sient.

CALIDORUS.

Ego scio istuc.

PSEUDOLUS.

Ergo utrimque tibi nunc delectum para:
Ex multis exquaere illis unum, qui certus siet.

PSEUDOLUS, à part en regardant Ballion d'un air de menace.

Et tout-à-l'heure un peu plus. (*Ballion sort.*) Je le tiens, si les dieux et les déesses ne m'abandonnent pas tous. Je veux le désosser, comme un cuisinier désosse une lamproie. (*Haut*) Maintenant, Calidore, j'ai besoin que tu me secondes.

CALIDORE.

Qu'ordonnes-tu?

PSEUDOLUS, montrant la maison du vieux Simon.

Mon dessein est d'assiéger aujourd'hui cette place, et de la prendre. Il me faut pour m'aider un homme fin, habile, adroit, retors, capable d'exécuter parfaitement mes ordres, et qui ne dorme pas tout éveillé.

CALIDORE.

Apprends-moi tes projets.

PSEUDOLUS.

Tu les sauras quand il en sera temps. Je ne veux pas répéter les choses; les comédies sont assez longues sans cela.

CALIDORE.

Tu as bien raison, c'est très-juste.

PSEUDOLUS.

Dépêche, amène-moi ton homme. On a beaucoup d'amis; il y en a peu sur qui l'on puisse compter.

CALIDORE.

Je le sais.

PSEUDOLUS.

Fais donc ton choix en conséquence. Trouve dans ce grand nombre, l'homme unique, l'homme sûr.

CALIDORUS.

Jam heic faxo aderit.

PSEUDOLUS.

Potin' ut abeas? tibi moram dictis creas.

PSEUDOLUS*.

Postquam illic hinc abiit, tu adstas solus, Pseudole :
Quid nunc acturus, postquam herili filio
Largitus dictis dapsilis? ubi sunt ea?
Quoi neque parata gutta certi consili,
Neque adeo argenti. Neque nunc quid faciam scio.
Neque exordiri primum, unde obcipias, habes,
Neque ad detexundam telam certos terminos.
Sed quasi poeta tabulas quom cepit sibi,
Quaerit quod nusquam 'st gentium, reperit tamen,
Facit illud verisimile, quod mendacium 'st;
Nunc ego poeta fiam, viginti minae
Quae nusquam nunc sunt gentium, inveniam tamen.
Atque ego huic jam pridem me daturum dixeram,
At volui injicere tragulam in nostrum senem :
Verum is, nescio quo pacto, praesensit prius.
Sed conprimunda 'st mihi vox atque oratio.
Herum eccum video huc, una Simonem simul,
Cum suo vicino Calliphone incedere.

* Actus I, Scena IV.

CALIDORE.

Il sera ici dans un moment.

PSEUDOLUS.

Veux-tu bien t'en aller? tes discours sont des retardemens. *(Calidore s'en va.)*

PSEUDOLUS, seul*.

Il est parti; te voilà seul, Pseudolus. Que comptes-tu faire après les magnifiques promesses dont tu as été libéral envers ton jeune maître? Voyons les effets. Tu n'as rien de prêt, pas l'ombre d'un dessein arrêté, pas la moindre obole.... Que faire? je n'en sais rien encore.... Tu ignores même par quel bout tu dois commencer, et à quel point te fixer pour achever ta trame.... Eh bien! comme le poète, quand il prend ses tablettes, cherche ce qui n'existe nulle part au monde, et trouve cependant, et donne une apparence de vérité à ce qui n'est que mensonge; je serai poète aussi, moi; les vingt mines qui, pour moi, n'existent point au monde, sortiront de mon invention. Il y a long-temps que j'avais promis de les lui donner. J'ai voulu lancer mon trait contre le vieillard; mais je ne sais comment cela s'est fait, il a pressenti le coup..... Il faut renfermer ma voix et mes paroles; je vois venir mon maître Simon avec Calliphon son voisin. Je tirerai aujourd'hui vingt mines de ce vieux

* Acte I, Scène IV.

Ex hoc sepolcro vetere viginti minas
Ecfodiam ego hodie, quas dem herili filio.
Nunc huc concedam, ut horum sermonem legam.

SIMO, CALLIPHO, PSEUDOLUS*.

SIMO.

Si de damnosis aut de amatoribus
Dictator fiat nunc Athenis Atticis,
Nemo antecedat filio, credo, meo :
Ita nunc per urbem solus sermo est omnibus,
Eum velle amicam liberare, et quærere
Argentum ad eam rem : hoc alii mihi renuntiant,
Atque id jam pridem sensi, et subolet mihi.
Sed dissimulabam.

PSEUDOLUS.

Jam illi [proditu'] filius.
Obcisa 'st hæc res, hæret hoc negotium.
Quo in conmeatum volui argentarium
Proficisci, ibi nunc oppido obsepta 'st via.
Præsensit; nihil est prædæ prædatoribus.

CALLIPHO.

Homines qui gestant, quique auscultant crimina,
Si meo arbitratu liceat, omneis pendeant,
Gestores linguis, auditores auribus.
Nam istæc quæ tibi renuntiantur, filium

* Actus I. Scena v.

sépulcre, pour les donner à mon jeune maître. Retirons-nous ici afin d'épier leur conversation.

(Il se met à l'écart, du côté opposé au chemin par où les deux vieillards arrivent du forum.)

SIMON, CALLIPHON, PSEUDOLUS[*].

SIMON, en colère.

Si l'on créait aujourd'hui dans la ville d'Athènes un dictateur des libertins et des dissipateurs, personne, que je crois, ne serait préféré à mon fils. Voyez! il n'est bruit partout que de lui, et de son projet d'affranchir sa maîtresse, et de ses efforts pour avoir l'argent nécessaire. On est venu me le dire: mais je m'en étais douté déjà depuis long-temps; j'ai le nez fin. Je ne faisais semblant de rien.

PSEUDOLUS, à part.

On lui a dénoncé son fils. Mes plans sont détruits; notre affaire est au croc. Pas moyen d'approcher de la place où je voulais prendre un renfort d'argent. Les chemins sont coupés; il a eu vent de la chose. Plus de butin pour qui voulait butiner.

CALLIPHON.

Ceux qui aiment à dire du mal d'autrui et ceux qui les écoutent, si j'avais le pouvoir, seraient pendus tous, les médisans par la langue, les auditeurs par les oreilles. Car ce rapport qu'on vient te faire sur ton fils qui voudrait t'attraper de l'argent pour ses amours, ce n'est

[*] Acte I, Scène v.

Te velle amantem argento circumducere,
Forsitan ea tibi dicta sunt mendacia.
Sed si vera ea sunt, ut nunc mos est, maxume,
Quid mirum fecit, quid novom, adulescens homo
Si amat, si amicam liberat?

PSEUDOLUS.

Lepidum senem!

SIMO.

Vetus nolo faciat.

CALLIPHO.

At enim nequidquam nevis.
Vel tu ne faceres tale in adulescentia.
Probum patrem esse oportet, qui gnatum suum
Esse probiorem, quam ipsus fuerit, postulet.
Nam tu quod damni, et quod fecisti flagiti,
Populo viritim potuit dispertirier.
Id ne tu miraris, si patrissat filius?

PSEUDOLUS.

Ὦ Ζεῦ, quam pauci estis homines conmodi!
Ehem, illuc est patrem esse, ut æquom 'st, filio!

SIMO.

Quis heic loquitur? meus hic est quidem servos Pseu-
    dolus.
Hic mihi conrumpit filium, scelerum caput.
Hic dux, hic ille est pædagogus : hunc ego
Cupio excruciari.

CALLIPHO.

Jam istæc insipientia 'st,
Sic iram in promtu gerere : quanto satius est,

peut-être qu'un mensonge. Supposons que ce soit vrai ; à voir les mœurs d'à présent, qu'a-t-il fait de si étrange, de si extraordinaire, d'être amoureux à l'âge qu'il a, et de vouloir affranchir celle qu'il aime ?

PSEUDOLUS, à part.

Gentil vieillard !

SIMON.

Et moi, à l'âge que j'ai, je veux l'en empêcher.

CALLIPHON.

Tu le voudrais en vain. Ou tu ne devais pas en faire autant toi-même dans ta jeunesse. Il faut qu'un père n'ait rien à se reprocher, s'il exige que son fils soit encore plus irréprochable qu'il ne le fut lui-même. Combien tu en as fait ! que de profusions ! que de fredaines ! il y en aurait pour distribuer à tout le peuple, et part pour chacun. Et tu es étonné que le fils marche sur les traces du père ?

PSEUDOLUS, haut.

O Jupiter ! pourquoi les hommes raisonnables sont-ils si rares ? Voilà comme un père doit être pour son fils.

SIMON.

Qui est-ce que j'entends ? (*Après avoir regardé derrière lui*) C'est mon coquin de Pseudolus ; maître fripon, qui me corrompt mon fils. Voilà son guide, son précepteur : j'ai grande envie de le mettre à la torture.

CALLIPHON, bas à Simon.

Tu n'es pas sage de montrer ainsi de la colère : il vaut bien mieux l'amadouer par de douces paroles, et s'enquérir si les récits qu'on a faits de ton fils sont vrais

Adire blandis verbis, atque exquærere,
Sint illa, necne sint, quæ tibi renuntiant!
Bonus animus in mala re dimidium 'st mali.

SIMO.

Tibi auscultabo.

PSEUDOLUS.

Itur ad te, Pseudole :
Orationem tibi para advorsum senem.
Herum saluto primum, ut æquom 'st; postea
Si quid supersit, vicinos inpartio.

SIMO.

Salve : quid agitur?

PSEUDOLUS.

Statur heic ad hunc modum.

SIMO.

Statum vide hominis, Callipho, quam basilicum!

CALLIPHO.

Bene confidenterque adstitisse intellego.

PSEUDOLUS.

Decet innocentem, qui sit, atque innoxius,
Servom superbum esse apud herum potissumum.

CALLIPHO.

Sunt quæ te volumus percontari, quæ quasi
Per nebulam nosmet scimus atque audivimus.

SIMO.

Conficiet jam te hic verbis, ut tu censeas
Non Pseudolum, sed Socratem tecum loqui.

ou faux. Un bon esprit dans les mauvaises affaires diminue le mal de moitié.

SIMON.

Je suivrai ton conseil. (*Il s'approche de Pseudolus.*)

PSEUDOLUS, à part.

On vient à toi, Pseudolus. Prépare ta faconde pour tenir tête au vieillard. (*Haut*) Salut d'abord à mon maître, c'est juste. Ensuite, s'il en reste, salut pour les voisins.

SIMON.

Bon jour. Qu'est-ce qu'on fait ici ?

PSEUDOLUS, se dressant sur la hanche.

On se tient comme tu vois.

SIMON.

Regarde sa posture, Calliphon. Quel héros !

CALLIPHON, d'un ton bienveillant.

Il se pose bien, et avec un air d'assurance, à ce que je puis voir.

PSEUDOLUS.

Il sied à un serviteur innocent, exempt de reproche, d'être fier surtout en présence de son maître.

CALLIPHON, avec une douceur insinuante.

Il y a une chose que nous voulons te demander, et sur laquelle il nous est venu certains propos, certains renseignemens, mais comme dans un nuage.

SIMON.

Si tu l'écoutes, il te prouvera que ce n'est pas à un Pseudolus, mais à un Socrate que tu parles.

PSEUDOLUS.

Ita 'st : jampridem tu me spernis, sentio;
Parvam esse apud te mihi fidem ipse intellego :
Cupis me esse nequam, tamen ero frugi bonæ.

SIMO.

Fac, sis, vacivas, Pseudole, ædeis aurium,
Mea ut migrare dicta possint quo volo.

PSEUDOLUS.

Age, loquere quid vis, tametsi tibi subcenseo.

SIMO.

Mihin' domino servos tu subcenses?

PSEUDOLUS.

       Jam tibi
Mirum id videtur?

SIMO.

     Hercle, qui, ut tu prædicas,
Cavendum 'st mi abs te irato : haudque alio tu modo
Me verberare, atque ego te soleo, cogitas.

CALLIPHO.

Quid censes? edepol, merito esse iratum arbitror,
Quom apud te parum stet fides.

SIMO.

       Jam sic sino,
Iratus sit : ego ne quid noceat, cavero.
Sed quid ais? quid hoc, quod te rogo?

PSEUDOLUS, avec un semblant d'indignation concentrée.

Sans doute ; il y a long-temps que tu m'apprécies mal, je le sais. Je m'aperçois que tu n'as pas grande confiance en moi. Tu veux que je sois un fripon, cela ne m'empêchera pas d'être un honnête homme.

SIMON.

Tiens-nous vacans, s'il te plaît, les appartemens de tes oreilles, pour que mes paroles aillent s'y loger comme je le veux.

PSEUDOLUS.

Allons, dit tout ce que tu voudras, quoique j'aie une dent contre toi.

SIMON.

Toi, une dent contre moi ? un esclave contre son maître !

PSEUDOLUS.

Cela t'étonne ?

SIMON, ironiquement.

Je dois, à t'entendre, redouter ton courroux, et tu t'apprêtes à me fustiger comme je te fustige d'ordinaire.

CALLIPHON.

A ton avis ? Par Pollux, il a, selon moi, raison d'être fâché de la méfiance que tu lui témoignes.

SIMON.

Oui, je le veux bien, qu'il se fâche.... Je veillerai à ce qu'il ne fasse pas de mal. (*A Pseudolus*) Ah çà, et ce que je voulais te demander ?

PSEUDOLUS.

Si quid vis, roga :
Quod scibo, Delphis tibi responsum dicito.

SIMO.

Advorte ergo animum, et fac sis promissi memor.
Quid ais? ecquam scis filium tibicinam
Meum amare?

PSEUDOLUS.

Ναὶ γάρ.

SIMO.

Liberare quam velit?

PSEUDOLUS.

Καὶ τοῦτο ναὶ γάρ.

SIMO.

Ecquas viginti minas
Per sycophantiam atque per doctos dolos
Paritas, ut abferas a me?

PSEUDOLUS.

Abs te ego abferam?

SIMO.

Ita : quas meo gnato des, quî amicam liberet.

PSEUDOLUS.

Fateri δεῖ καὶ τοῦτο ναὶ, καὶ τοῦτο ναὶ.

CALLIPHO.

Fatetur.

SIMO.

Dixin', Callipho, dudum tibi?

PSEUDOLUS.

Demande tout ce qu'il te plaira. Pour ce qui est à ma connaissance, tu peux dire que tu l'apprendras comme de l'oracle de Delphes.

SIMON.

Sois donc attentif, et souviens-toi de ta promesse. Dis-moi : sais-tu que mon fils aime une joueuse de flûte?

PSEUDOLUS.

Certamente.

SIMON.

Et qu'il veut l'affranchir?

PSEUDOLUS.

Anche certamente.

SIMON.

Est-il vrai que tu apprêtes tes intrigues et tes fines ruses pour m'escroquer vingt mines?

PSEUDOLUS.

Moi, escroquer à toi?

SIMON.

Oui, pour donner à mon fils de quoi affranchir sa maîtresse.

PSEUDOLUS.

Il faut confesser encore cela. *Certamente, certamente.*

CALLIPHON.

Il le confesse!

SIMON.

Calliphon, quand je te le disais?

CALLIPHO.

Memini.

SIMO.

Cur hæc, ubi tu rescivisti inlico,
Celata me sunt? cur non rescivi?

PSEUDOLUS.

Eloquar.
Quia nolebam ex me morem prægigni malum,
Herum ut servos suom criminaret apud herum.

SIMO.

Juberes hunc præcipitem in pistrinum trahi.

CALLIPHO.

Numquid peccatum 'st, Simo?

SIMO.

Imo maxume.

PSEUDOLUS.

Desiste; recte ego rem meam sapio, Callipho.
Peccata mea sunt. Animum advorte nunc jam.
Quapropter te expertem amoris gnati habuerim,
Pistrinum in mundo scibam, si id faxem, mihi.

SIMO.

Non a me scibas pistrinum in mundo tibi,
Quom ea mussitabas?

PSEUDOLUS.

Scibam.

SIMO.

Cur non dictum 'st mihi?

PSEUDOLUS.

Quia illud malum aderat, istuc aberat longius.

CALLIPHON.

Oui.

SIMON.

Pourquoi, dès que tu l'as su, m'en as-tu fait mystère? pourquoi ne l'ai-je pas appris?

PSEUDOLUS.

Je vais m'expliquer : c'est que je ne voulais pas donner le mauvais exemple d'un esclave dénonçant son maître à son maître.

SIMON.

Ne devrait-on pas le faire traîner par le cou au moulin?

CALLIPHON.

Est-il coupable, Simon?

SIMON.

Très-coupable.

PSEUDOLUS.

Ne te donne pas la peine, Calliphon, je connais bien mon affaire. Mes fautes ne regardent que moi. (*A Simon*) Écoute-moi maintenant : tu demandes pourquoi je t'ai laissé ignorer les amours de ton fils? Je savais que le moulin m'attendait si j'avais parlé.

SIMON.

Et tu ne savais pas que de mon côté il t'attendait aussi pour avoir gardé le silence?

PSEUDOLUS.

Si.

SIMON.

Pourquoi ne m'as-tu rien dit?

PSEUDOLUS.

Parce que, de sa part, le mal me talonnait; de la

Illud erat præsens, huic erant dieculæ.

SIMO.

Quid nunc agetis? nam hinc quidem a me non potest
Argentum abferri, qui præsertim senserim.
Ne quisquam credat numum, jam edicam omnibus.

PSEUDOLUS.

Nunquam, edepol, quoiquam subplicabo, dum quidem
Tu vives; tu mihi, hercle, argentum dabis :
Abs te equidem sumam.

SIMO.

Tu a me sumes?

PSEUDOLUS.

Strenue.

SIMO.

Excludito mihi, hercle, oculum, si dedero.

PSEUDOLUS.

Dabis.
Jam dico, ut a me caveas.

CALLIPHO.

Certe, edepol, scio :
Si abstuleris, mirum et magnum facinus feceris.

PSEUDOLUS.

Faciam.

SIMO.

Si non abstuleris?

PSEUDOLUS.

Virgis cædito.
Sed quid, si abstulero?

tienne, il était plus éloigné : pour l'un il n'y avait point de remise, pour l'autre j'avais un peu de répit.

SIMON.

Que ferez-vous maintenant? car il n'y a pas moyen de me voler mon argent, surtout quand je vous ai devinés. Je signifierai à tout le monde qu'on ne vous prête pas un denier.

PSEUDOLUS.

Jamais, par Pollux, de ton vivant, je n'irai prier personne. C'est toi, par Hercule, qui me donneras de l'argent; c'est de toi que j'en aurai.

SIMON.

Tu en auras de moi?

PSEUDOLUS.

Très-décidément.

SIMON.

Arrache-moi un œil, par Hercule, si je t'en donne.

PSEUDOLUS.

Tu m'en donneras. Je t'avertis de prendre garde à moi.

SIMON.

Certes, si tu peux m'en attraper, tu feras, par Pollux, un grand et merveilleux exploit.

PSEUDOLUS.

Je le ferai.

SIMON.

Si tu ne le fais pas?

PSEUDOLUS.

Donne-moi les étrivières. Mais, à ton tour, si je réussis?

SIMO.
Do Jovem testem tibi,
Te ætatem inpune habiturum.
PSEUDOLUS.
Facito ut memineris.
SIMO.
Egon' ut cavere nequeam, quoi prædicitur?

PSEUDOLUS.
Prædico, ut caveas; dico, inquam, ut caveas; cave.
Hem, istis mihi tu hodie manibus argentum dabis.

CALLIPHO.
Edepol, mortalem graphicum, si servat fidem!

PSEUDOLUS.
Servitum tibi me abducito, ni fecero.
SIMO.
Bene atque amice dicis : nam nunc non meu'st.

PSEUDOLUS.
Vin' etiam dicam, quod vos magis miremini?

CALLIPHO.
Studeo, hercle, audire; nam ted ausculto lubens.

SIMO.
Agedum, nam satis lubenter te ausculto loqui.
PSEUDOLUS.
Priusquam istam pugnam pugnabo, ego etiam prius
Dabo aliam pugnam claram et conmemorabilem.

SIMON.

Que Jupiter soit témoin de ma promesse, tu auras pleine et entière impunité.

PSEUDOLUS.

Souviens-t'en.

SIMON.

Je ne saurais pas me tenir en garde quand je suis averti?

PSEUDOLUS.

Je t'avertis de te bien garder. Garde-toi bien, je te le recommande. Entends-tu? prends garde. Oui, de tes propres mains tu me donneras l'argent aujourd'hui.

CALLIPHON.

Quel homme admirable, par Pollux, s'il tient parole!

PSEUDOLUS, à Calliphon.

Emmène-moi en servitude chez toi, si j'y manque.

SIMON.

Tu as trop d'obligeance et de bonté. (*Ironiquement*) En effet, il n'est plus à moi.

PSEUDOLUS, à Calliphon.

Veux-tu que je te dise quelque chose qui vous étonnera davantage?

CALLIPHON.

Je suis curieux de l'apprendre, par Hercule. Je t'écoute avec plaisir.

SIMON.

Parle donc, j'ai assez de plaisir à écouter tes discours.

PSEUDOLUS, à Simon.

Avant de livrer ce combat contre toi, j'en livrerai un autre, glorieux, mémorable.

7.

SIMO.

Quam pugnam?

PSEUDOLUS.

Hem, ab hoc lenone vicino tuo
Per sycophantiam atque per doctos dolos,
Tibicinam illam, tuos quam gnatus deperit,
Ea circumducam lepide lenonem.

SIMO.

Quid est?

PSEUDOLUS.

Ecfectum hoc hodie reddam utrumque ad vesperum.

SIMO.

Siquidem istæc opera, ut prædicas, perfeceris,
Virtute regi Agathocli antecesseris.
Sed si non faxis, numquid causa est, inlico
Quin te in pistrinum condam?

PSEUDOLUS.

Non unum quidem
Diem modo, verum, hercle, in omneis, quantum 'st:
sed si ecfecero,
Dabin' mi argentum quod dem lenoni inlico
Tua voluntate?

CALLIPHO.

Jus bonum orat Pseudolus:
Dabo, inque.

SIMO.

At enim scin' quid mihi in mentem venit?
Quid si hice inter se consenserunt, Callipho,
Aut de conpacto faciunt consutis dolis,
Qui me argento circumvortant?

SIMON.

Contre qui?

PSEUDOLUS.

Tu sais le prostitueur, ici, ton voisin, le maître de la joueuse de flûte que ton fils aime éperdument? Aujourd'hui, par mes intrigues et mes subtiles fourberies, je la lui soufflerai d'une jolie manière.

SIMON.

Que dis-tu là?

PSEUDOLUS.

J'aurai rempli ce soir l'un et l'autre engagement.

SIMON.

Si tu fais ces grands coups, comme tu l'annonces, tu seras plus vaillant que le roi Agathocle. Mais si tu échoues, ne serai-je pas en droit de t'enfermer sur-le-champ au moulin?

PSEUDOLUS.

Non pas pour un seul jour, par Hercule, mais pour tous les jours, tant qu'il en viendra. Mais si je réussis, me donneras-tu l'argent pour payer le prostitueur, à l'instant, sans te faire prier?

CALLIPHON.

Sa proposition est de toute justice : dis-lui donc oui.

SIMON, à Calliphon.

Sais-tu la pensée qui me vient à l'esprit? S'ils sont tous les deux d'intelligence, Calliphon? s'ils ont tramé ce complot, les rusés, pour m'escroquer mon argent?

PSEUDOLUS.

         Quis me audacior
Sit, si istuc facinus audeam facere? Imo sic, Simo,
Si sumus conpacti, sive consilium unquam inivimus
De istac re, aut si de ea re unquam inter nos conve-
   nimus;
Quasi in libro quom scribuntur calamo literæ,
Stilis me totum usque ulmeis conscribito.

SIMO.

Indice ludos nunc jam, quando lubet.

PSEUDOLUS.

Da in hunc diem operam, Callipho, quæso mihi,
Ne quo te ad aliud obcupes negotium.

CALLIPHO.

Quin rus uti irem, jam heri constitueram.

PSEUDOLUS.

At nunc disturba quas statuisti machinas.

CALLIPHO.

Nunc non abire certum 'st istac gratia.
Lubido 'st ludos tuos spectare, Pseudole:
Et si hunc videbo non dare argentum tibi,
Quod dixit, potius quam id non fiat, ego dabo.

SIMO.

Non demutabo.

PSEUDOLUS.

     Namque, edepol, si non dabis,
Clamore magno et multum flagitabere.

PSEUDOLUS.

Y aurait-il un homme plus audacieux que moi, si j'osais faire un pareil trait? Bien mieux, Simon, si nous complotons ensemble, si nous nous sommes jamais entendus à ce sujet, s'il y a jamais eu la moindre convention pour cela entre nous, je veux que, comme on griffonne des tablettes avec un poinçon, tu me fasses griffonner tout le corps avec des plumes d'ormeau.

SIMON.

Allons, ordonne, quand tu voudras, l'ouverture des jeux.

PSEUDOLUS.

Sacrifie-moi cette journée, Calliphon, je t'en prie, et renonce à toute occupation.

CALLIPHON.

Cependant, je m'étais arrangé dès hier pour aller à la campagne.

PSEUDOLUS.

Change à présent tes arrangemens d'hier.

CALLIPHON.

Oui, à cause de toi, je ne partirai pas, c'est décidé. L'envie me prend d'être spectateur de tes jeux, Pseudolus; (*montrant Simon*) et si je le vois refuser de te donner l'argent, comme il l'a dit, je ne le souffrirai pas: je paierai plutôt moi-même.

SIMON.

Je ne me rétracterai pas.

PSEUDOLUS, à Simon.

En effet, par Pollux, si tu fais faux bond, tu seras poursuivi de fortes et opiniâtres clameurs. Allons, trans-

Agite, amolimini hinc vos intro nunc jam,
Ac meis vicissim date locum fallaciis.

SIMO.

Fiat, geratur mos tibi.

PSEUDOLUS.

Sed te volo
Domi usque adesse.

SIMO.

Quin tibi hanc operam dico.

CALLIPHO.

At ego ad forum ibo; jam heic adero.

SIMO.

Actutum redi.

PSEUDOLUS.

Subspicio'st mi nunc vos subspicarier,
Me idcirco hæc tanta facinora promittere,
Quî vos oblectem, hanc fabulam dum transigam,
Neque sim facturus, quod facturum dixeram.
Non demutabo; atque etiam certum, quod sciam;
Quo sim facturus pacto, nihil etiam scio,
Nisi quia futurum 'st: nam qui in scenam provenit
Novo modo, novom aliquid inventum adferre addecet.
Si id facere nequeat, det locum illi qui queat.
Concedere aliquantisper hinc mi intro lubet,
Dum concenturio in corde sycophantias.
Tibicen vos interea hic delectaverit.

PSEUDOLUS.

portez-vous sans tarder à la maison, et laissez le champ libre à mes tromperies; c'est leur tour.

SIMON.

Soit, nous t'obéirons.

PSEUDOLUS.

Mais je désire que tu ne t'absentes pas de la maison.

SIMON.

J'aurai encore cette complaisance.

CALLIPHON.

Moi, je vais au forum, je serai ici dans un moment.

SIMON.

Reviens tout de suite. (*Les deux vieillards se retirent chacun de leur côté.*)

PSEUDOLUS, seul, aux spectateurs.

J'ai le soupçon que vous e msoupçonnez en cet instant de ne promettre monts et merveilles que pour vous amuser jusqu'à ce que j'arrive à la fin de la pièce, n'étant pas capable de faire ce que j'avais promis; je tiendrai parole. Il y a aussi, que je sache, une autre chose certaine, c'est que je ne sais pas encore comment je ferai; mais l'affaire se fera, voilà tout. Quand on se présente sur la scène dans une situation nouvelle, il faut y apporter de nouvelles inventions. Si on ne le peut pas, qu'on cède la place à qui le peut. Je veux me retirer quelques momens chez nous pour rassembler dans ma tête la cohorte de mes fourberies. Pendant ce temps, le joueur de flûte vous divertira.

(Il sort.)

PSEUDOLUS*.

Pro Jupiter, ut mihi, quidquid ago, lepide omnia prospereque eveniunt!
Neque quod dubitem, neque quod timeam, meo in pectore conditum 'st consilium.
Nam ea stultitia 'st, facinus magnum timido cordi credere : nam omneis
Res perinde sunt, ut agas, ut eas magnifacias : nam ego in meo
Pectore prius ita paravi copias dupliceis, tripliceis dolos,
Perfidias, ut, ubicumque cum hostibus congrediar, malorum meorum
Fretus, virtute dicam, mea industria et malitia, fraudulentia,
Facile ut vincam, facile ut spoliem meos perduelleis meis perfidiis.
Nunc inimicum ego hunc conmunem, meum atque vostrum omnium,
Ballionem, exballistabo lepide. Date operam modo : hoc ego oppidum
Admoenire, ut hoc die capiatur, volo : atque ad hoc meas legiones
Adducam : si hoc expugno, facilem ego hanc rem meis civibus faciam.
Post ad oppidum hoc vetus continuo mecum exercitum protinus obducam.

* Actus II, Scena 1.

PSEUDOLUS, seul, sortant de chez Simon *.

O Jupiter! comme toutes mes opérations succèdent heureusement, à ravir! point de crainte, point d'hésitation; mon plan est arrêté dans mon esprit. C'est une bêtise, en effet, de commettre une grande entreprise à un cœur timide. Les choses sont ce qu'on les fait, elles ont l'importance qu'on leur donne. Je me suis préparé double, triple renfort de ruses, d'impostures, et animé par la vertu de mes per...fidies, qu'on le sache bien, fort de mes talens, de mon malin génie, de mon astuce, je saurai, quelque combat que j'aie à livrer, remporter une victoire facile, enlever facilement la dépouille de mes ennemis, grâce à mes fourberies. Commençons par l'ennemi commun de vous tous et de moi, ce Ballion que mes balistes entameront de la belle manière. Regardez-moi faire seulement. Je me propose d'investir cette place et de la prendre aujourd'hui même; j'y vais conduire mes légions; si je l'emporte, les affaires de mes concitoyens auront un succès facile. Ensuite, je bloquerai cette vieille forteresse avec mes troupes (*il montre la demeure de Simon*); c'est alors que moi et mes confédérés nous nous chargerons, nous nous gorgerons de butin; j'enverrai la terreur et la fuite à mes ennemis, pour leur apprendre qui je suis, quel sang coule dans mes veines. Je suis né pour me distinguer par de grands exploits, qui laissent derrière moi une longue et brillante renommée.... Mais quel est l'homme

* Acte II, Scène 1.

Inde me et simul participes omneis meos præda onerabo,
 atque obplebo;
Metum et fugam perduellibus meis injiciam, me esse ut
 sciant gnatum,
Quo sum genere gnatus : magna me faciuora decet ec-
 ficere,
Quæ post mihi clara, et diu clueant. Sed hunc quem
 video, quis hic est,
Qui oculis meis obviam ingnorabilis objicitur? lubet scire
Quid hic velit, cum machæra; et huic, quam rem agat,
 hinc dabo insidias.

HARPAX, PSEUDOLUS*.

HARPAX.

Hi loci sunt, atque hæ regiones, quæ mihi ab hero sunt
 demonstratæ,
Ut ego oculis rationem capio, quam mihi ita dixit herus
 meus miles,
Septimas esse ædeis a porta, ubi ille habitat leno, quoi
 jussit
Symbolum me ferre, et hoc argentum : nimis velim,
 certum qui
Mihi faciat, Ballio leno ubi heic habitat.

PSEUDOLUS.

         St : tace, tace,

---

* Actus II, Scena II.

que j'aperçois? quel est cet inconnu que le hasard me présente? je suis curieux de savoir ce qu'il cherche, avec son coutelas. Que vient-il faire? mettons-nous en embuscade.

HARPAX en habit de voyageur; PSEUDOLUS*.

HARPAX, regardant autour de lui pour reconnaître les lieux.

Voilà l'endroit, le quartier que mon maître le militaire m'a indiqué, si je m'en rapporte au témoignage de mes yeux. Il m'a dit que la septième maison en entrant dans la ville, est celle du prostitueur, auquel il m'a chargé de porter cet argent avec le signe de reconnaissance. Je voudrais bien rencontrer quelqu'un ici qui me montrât le logis du prostitueur Ballion.

PSEUDOLUS, à part, se parlant à lui-même.

Chut! paix! paix! je le tiens, si je ne suis pas aban-

* Acte II, Scène II.

Meus hic est homo, ni omneis di atque homines dese-
 ruut : novo consilio
Nunc mihi opus est; nova res subito mihi hæc objecta 'st :
Hoc prævortar principio : illa omnia missa habeo quæ
 ante agere obcœpi.
Jam, pol, ego hunc stratioticum nuncium advenientem
 probe percutiam.

HARPAX.

Ostium pultabo, atque intus evocabo aliquem foras.

PSEUDOLUS.

Quisquis es, conpendium ego te facere pultandi volo;
Nam ego precator et patronus foribus processi foras.

HARPAX.

Tune es Ballio ?

PSEUDOLUS.

 Imo vero ego ejus sum Subballio.

HARPAX.

Quid istuc verbi est?

PSEUDOLUS.

 Condus promus sum, procurator peni.

HARPAX.

Quasi te dicas atriensem.

PSEUDOLUS.

 Imo atriensi ego inpero.

HARPAX.

Quid tu, servosne es, an liber?

PSEUDOLUS.

 Nunc quidem etiam servio.

donné des dieux et des hommes. Il me faut un nouveau stratagème pour la circonstance nouvelle, imprévue, qui s'est offerte. Avisons d'abord à celle-ci : je renonce à tout ce que j'avais déjà mis en train. Par Pollux, j'en ferai tâter comme il faut à ce belliqueux messager pour sa venue.

HARPAX.

Frappons, afin qu'on vienne me parler. (*Il s'approche de la maison de Ballion.*)

PSEUDOLUS, allant à sa rencontre.

Qui que tu sois, je ne veux pas te laisser frapper long-temps ; car je suis sorti tout exprès pour intercéder en faveur de cette porte ; elle est dans ma clientèle.

HARPAX.

Est-ce toi qui es Ballion ?

PSEUDOLUS.

Non, mais tu vois en moi son Sous-Ballion.

HARPAX.

Quelle espèce de nom est-ce-là ?

PSEUDOLUS.

Je suis le dépensier, l'administrateur des vivres.

HARPAX.

Comme qui dirait l'intendant ?

PSEUDOLUS.

Bah ! l'intendant est sous mes ordres.

HARPAX.

Alors, es-tu en servitude, ou libre ?

PSEUDOLUS.

Quant à présent, je sers encore.

HARPAX.

Ita videre, et non videre dignus qui liber sies.

PSEUDOLUS.

Non soles respicere te, quom dicas injuste alteri?

HARPAX.

Hunc hominem malum esse oportet.

PSEUDOLUS.

Di me servant atque amant.
Nam hæc mihi incus est; procudam ego hodie hinc
multos dolos.

HARPAX.

Quid illic secum solus loquitur?

PSEUDOLUS.

Quid ais tu, adulescens?

HARPAX.

Quid est?

PSEUDOLUS.

Esne tu, an non es, ab illo milite macedonio,
Servos ejus qui hinc a nobis est mercatus mulierem,
Qui argenti hero meo lenoni quindecim dederat minas,
Quinque debet?

HARPAX.

Sum : sed ubi tu me gnovisti gentium,
Aut vidisti, aut conlocutus? nam equidem Athenas antidhac
Nunquam adveni, neque te vidi ante hunc diem unquam
oculis meis.

HARPAX.

Il y paraît, et tu ne parais guère digne de la liberté.

PSEUDOLUS.

Tu devrais te regarder, avant de dire aux autres des injures.

HARPAX, à part.

Il m'a l'air d'un fripon.

PSEUDOLUS, à part.

Les dieux me protègent, me favorisent : ce sot est l'enclume sur laquelle je forgerai aujourd'hui bien des ruses.

HARPAX, à part.

Qu'est-ce qu'il se dit là tout seul?

PSEUDOLUS, haut.

Parle-moi, l'ami.

HARPAX.

Qu'est-ce?

PSEUDOLUS.

Es-tu, ou n'es-tu pas au militaire macédonien, qui nous a dernièrement acheté une femme? et qui a donné quinze mines à compte au prostitueur mon maître? et qui en doit encore cinq?

HARPAX.

Oui, je suis son esclave. Mais d'où me connais-tu par hasard? où m'as-tu vu? où m'as-tu parlé? Car c'est pour la première fois aujourd'hui que je viens dans Athènes, et c'est la première fois que mes yeux t'aperçoivent.

PSEUDOLUS.
Quia videre inde esse : nam olim quom abiit, argento hæc dies
Præstituta 'st, quoad referret nobis; neque dum retulit.

HARPAX.
Imo adest.

PSEUDOLUS.
Tun' adtulisti?

HARPAX.
Egomet.

PSEUDOLUS.
Quid dubitas dare?

HARPAX.
Tibi ego dem?

PSEUDOLUS.
Mihi, hercle, vero, qui res rationesque heri
Ballionis curo, argentum abcepto, expenso, et quoi debet dato.

HARPAX.
Siquidem, hercle, etiam supremi promtes thesauros Jovis,
Tibi libellam argenti nunquam credam.

PSEUDOLUS.
Dum tu strenuas,
Res erit soluta.

HARPAX.
Vinctam potius sic servavero.

PSEUDOLUS.
Væ tibi! tu inventus vero, meam qui furcilles fidem!
Quasi mihi non sexcenta tanta soli soleant credier?

PSEUDOLUS.

J'ai deviné à ta mine que tu venais de sa part. En effet, jadis en partant il avait fixé ce jour-ci pour terme du paiement, et il n'a pas encore payé.

HARPAX.

Il ne se fera pas attendre.

PSEUDOLUS.

Est-ce que tu apportes l'argent?

HARPAX.

Oui, sans doute.

PSEUDOLUS.

Que tardes-tu à me le donner?

HARPAX.

Que je le donne à toi?

PSEUDOLUS.

Oui, par Hercule, à moi, qui suis l'homme d'affaires, le caissier de mon maître Ballion, moi, qui fais la recette et la dépense, et qui paye à qui il doit.

HARPAX.

Quand tu serais, par Hercule, le trésorier du grand Jupiter, je ne te confierais pas une obole.

PSEUDOLUS, tendant toujours la main.

Paye promptement, ce sera une affaire conclue.

HARPAX, montrant sa bourse.

J'aime mieux la garder recluse ici.

PSEUDOLUS.

Malheur à toi! tu es bien venu d'affronter mon honneur! comme si l'on ne m'en confiait pas tous les jours six cents fois autant sans témoins.

8.

HARPAX.

Potest ut alii ita arbitrentur, et ego ut ne credam tibi.

PSEUDOLUS.

Quasi tu dicas me te velle argento circumducere.

HARPAX.

Imo vero quasi tu dicas, quasique ego autem id sus-
  picer.
Sed quid est tibi nomen?

PSEUDOLUS.

     Servos est huic lenoni Syrus,
Eum esse me dicam. Syrus sum.

HARPAX.

    Syrus?

PSEUDOLUS.

      Id est nomen mihi.

HARPAX.

Verba multa facimus : herus si tuos domi 'st quin pro-
  vocas,
Ut id agam quod missus huc sum, quidquid est nomen
  tibi?

PSEUDOLUS.

Si intus esset, evocarem : verum si dare vis mihi,
Magis erit solutum, quam [si] ipsi dederis.

HARPAX.

     At enim scin' quid est?
Reddere hoc, non perdere, herus me misit : nunc certo
  scio

PSEUDOLUS.

HARPAX.

Il se peut que d'autres soient dans ces dispositions, sans que tu aies ma confiance.

PSEUDOLUS.

C'est-à-dire que je veux te voler ton argent?

HARPAX.

C'est toi-même qui le dis; prends que je le soupçonne. Mais comment t'appelles-tu?

PSEUDOLUS, à part.

Le prostitueur a un esclave nommé Syrus, je me ferai passer pour lui. (*Haut*) On me nomme Syrus.

HARPAX, d'un air de mépris et de défiance.

Syrus?

PSEUDOLUS.

C'est mon nom.

HARPAX.

Nous bavardons trop long-temps. Si ton maître est à la maison, pourquoi ne le fais-tu pas venir, pour que je m'acquitte de ma commission, quel que soit le nom que tu portes?

PSEUDOLUS.

S'il y était, je l'appellerais; mais si tu veux me donner l'argent, ton paiement sera plus sûr que si tu l'avais fait en ses mains.

HARPAX.

Sais-tu ce qui en est? mon maître m'a chargé de rendre, et non de perdre cet argent. Tu as la fièvre, j'en suis certain, parce que tu ne peux pas mettre la griffe

Hoc, febrim tibi esse, quia non licet hoc injicere ungulas.
Ego, nisi ipsi Ballioni, numum credam nemini.

PSEUDOLUS.

At illic nunc negotiosu'st : res agitur apud judicem.

HARPAX.

Di bene vortant : at ego quando eum esse censebo domi,
Rediero : tu epistolam hanc a me abcipe, atque illi dato.
Nam isteic symbolum'st inter herum meum et tuum de
    muliere.

PSEUDOLUS.

Scio equidem; ut, qui argentum adferret atque expres-
    sam imaginem
Suam huc ad nos, cum eo aibat velle mitti mulierem.
Nam heic quoque exemplum reliquit ejus.

HARPAX.

                            Omnem rem tenes.

PSEUDOLUS.

Quid ego ni teneam?

HARPAX.

    Dato ergo istum symbolum illi.

PSEUDOLUS.

                            Licet.
Sed quid est tibi nomen?

HARPAX.

    Harpax.

PSEUDOLUS.

        Apage te, Harpax, haud places.
Huc quidem, hercle, haud ibis intro, ne quid Harpax
    feceris.

dessus. Je ne confierai à personne une obole, si ce n'est à Ballion lui-même.

PSEUDOLUS.

Mais il est en affaire; on le juge au tribunal.

HARPAX.

Que les dieux lui procurent un bon succès. Quand je croirai pouvoir le trouver à la maison, je reviendrai. Prends cette lettre, et remets-la-lui, elle contient le signe de reconnaissance convenu entre lui et le militaire pour qu'on me livre la femme.

PSEUDOLUS.

Oui, je sais; le militaire a dit que, quand on viendrait nous remettre l'argent avec son portrait sur un cachet, nous lui enverrions la femme avec son messager. Il nous a laissé une empreinte pareille.

HARPAX.

Tu sais tous les détails.

PSEUDOLUS.

Comment ne les saurais-je pas?

HARPAX.

Donne donc la lettre à ton maître.

PSEUDOLUS.

Je le veux bien. Mais comment t'appelles-tu?

HARPAX.

Harpax.

PSEUDOLUS.

Arrière, Harpax! tu ne me reviens pas. Par Hercule, je ne te ferai pas entrer chez nous, de peur que tu ne happes quelque chose.

HARPAX.

Hosteis vivos rapere soleo ex acie: ex hoc nomen mihi'st.

PSEUDOLUS.

Pol, te multo magis, opinor, vasa ahena ex ædibus.

HARPAX.

Non ita 'st : sed scin' quid te orem, Syre?

PSEUDOLUS.

Sciam si dixeris.

HARPAX.

Ego devortor extra portam huc in tabernam tertiam,
Apud anum illam doliarem, cludam, crassam, Chrysidem.

PSEUDOLUS.

Quid nunc vis?

HARPAX.

Inde ut me arcessas, herus tuos ubi venerit.

PSEUDOLUS.

Tuo arbitratu, maxume.

HARPAX.

Nam ut lassus veni de via,
Me volo curare.

PSEUDOLUS.

Sane sapis, et consilium placet:
Sed vide, sis, ne in quæstione sis, quando arcessam, mihi.

HARPAX.

Quin ubi prandero, dabo operam somno.

HARPAX.

J'ai coutume d'enlever l'ennemi vivant du champ de bataille; c'est de là que vient mon nom.

PSEUDOLUS.

Par Pollux, je crois plutôt que tu enlèves le mobilier des maisons.

HARPAX.

Pas du tout. Mais sais-tu le service que je te demande, Syrus?

PSEUDOLUS.

Quand tu l'auras dit, je le saurai.

HARPAX.

Je loge hors de la ville, à la troisième maison, chez une grosse vieille boiteuse, ronde comme une tonne, Chrysis.

PSEUDOLUS.

Eh bien, qu'est-ce que tu veux?

HARPAX.

Que tu viennes m'avertir quand ton maître sera de retour.

PSEUDOLUS.

Comme tu voudras, très-bien.

HARPAX.

Je suis arrivé fatigué de la route, je veux me rafraîchir.

PSEUDOLUS.

Tu as raison, j'approuve ton idée; mais ne va pas me faire courir après toi, quand j'irai te chercher.

HARPAX.

Non, non; dès que j'aurai mangé un morceau, je m'occuperai de dormir.

PSEUDOLUS.

Sane censeo.

HARPAX.

Nunc quid vis?

PSEUDOLUS.

Dormitum ut abeas.

HARPAX.

Abeo.

PSEUDOLUS.

Atque audin, Harpage:
Jube, sis, te operiri; beatus eris, si consudaveris.

PSEUDOLUS*.

Di inmortaleis! conservavit me illic homo adventu suo;
Suo viatico reduxit me usque ex errore in viam.
Nam ipsa mihi Obportunitas non potuit obportunius
Advenire, quam hæcce adlata'st mihi obportune epistola:
Nam hæc adlata cornucopiæ'st, ubi inest quidquid volo.
Heic doli, heic fallaciæ omneis sunt : heic sunt syco-
    phantiæ,
Heic argentum, heic amica amanti herili filio.
Atque ego nunc me ut gloriosum faciam, ut copi pectore!
Quo modo quidque agerem, ut lenoni subriperem mu-
    lierculam,

* Actus II, Scena III.

PSEUDOLUS.

Ce sera bien fait.

HARPAX, prenant congé.

Je ne puis rien pour toi?

PSEUDOLUS.

Si non de t'aller coucher.

HARPAX.

J'y vais.

PSEUDOLUS, en le persiflant.

Écoute, Harpax. Recommande qu'on te couvre comme il faut en attendant; si tu peux suer, tu t'en trouveras bien. *(Harpax sort.)*

———

PSEUDOLUS, seul*.

Dieux immortels! cet homme m'a sauvé par sa venue; il arrive tout exprès pour me tirer d'embarras et me remettre sur la voie, sans qu'il m'en coûte rien pour son voyage. L'Opportunité elle-même ne pourrait m'offrir une rencontre plus opportune que cet opportun message qu'il m'a remis : c'est une corne d'abondance qui me tombe du ciel pour y prendre tout ce qu'il me plaira. C'est un trésor de ruses, un trésor de tromperie, un trésor d'intrigue, un trésor d'argent, un trésor au fond duquel est la maîtresse de mon maître. Comme je vais avoir la tête haute et le cœur content! Déjà toutes

* Acte II, Scène III.

Jam instituta, ornata, cuncta in ordine animo ut volueram,
Certa, deformata habebam : sed profecto hoc sic erit.
Centum doctum hominum consilia sola hæc devincit dea
Fortuna. Atque hoc verum'st : proinde ut quisque fortuna utitur,
Ita præcellet; atque exinde sapere eum omneis dicimus.
Bene ubi quod consilium discimus adcidisse, hominem catum
Eum esse declaramus : stultum autem illum, quoi vortit male.
Stulti haud scimus, frustra ut simus, quom quod cupienter dari
Petimus nobis, quasi quid in rem sit, possimus gnoscere.
Certa amittimus, dum incerta petimus, atque hoc evenit,
In labore atque in dolore ut mors obrepat interim.
Sed jam satis est philosophatum; nimis diu et longum loquor.
Di inmortaleis, aurichalco contra non carum fuit
Meum mendacium, heic modo quod subito conmentus fui,
Quia lenonis me esse dixi. Nunc ego hac epistola
Tres deludam; herum et lenonem, et qui hanc mihi dedit epistolam.
Euge, par pari! Aliud autem quod cupiebam contigit;
Venit, eccum, Calidorus, ducit nescio quem secum simul.

mes machinations pour dérober la belle au prostitueur étaient préparées, disposées, ordonnées dans ma tête, comme je l'avais entendu ; j'avais tous mes plans arrêtés pour l'exécution : mais voici qui change tout, ma foi. Que cent des plus habiles unissent leurs conseils, la déesse Fortune à elle seule est plus habile qu'eux tous. C'est bien vrai, selon qu'on a la fortune pour soi, on est un homme supérieur ; et tout le monde admire, après, votre prudence. Le succès règle nos opinions ; qui réussit, est proclamé sage ; qui échoue, passe pour un sot. Sots que nous sommes ! quelle erreur est la nôtre sans nous en douter, quand nous souhaitons ardemment que quelque chose nous arrive ! comme si nous connaissions ce qu'il y a de plus avantageux pour nous. Nous lâchons le certain pour courir après l'incertain. Qu'en résulte-t-il ? au milieu de nos labeurs et de nos douleurs, la mort vient furtivement nous surprendre. Mais c'est assez de philosophie ; je bavarde trop long-temps et trop longuement. Dieux immortels ! on devrait payer au poids de l'orichalque le mensonge que je viens d'imaginer tout-à-l'heure in-promptu, quand je me suis donné pour l'esclave du prostitueur. Avec cette lettre je ferai trois dupes, mon maître, le prostitueur, et celui qui me l'a remise. Vivat ! à bon chat bon rat. Mais voici encore une autre rencontre que je désirais : c'est Calidore ; il amène avec lui quelqu'un que je ne connais pas.

(Il se poste pour écouter hors de la vue des deux jeunes gens.)

CALIDORUS, CHARINUS, PSEUDOLUS[*].

CALIDORUS.
Dulcia atque amara apud te sum elocutus omnia.
Scis amorem, scis laborem, scis egestatem meam.

CHARINUS.
Conmemini omnia : id tu modo quid me vis facere,
    fac sciam.

CALIDORUS.
Quom hæc tibi, [tum] alia sum elocutus, ut scires de
    symbolo.

CHARINUS.
Omnia, inquam. Tu modo quid me facere vis, fac ut
    sciam.

CALIDORUS.
Pseudolus mihi ita inperavit, ut aliquem hominem stre-
    nuum,
Benevolentem adducerem ad se.

CHARINUS.
                      Servas inperium probe;
Nam et amicum et benevolentem ducis : sed istic Pseu-
    dolus
Novos mihi est.

CALIDORUS.
Nimium 'st mortalis graphicus; heuretes mihi'st;
Is mihi hæc esse ecfecturum dixit, quæ dixi tibi.

---

[*] Actus II, Scena IV.

CALIDORE, CHARIN, PSEUDOLUS*.

CALIDORE.

Je t'ai tout raconté, plaisirs et peines. Tu connais ma passion, tu connais mon affliction, tu connais ma détresse.

CHARIN.

Je sais tout. Apprends-moi seulement ce que tu veux que je fasse.

CALIDORE.

Je t'ai dit, entr'autres choses, ce qui concerne le portrait, afin que tu saches......

CHARIN.

Je sais tout, te dis-je. Fais-moi connaître seulement ce que je puis faire pour toi.

CALIDORE.

Pseudolus m'a commandé de lui amener un homme d'exécution, un ami.

CHARIN.

Tu suis bien ses instructions ; car tu amènes un ami tout dévoué. Mais ce Pseudolus m'est inconnu.

CALIDORE.

C'est un mortel parfait, mon homme de ressource : il m'a promis de faire tout ce que je t'ai dit.

* Acte II, Scène IV.

PSEUDOLUS.

Magnifice hominem conpellabo.

CALIDORUS.

Quoja vox sonat?

PSEUDOLUS.

Io, io, io :
Te, te, te, tyranne, te rogo, qui inperitas Pseudolo,
Quæro, quoi ter, trina, triplicia, tribus modis, tria gaudia,
Artibus tribus, ter demeritas dem lætitias, de tribus
Fraude partas, per malitiam, et per dolum et fallaciam;
In libello hoc obsignato ad te adtuli pauxillulo.

CALIDORUS.

Illic homo'st.

CHARINUS.

Ut paratragœdiat carnufex!

CALIDORUS.

Confer gradum
Contra pariter.

PSEUDOLUS.

Porrige audaciter ad salutem brachium.

CHARINUS.

Dic, utrum Spemn, an Matrem te salutem, Pseudole?

PSEUDOLUS.

Imo utrumque.

CHARINUS.

Utrumque salve: sed quid actum'st?

PSEUDOLUS, à part, un peu haut.

Je vais lui adresser la parole sur un ton grandiose.

CALIDORE.

Quelle voix se fait entendre?

PSEUDOLUS, avec emphase.

Salut! salut! salut! c'est toi, toi, seigneur, que je demande, c'est toi monarque de Pseudolus, c'est toi que je cherche pour t'offrir trois fois, en trois dons, sous trois formes, une triple joie, un triple triomphe, trois fois mérité par un triple artifice, remporté sur trois ennemis par fraude et par malice, par ruse et par imposture; et je t'apporte le tout dans ce petit rouleau cacheté. (*Il lui présente le message d'Harpax.*)

CALIDORE, à Charin, montrant Pseudolus.

Voici l'homme.

CHARIN.

Quelle emphase tragique, le bourreau!

CALIDORE, à Pseudolus, qui s'est arrêté d'un air fier.

Avance en même temps que je m'approche.

PSEUDOLUS, présentant la lettre.

Tends hardiment la main pour recevoir ton salut.

CALIDORE.

De quel nom dois-je t'appeler, Pseudolus? Mon espoir? ou mon père?

PSEUDOLUS.

L'un et l'autre à la fois.

CALIDORE.

Salut à ce double titre, salut. Mais qu'y a-t-il de fait?

PSEUDOLUS.

                                              Quid times?

CALIDORUS.

Adtuli hunc.

PSEUDOLUS.

Quid, adtulisti?

CALIDORUS.

                            Adduxi, volui dicere.

PSEUDOLUS.

Quis istic est?

CALIDORUS.

        Charinus.

PSEUDOLUS.

                    Euge! jam χαρῖνον οἰωνὸν ποιῶ.

CHARINUS.

Quin tu quidquid opu'st, audacter inperas?

PSEUDOLUS.

                                 Tam gratia 'st.
Bene sit, Charine; nolo tibi molestos esse nos.

CHARINUS.

Vos molestos mihi? molestum 'st id quidem.

PSEUDOLUS.

                             Tum tu igitur mane.

CHARINUS.

Quid istuc est?

PSEUDOLUS.

        Epistolam modo hanc intercepi, et symbolum.

PSEUDOLUS, d'un air de fanfaron.

Est-ce que tu crains?

CALIDORE.

Voici quelqu'un que je t'apporte.

PSEUDOLUS.

Que tu m'apportes! oh! oh!

CALIDORE.

Que je t'amène, je voulais dire.

PSEUDOLUS.

Qui est-ce?

CALIDORE.

Charin.

PSEUDOLUS.

Bravo? *carum augurium.*

CHARIN.

Allons, tu peux en toute confiance, quoi qu'il faille, me donner tes ordres.

PSEUDOLUS, faisant le capable.

Je te suis obligé, ne te dérange pas; je ne veux pas que nous te soyons importuns.

CHARIN.

Vous, importuns à moi? c'est ce discours qui m'importune.

PSEUDOLUS, d'un air de confidence.

Alors, reste donc.

CHARIN.

Qu'est-ce qu'il y a?

PSEUDOLUS.

J'ai intercepté tout-à-l'heure cette lettre, et le signe de reconnaissance qu'elle renferme.

CHARINUS.

Symbolum? quem symbolum?

PSEUDOLUS.

Qui a milite adlatu'st modo,
Ejus servo, qui hunc ferebat cum quinque argenti minis,
Tuam qui amicam hinc arcessebat; ei os sublevi modo.

CALIDORUS.

Quomodo?

PSEUDOLUS.

Horum causa hæc agitur spectatorum fabula.
Hi sciunt, qui heic adfuerunt, vobis post narravero.

CALIDORUS.

Quid nunc agimus?

PSEUDOLUS.

Liberam hodie tuam amicam amplexabere.

CALIDORUS.

Egone?

PSEUDOLUS.

Tute.

CALIDORUS.

Ego?

PSEUDOLUS.

Ipsus, inquam; siquidem hoc vivet caput:
Si modo mihi hominem invenietis propere.

CHARINUS.

Qua facie?

PSEUDOLUS.

Malum,

CHARIN.

Le signe de reconnaissance? lequel?

PSEUDOLUS.

Celui qu'envoyait le militaire. Et l'esclave qui l'apportait avec cinq mines d'argent, (*à Calidore*) et qui venait chercher ta maîtresse, vient d'avoir la face barbouillée de ma façon.

CALIDORE.

Comment?

PSEUDOLUS.

C'est pour les spectateurs que se joue la comédie; ils savent ce qui s'est passé, ils y étaient; je vous le conterai plus tard.

CALIDORE.

Que ferons-nous maintenant?

PSEUDOLUS.

Tu embrasseras ta maîtresse aujourd'hui libre.

CALIDORE, ivre de joie.

Moi!

PSEUDOLUS.

Toi-même.

CALIDORE, plus transporté.

Moi!

PSEUDOLUS.

Toi en personne, te dis-je, si le ciel me prête vie. Mais il faut me trouver un homme promptement....

CHARIN.

De quelle figure?

PSEUDOLUS.

Malin, rusé, qui, une fois en train, ait le talent de

Callidum, doctum, qui quando principium prehenderit,
Porro sua virtute teneat, quid se facere oporteat;
Atque eum qui non heic visitatus sæpe sit.

CHARINUS.

Si servos est,
Numquid refert?

PSEUDOLUS.

Imo multo mavolo quam liberum.

CHARINUS.

Posse opinor me dare hominem tibi malum et doctum,
    modo
Qui a patre advenit Carysto: necdum exiit ex ædibus
Quoquam, neque Athenas advenit unquam ante hester-
    num diem.

PSEUDOLUS.

Bene juvas: sed quinque inventis opus est argenti minis
Mutuis, quas hodie reddam: nam hujus mihi debet
    pater.

CHARINUS.

Ego dabo, ne quære aliunde.

PSEUDOLUS.

O hominem obportunum mihi!
Etiam opu'st chlamyde et machæra, et petaso.

CHARINUS.

Possum a me dare.

PSEUDOLUS.

Di inmortaleis, non Charinus mihi hic quidem est,
    sed copia!
Sed istic servos, ex Carysto huc qui advenit, quid sapit?

mener la besogne comme il faut ; et qu'on n'ait pas beaucoup vu ici.

CHARIN.
S'il est esclave, cela fait-il quelque chose ?

PSEUDOLUS.
Au contraire, je l'aime beaucoup mieux qu'un homme libre.

CHARIN.
Je crois pouvoir te procurer un garçon malin et habile, qui arrive de Caryste, envoyé par mon père. Il n'a pas encore mis le pied hors de la maison ; et il entra hier dans Athènes pour la première fois.

PSEUDOLUS.
C'est ce qu'il me faut. Mais j'ai besoin d'emprunter cinq mines, que je rendrai aujourd'hui ; car son père me doit (*Montrant Calidore*).

CHARIN.
Je te les donnerai, ne cherche pas ailleurs.

PSEUDOLUS.
Quel mortel secourable ! J'ai besoin encore d'une chlamyde avec un coutelas et un chapeau de voyage.

CHARIN.
Je peux te les prêter.

PSEUDOLUS.
Dieux immortels ! ce n'est pas Charin que je t'appellerai ; tu es pour moi la Fortune. Mais l'esclave qui est venu de Caryste, sent-il son fin matois ?

CHARINUS.

Hircum ab alis.

PSEUDOLUS.

Manuleatam tunicam habere hominem decet.
Ecquid habet is homo aceti in pectore?

CHARINUS.

Atque acidissumi.

PSEUDOLUS.

Quid, si opus sit, ut dulce promat indidem, ecquid habet?

CHARINUS.

Rogas?
Murrhinam, passum, defrutum, melinam, mel quojus-
    modi.
Quin in corde instruere quondam coepit thermopolium.

PSEUDOLUS.

Eugepæ! lepide, Charine, me meo ludo lamberas.
Sed quid nomen esse dicam ego isti servo?

CHARINUS.

Simiæ.

PSEUDOLUS.

Scitne in re advorsa vorsari?

CHARINUS.

Turbo non æque citu'st.

PSEUDOLUS.

Ecquid argutu'st?

CHARINUS.

Malorum facinorum sæpissume.

PSEUDOLUS.

Quid, quom manifesto tenetur?

CHARIN.

Il sent le bouc sous les aisselles.

PSEUDOLUS.

Il fera bien de porter une tunique à manches. A-t-il quelque sel dans l'esprit ?

CHARIN.

Et du plus salé.

PSEUDOLUS.

Et de la douceur ? au besoin, en trouve-t-il aussi dans son fonds ?

CHARIN.

Tu le demandes ? ce n'est alors que vin à la myrrhe, vin cuit, vin de liqueur, hydromel, miel de toute sorte. Il a essayé même pendant un temps de tenir dans son esprit un débit de boissons chaudes.

PSEUDOLUS.

A ravir ! excellent ! Charin, tu me bats à mon propre jeu. Mais quel est le nom de l'esclave ?

CHARIN.

Singe.

PSEUDOLUS.

Il sait faire des tours, quand les affaires tournent mal ?

CHARIN.

Plus rapidement que le sabot qui roule.

PSEUDOLUS.

Et il a la langue bien pendue ?

CHARIN.

Pendable pour toutes sortes de méfaits.

PSEUDOLUS.

Et quand il est pris en flagrant délit ?

CHARINUS.

Anguilla'st, elabitur.

PSEUDOLUS.

Ecquid is homo scitu'st?

CHARINUS.

Plebiscitum non est scitius.

PSEUDOLUS.

Probus homo est, ut prædicare te audio.

CHARINUS.

Imo si scias;
Ubi te adspexerit, narrabit ultro quid sese velis.
Sed quid es acturus?

PSEUDOLUS.

Dicam : ubi hominem exornavero,
Subdititium fieri ego illum militis servom volo;
Symbolum hunc ferat lenoni cum quinque argenti minis :
Mulierem ab lenone abducat : hem tibi omnem fabulam.
Cæterum quo quidque pacto faciat, ipsi dixero.

CALIDORUS.

Quid nunc igitur stamus?

PSEUDOLUS.

Hominem cum ornamentis omnibus
Exornatum adducite ad me, jam ad trapezitam Æschinum.
Sed properate.

CHARINUS.

Prius illeic erimus, quam tu.

PSEUDOLUS.

Abite ergo ocius.

CHARIN.

C'est une anguille pour échapper des mains.

PSEUDOLUS.

Ses idées sont donc bien ordonnées?

CHARIN.

Une ordonnance n'est pas en meilleur ordre.

PSEUDOLUS.

C'est un héros, d'après l'éloge que tu fais de lui.

CHARIN.

Bah! si tu savais! Il ne t'aura pas plus tôt vu, qu'il t'expliquera d'avance tout ce que tu lui veux. Mais quel est ton dessein?

PSEUDOLUS.

Le voici : quand j'aurai costumé notre homme, j'en ferai l'esclave supposé du militaire. Il présentera ce signe de reconnaissance au prostitueur, et il emmènera Phénicie. Tu sais toute la chose. Du reste, pour les détails d'exécution, c'est à lui que je les dirai.

CALIDORE, à Charin.

Qu'attendons-nous ici maintenant?

PSEUDOLUS.

Amenez-moi vite l'homme habillé complètement avec tout l'attirail, chez le banquier Eschine. Hâtez-vous.

CHARIN.

Nous y serons avant toi.

PSEUDOLUS.

Partez donc promptement. (*Ils sortent.*) Tout ce que

Quidquid incerti mihi in animo prius, aut ambiguum
 fuit,
Nunc liquet, nunc defæcatum 'st : cor mihi nunc per-
 vium 'st.
Omneis ordines sub signis ducam, legiones meas,
Avi sinistra, auspicio liquido, atque ex sententia :
Confidentia 'st inimicos meos me posse perdere.
Nunc ibo ad forum, atque onerabo meis præceptis Si-
 miam,
Quid agat, ne quid titubet, docte ut hanc ferat falla-
 ciam.
Jam ego hoc ipsum oppidum expugnatum, faxo, erit
 lenonium.

PUER*.

Quoi servitutem di danunt lenoniam
Puero, atque eidem si addunt turpitudinem,
Næ illi, quantum ego nunc corde consipio meo,
Malam rem magnam, multasque ærumnas danunt;
Velut hæc mihi evenit servitus, ubi ego omnibus
Parvis magnisque miseriis præfulcior :
Neque ego amatorem mihi invenire ullum queo,
Qui amet me, ut curer tandem nitidiuscule.
Nunc huic lenoni est hodie natalis dies ;
Interminatus est a minumo ad maxumum,
Si quis non hodie munus misisset sibi,

* Actus III, Scena 1.

j'avais dans l'esprit d'incertitude et de doute jusqu'à cette heure, se dissipe, s'éclaircit à présent; rien n'arrête plus la marche de mes pensées. En bataille, toutes mes légions; avançons étendards déployés, sous d'heureux auspices, avec de fortunés présages; tout succède à mes vœux. Je suis assuré maintenant de déconfire l'ennemi. Je vais au forum, et je donnerai à Singe mes instructions sur ce qu'il doit faire, pour qu'il ne bronche pas, et qu'il mène habilement la fourberie. Bientôt, j'espère, nous aurons pris d'assaut la citadelle de prostitution. (Il sort.)

UN JEUNE ESCLAVE, seul, sortant de chez Ballion*.

L'esclave que les dieux condamnent à servir un prostitueur, s'ils l'affligent au par-dessus d'une laide figure, est certes, autant que je puis comprendre, une bien triste, une bien malheureuse victime de leur colère. C'est là pourtant le service qui m'est échu, service où je suis escorté de toutes les misères petites et grandes. Je ne peux pas trouver le moindre galant à qui je plaise, pour m'entretenir enfin un peu plus proprement. C'est aujourd'hui l'anniversaire de la naissance du prostitueur; il nous a menacés tous, depuis le premier jusqu'au dernier, si quelqu'un manquait à lui offrir un

* Acte III, Scène I.

Eum cras cruciatu maxumo perbitere.
Nunc nescio, hercle, rebus quid faciam meis.
Neque ego illud possum, quod illi, qui possunt, solent.
Nunc nisi lenoni munus hodie misero,
Cras mihi potandus fructus est fullonius.
Eheu! quam illæ rei ego etiam nunc sum parvolus!
Atque, edepol, ut nunc male eum metuo miser!
Si quispiam det, quî manus gravior siet,
Quamquam illud aiunt magno gemitu fieri,
Conprimere denteis videor posse aliquo modo:
Sed conprimunda 'st mihi vox atque oratio,
Herus, eccum, recipit se domum, et ducit cocum.

BALLIO, COCUS, PUER*.

BALLIO.

Forum coquinum qui vocant, stulte vocant,
Nam non coquinum 'st, verum furinum 'st forum :
Nam si ego juratus pejorem hominem quærerem
Cocum, non potui, quam hunc quem duco, ducere,
Multiloquom, gloriosum, insulsum, inutilem :
Quin ob eam rem Orcus recipere hunc ad se noluit,
Ut esset heic, qui mortuis cœnam coquat;
Nam hic solus illis coquere, quod placeat, potest.

* Actus III, Scena II.

présent en ce jour, de le faire périr demain par le plus cruel supplice. Je ne sais, par Hercule, comment me tirer de là. Je ne puis faire ce que font d'ordinaire ceux qui le peuvent, et si je ne porte pas aujourd'hui mon tribut au prostitueur, demain, pauvre malheureux, il faudra que j'avale une vendange de foulon.... Hélas! je suis bien jeune pour en passer par-là. Et que j'ai peur de mon maître! je tremble!... Si quelqu'un, par Pollux, me mettait dans la main de quoi la rendre moins légère, quoiqu'on dise que cela fait beaucoup crier, il me semble qu'à toute force je saurais me tenir la bouche fermée. Mais il faut renfermer mes paroles et ma voix; j'aperçois mon maître qui revient à la maison; il amène un cuisinier.

BALLION, LE CUISINIER avec sa suite, L'ESCLAVE*.

BALLION.

Quand on dit la place aux cuisiniers, on dit une bêtise; ce n'est pas la place aux cuisiniers, c'est la place aux voleurs. Si je m'étais engagé par serment à trouver un mauvais garnement de cuisinier, je n'aurais pas pu choisir mieux que le drôle que j'amène, babillard, vantard, impertinent, bon à rien, et que Pluton n'a pas reçu encore dans ses domaines, seulement pour qu'il eût quelqu'un sur la terre qui fît la cuisine aux morts; (*montrant le cuisinier*) il n'y a que lui pour apprêter des mêts de leur goût.

* Acte III, Scène II.

COCUS.

Si me arbitrabare isto pacto, ut prædicas,
Cur conducebas?

BALLIO.

Inopia; alius non erat.
Sed cur sedebas in foro, si eras cocus
Tu solus præter alios?

COCUS.

Ego dicam tibi:
Hominum avaritia ego sum factus inprobior cocus,
Non meopte ingenio.

BALLIO.

Qua istuc ratione?

COCUS.

Eloquar;
Quia enim quom extemplo veniunt conductum cocum,
Nemo illum quærit qui optumus, et carissumu'st:
Illum conducunt potius, qui vilissumu'st.
Hoc ego fui hodie solus obsessor fori.
Hi drachmis issent miseri; me nemo potest
Minoris quisquam numo ut surgam, subigere.
Non ego item cœnam condio, ut alii coci,
Qui mihi condita prata in patinis proferunt,
Boves qui convivas faciunt, herbasque obgerunt,
Eas herbas herbis aliis porro condiunt,
Indunt coriandrum, feniculum, allium, atrum olus;
Adponunt rumicem, brassicam, betam, blitum;
Eo laserpicii libram pondo diluunt;
Teritur sinapis scelerata cum illis: qui terunt,
Priusquam triverunt, oculi ut exstillent, facit.

LE CUISINIER.

Si tu pensais que je ne vaux pas mieux que tu dis, pourquoi me prenais-tu ?

BALLION.

Faute d'autre ; il n'y en avait pas. Mais pourquoi restais-tu sur la place, toi, si tu es le cuisinier par excellence ?

LE CUISINIER.

Je vais te le dire : c'est par l'avarice des hommes, que ma cuisine est devenue moins en vogue ; ce n'est pas manque de talent.

BALLION.

Comment cela ?

LE CUISINIER.

Tu le sauras ; quand ils viennent choisir un cuisinier, aucun ne demande le plus cher et aussi le meilleur. Ils préfèrent le pire à vil prix. Voilà pourquoi je faisais sentinelle aujourd'hui seul sur la place. Les gâte-sauce se donnent pour une drachme. Moi, on ne peut pas m'avoir et me faire lever à moins d'un double. C'est que je ne fais pas un souper comme les autres cuisiniers, qui vous servent tout un pré dans leurs ragoûts, comme s'ils avaient des bœufs à régaler. Ce sont des amas de fourrage, des herbes accommodées avec d'autres herbes, et farcies de coriandre, de fenouil, d'ail, de persil ; à quoi ils ajoutent de l'oseille, des choux, de la poirée, des blettes, en y délayant une livre de laser, et mêlant avec le tout de la moutarde pilée, affreux poison, qui ne se laisse pas piler sans faire pleurer les yeux des pileurs. Qu'ils gardent leur cuisine pour eux, les traîtres !

Ei homines coenas sibi coquint. Quom condiunt,
Non condimentis condiunt, sed strigibus,
Vivis convivis intestina quæ exedint.
Hoc heic quidem homines tam brevem vitam colunt,
Quom hasce herbas hujusmodi in suum alvom conge-
    runt,
Formidolosas dictu, non esu modo :
Quas herbas pecudes non edunt, homines edunt.

BALLIO.

Quid tu? divinis condimentis utere,
Qui prorogare vitam possis hominibus,
Qui ea culpes condimenta?

COCUS.

Audacter dicito :
Nam vel ducenos annos poterunt vivere,
Meas qui esitabunt escas, quas condivero.
Nam ego cicilendrum quando in patinas indidi,
Aut sipolindrum, aut macidem, aut sancaptidem,
Eæ ipsæ sese patinæ fervefaciunt inlico.
Hæc ad Neptuni pecudes condimenta sunt :
Terrestres pecudes cicimandro condio,
Aut happalopside, aut cataractria.

BALLIO.

At te Jupiter
Dique omneis perdant, cum condimentis tuis,
Cumque tuis istis omnibus mendaciis.

COCUS.

Sine, sis, loqui me.

BALLIO.

Loquere, atque i in malam crucem.

Ce ne sont pas des assaisonnemens qu'ils mettent dans ce qu'ils assaisonnent, mais des harpies qui rongent les entrailles des convives tout vivans. Et puis, qu'on s'étonne qu'ici la vie soit si courte, quand les hommes introduisent dans leur estomac des herbages de cette nature, qui font frémir seulement de les nommer; jugez quand on les mange. Les bêtes ne les mangent pas, et on les fait manger aux hommes.

BALLION.

Et toi? tu emploies des assaisonnemens divins, qui ont la vertu de prolonger la vie, puisque tu blâmes les autres?

LE CUISINIER.

Tu peux l'assurer sans crainte. On a pour deux cents ans à vivre, si l'on fait un usage fréquent des plats de ma façon. Quand j'ai jeté dans les casseroles du cicilindre, ou du sipolindre, ou de la macis, ou de la sancaptis, elles se mettent d'elles-mêmes à bouillir. Voilà pour assaisonner le gibier neptunien. Quant aux animaux terrestres, je les accommode avec du cicimandre, de l'happalopside ou de la cataractrie.

BALLION.

Que Jupiter et tous les dieux te confondent avec tes assaisonnemens et tous tes mensonges.

LE CUISINIER.

Laisse-moi te dire, s'il te plaît.

BALLION.

Dis, et va te faire pendre.

COCUS.

Ubi omneis patinæ fervent, omneis aperio,
Is odos demissis pedibus in cœlum volat:
Eum in odorem cœnat Jupiter cotidie.

BALLIO.

Odor demissis pedibus?

COCUS.

Peccavi insciens.

BALLIO.

Quid est?

COCUS.

Quia enim demissis manibus volui dicere.

BALLIO.

Si nusquam is coctum, quidnam cœnat Jupiter?

COCUS.

It incœnatus cubitum.

BALLIO.

I in malam crucem.
Istaccine causa tibi hodie numum dabo?

COCUS.

Fateor equidem esse me cocum carissumum:
Verum pro pretio facio, ut opera adpareat
Mea, quo conductus veni.

BALLIO.

Ad furandum quidem.

COCUS.

An invenire postulas quemquam cocum,
Nisi milvinis aut aquilinis uugulis?

PSEUDOLUS.

LE CUISINIER.

Quand les casseroles bouillent, je les ouvre toutes, l'odeur qui en sort, s'envole vers le ciel à toutes jambes : c'est elle qui fournit au souper de Jupiter tous les jours.

BALLION.

L'odeur à toutes jambes !

LE CUISINIER.

Je me suis trompé, c'est une inadvertance.

BALLION.

Eh bien ?

LE CUISINIER.

Je voulais dire à tire-d'ailes.

BALLION.

Quand on ne te prend pas pour faire la cuisine, de quoi Jupiter soupe-t-il ?

LE CUISINIER.

Il va se coucher sans souper.

BALLION.

La peste du maraud ! Crois-tu m'engager ainsi à te payer un didrachme ?

LE CUISINIER.

J'en conviens, je suis un cuisinier très-cher ; mais l'ouvrage est en proportion du prix. On voit comme je travaille, dans les maisons où l'on m'emploie.

BALLION.

Oui, pour voler.

LE CUISINIER.

Est-ce que tu prétends trouver un cuisinier qui n'ait pas les griffes d'un milan ou d'un aigle ?

BALLIO.

An tu coquinatum te ire quoquam postulas,
Quin ibi constrictis ungulis cœnam coquas?
Nunc adeo tu qui meus es, jam edico tibi,
Uti nostra properes amoliri omnia :
Tum ut hujus oculos in oculis habeas tuis :
Quoquo hic spectabit, eo tu spectato simul :
Si quo hic gradietur, pariter progrediminor.
Manum si protollet, pariter proferto manum.
Suom si quid sumet, id tu sinito sumere :
Si nostrum sumet, tu teneto altrinsecus.
Si iste ibit, ito; stabit, adstato simul.
Si conquiniscet istic, ceveto simul.
Item his discipulis privos custodes dabo.

COCUS.

Habe modo bonum animum.

BALLIO.

Quæso, quî possim, doce,
Animum bonum habere, qui te ad me adducam domum?

COCUS.

Quia sorbitione faciam ego te hodie mea,
Item ut Medea Peliam concoxit senem :
Quem medicamento et suis venenis dicitur
Fecisse rursus ex sene adulescentulum :
Item ego te faciam.

BALLIO.

Eho, an tu etiam veneficus?

COCUS.

Imo, edepol, vero hominum servator magis.

BALLION.

Est-ce que tu prétends aller cuisiner quelque part sans qu'on te tienne les griffes serrées pendant que tu travailles? (*A un esclave*) Toi qui es de la maison, je t'ordonne de mettre sans tarder en lieu de sûreté tout ce qu'il y a chez nous; d'avoir ses yeux dans tes yeux, de regarder où il regardera, d'aller où il ira, sans le quitter. S'il avance la main, que ta main en même temps s'avance; s'il prend quelque chose qui soit à lui, laisse-le prendre; si ce qu'il touche est à nous, tiens-en un bout de ton côté; s'il marche, marche; s'il reste en place, reste là; s'il s'accroupit, que tes reins suivent son mouvement. J'attacherai à chacun de ses élèves un surveillant pareil.

LE CUISINIER, prenant de plus en plus l'air capable.

Sois tranquille, va.

BALLION.

Apprends-moi, je te prie, comment je puis l'être, quand je t'introduis chez moi?

LE CUISINIER.

C'est que j'égalerai aujourd'hui Médée, qui fricassa jadis le bonhomme Pélias, et fit si bien avec ses drogues et ses poisons, que de vieux elle le rendit jouvenceau tout derechef. Je te rajeunirai de même.

BALLION.

Oh! oh! est-ce que tu es empoisonneur aussi?

LE CUISINIER.

Au contraire, par Pollux, conservateur de la santé des hommes. (*Il va pour entrer chez Ballion.*)

BALLIO.
Hem mane : quanti istuc unum me coquinare perdoces?

COCUS.
Quid?

BALLIO.
Ut te servem, ne quid subripias mihi.

COCUS.
Si credis, numo; si non, ne mina quidem.
Sed utrum amicis hodie, an inimicis tuis
Daturus coenam?

BALLIO.
Pol, ego amicis, scilicet.

COCUS.
Quin tu illo inimicos potius, quam amicos vocas?
Nam ego ita convivis coenam conditam dabo
Hodie, atque ita suavitate condiam,
Ut quisque quidque conditum gustaverit,
Ipsos sibi faciam ut digitos praerodat suos.

BALLIO.
Quaeso, hercle, priusquam quidquam convivis dabis,
Gustato tute prius, et discipulis dato,
Ut praerodatis vostras furtificas manus.

COCUS.
Fortasse haec tu nunc mihi non credas quae loquor.

BALLIO.
Molestus ne sis; nimium jam tinnis, non places.
Hem, illeic ego habito : intro huc abi, et coenam coque
Propere.

BALLION, l'arrêtant.

Un moment ; combien me demanderas-tu pour m'apprendre une seule recette de cuisine ?

LE CUISINIER.

Laquelle ?

BALLION.

La surveillance nécessaire pour t'empêcher de me voler.

LE CUISINIER.

Si tu as confiance, un didrachme ; sinon, tu n'en es pas quitte pour une mine. Mais sont-ce tes amis ou tes ennemis que tu veux traiter aujourd'hui ?

BALLION.

Par Pollux, mes amis, apparemment.

LE CUISINIER.

Tu devrais inviter tes ennemis plutôt que tes amis ; car je ferai à tes convives un tel festin, si bien assaisonné, si délicieux, qu'on ne pourra pas goûter un seul mets, sans se manger les doigts.

BALLION.

Avant de servir sur table, je t'en prie, goûte toi-même d'abord tes sauces, et donnes-en à tes élèves, pour que vous vous mangiez vos doigts crochus.

LE CUISINIER.

Tu ne crois pas peut-être ce que je te dis ?

BALLION.

Ne m'assomme pas ; tu m'étourdis les oreilles, c'est ennuyeux. Voici ma demeure, entre, et fais ta cuisine promptement.

COCUS.

Quin is adcubitum, et convivas cedo.
Conrumpitur jam cœna.

BALLIO.

Hem, subolem, sis, vide!
Jam hic quoque scelestus est, coci sublingio.
Profecto quid nunc primum caveam nescio,
Ita in aedibus sunt fures : praedo in proxumo 'st.
Jam a me hic vicinus apud forum paulo prius
Pater Calidori opere petivit maxumo,
Ut mihi caverem a Pseudolo servo suo,
Neu fidem ei haberem : nam eum circumire in hunc diem,
Ut me, si posset, muliere intervorteret;
Eum promisisse firmiter, dixit, sibi,
Sese abducturum a me dolis Phœnicium.
Nunc ibo intro, atque edicam familiaribus,
Profecto ne quis quidquam credat Pseudolo.

PSEUDOLUS, SIMIA*.

PSEUDOLUS.

Si unquam quemquam di inmortaleis voluere esse auxilio adjutum,
Tum me et Calidorum servatum volunt esse, et lenonem exstinctum,
Quom te adjutorem genuere mihi, tam doctum hominem atque astutum.

* Actus IV, Scena 1.

LE CUISINIER.

Tu n'as qu'à te mettre à table, et à faire placer tes convives. Le souper est déjà trop cuit. (Il sort avec sa suite.)

BALLION, montrant un des suivans qui prend des airs comme son chef.

Voyez, s'il vous plaît, la digne race! Cet apprenti lèche-plat est déjà un franc coquin aussi. Je ne sais, ma foi, où je dois avoir l'œil d'abord, avec tous ces voleurs dans ma maison, (*montrant le logis de Pseudolus*) et le corsaire qui croise tout prêt! Mon voisin, le père de Calidore, que j'ai rencontré tout-à-l'heure au forum, m'a recommandé très-instamment de me défier de son esclave Pseudolus, de me tenir en défense; car il rôdera toute la journée pour me souffler, s'il est possible, Phénicie. On m'a dit qu'il s'était engagé très-positivement à l'enlever de chez moi à force de ruses. Je rentre, j'ordonnerai à mes gens de ne pas écouter Pseudolus, quoi qu'il dise. (Il sort.)

PSEUDOLUS, plus tard SINGE en valet de militaire*.

PSEUDOLUS, parlant sans s'apercevoir que Singe ne le suit pas.

Si jamais les dieux immortels ont secouru et protégé quelques humains, c'est bien moi et Calidore. Certes, ils veulent nous sauver et perdre le prostitueur, puisqu'ils ont créé pour moi tout exprès un auxiliaire tel que toi, si habile et si madré. (*Regardant derrière lui*) Mais où est-il? suis-je bête, de jaser ainsi tout seul

* Acte IV, Scène 1.

Sed ubi illic est? sumne ego homo insipiens, qui hæc
   mecum egomet loquor solus?
Dedit verba mihi, hercle, ut opinor; malus cum malo
   stulte cavi.
Tum, pol, ego interii, homo si ille abiit : neque hoc
   opus quod volui, ego hodie ecficiam.
Sed, eccum, video verberream statuam : ut magnifice in-
   fert sese!
Hem te, hercle, ego circumspectabam : nimis metuebam
   male, ne abiisses.

SIMIA.

Fuit meum opficium ut facerem, fateor.

PSEUDOLUS.

   Ubi restiteras?

SIMIA.

         Ubi mihi lubitum 'st.

PSEUDOLUS.

Istuc ego jam satis scio.

SIMIA.

   Cur ergo quod scis, me rogas?

PSEUDOLUS.

         At hoc volo monere te.

SIMIA.

Monendus ne me moneat.

PSEUDOLUS.

   Nimis tandem ego abs te contemnor.

SIMIA.

Quippe ego te ni contemnam, stratioticus homo qui
   cluear?

vis-à-vis de moi-même? il m'en a donné à garder, par Hercule, je le pense. Traitant de coquin à coquin, j'ai mal pris mes précautions. Je suis perdu, par Pollux, s'il a levé le pied, et je n'en viendrai pas à mes fins. (*Singe arrive*) Mais c'est lui, je l'aperçois, cette statue du bois dont on fait les houssines. Quelle démarche superbe! Ah çà, je te cherchais de tous mes yeux ; j'avais grand'peur que tu n'eusses déserté.

SINGE.

J'aurais fait mon métier, je l'avoue.

PSEUDOLUS.

Où t'es-tu arrêté?

SINGE, d'un ton fanfaron.

Où il m'a plu.

PSEUDOLUS.

Je le savais d'avance.

SINGE, de même.

Pourquoi me le demander, puisque tu le sais?

PSEUDOLUS.

Il faut que je te donne une leçon.

SINGE, redoublant d'arrogance.

Tu as plus besoin d'en recevoir que de m'en donner.

PSEUDOLUS.

Tu fais bien l'insolent, à la fin.

SINGE, d'un ton naturel.

Si je n'avais pas d'insolence, est-ce qu'on me prendrait pour un homme de milice?

PSEUDOLUS.

Jam
Hoc volo, quod obceptum 'st.

SIMIA.

Numquid agere aliud me vides?

PSEUDOLUS.

Ambula ergo cito.

SIMIA.

Imo otiose volo.

PSEUDOLUS.

Hæc ea obcasio 'st, dum ille dormit;
Volo tu prior ut obcupes adire.

SIMIA.

Quid properas? placide.
Ne time: ita ille faxit Jupiter, ut ille palam ibidem adsiet,
Quisquis ille est, qui adest a milite: nunquam, edepol,
    erit ille potior
Harpax, quam ego. Habe animum bonum; polchre ego
    hanc explicatam tibi rem dabo.
Sic ego illum dolis atque mendaciis in timorem dabo
Militarem advenam, ipse sese ut neget eum esse qui siet,
Meque ut esse autumet, qui ipsus est.

PSEUDOLUS.

Qui potest?

SIMIA.

Occidis me
Quom istuc rogitas.

PSEUDOLUS.

O hominem lepidum! te quoque etiam dolis
Atque etiam mendaciis, Jupiter te mihi servet.

PSEUDOLUS.

Je veux que l'affaire commencée....

SINGE, reprenant son air capable et arrogant.

Est-ce que tu me vois des distractions?

PSEUDOLUS.

Marche donc vite.

SINGE, d'un air goguenard.

Pas du tout, à mon aise.

PSEUDOLUS.

Nous l'avons belle, pendant que l'autre dort. Il faut que tu le préviennes, et que tu te présentes le premier.

SINGE.

Pourquoi te presser? du calme; ne crains rien. Veuille Jupiter qu'il se montre ici en même temps, quel qu'il soit, ce messager du militaire. Non, par Pollux, il ne sera pas Harpax mieux que moi. Sois en pleine sécurité; j'expédierai ton affaire à souhait. Par mes ruses et mes impostures, je jetterai un si grand effroi dans l'âme du soudard voyageur, qu'il conviendra lui-même qu'il n'est pas lui, et que c'est moi qui suis ce qu'il est.

PSEUDOLUS.

Est-ce possible? comment?

SINGE.

Tu m'assommes avec tes questions.

PSEUDOLUS.

Il me charme. Que Jupiter nous conserve tes ruses et tes mensonges.

SIMIA.

Imo mihi : sed vide, ornatus hic satis me condecet?

PSEUDOLUS.

Optume habet.

SIMIA.

Esto.

PSEUDOLUS.

Tantum tibi boni di inmortaleis duint,
Quantum tu tibi optes : nam si exoptem, quantum dignus, tantum dent,
Minus nihilo est. Neque ego hoc homine quemquam vidi magis malum,
Et maleficum.

SIMIA.

Tun' id mihi?

PSEUDOLUS.

Taceo : sed ego quæ tibi dona
Dabo et faciam, si hanc rem sobrie adcurassis!

SIMIA.

Potin' ut taceas?
Memorem inmemorem facit, qui monet quod memor meminit : teneo omnia.
In pectore condita sunt, meditati sunt doli docte.

PSEUDOLUS.

Probus hic est
Homo.

SIMIA.

Neque hic est, neque ego.

SINGE.

A moi plutôt. Mais regarde, ce costume me va-t-il bien ?

PSEUDOLUS.

A ravir.

SINGE.

A la bonne heure.

PSEUDOLUS.

Que les dieux immortels te donnent autant de bien que tu peux t'en souhaiter. Car si je t'en souhaitais autant que tu en mérites, ce serait moins que rien. Je ne vis jamais de plus malin drôle, plus prompt à malfaire.

SINGE, d'un air moqueur.

C'est toi qui me loues ainsi ?

PSEUDOLUS.

Je me tais. Mais quelle récompense te décernerai-je, si tu conduis sagement l'entreprise ?

SINGE.

Si tu pouvais te taire ? les mieux appris désapprennent quand on veut leur apprendre ce qu'ils ont appris de reste. Je possède toute l'affaire; elle est arrangée dans ma tête; j'ai ruminé profondément nos fourberies.

PSEUDOLUS.

Le brave garçon !

SINGE.

Pas plus que toi.

PSEUDOLUS.
At vide ne titubes.

SIMIA.
Potin' ut taceas?

PSEUDOLUS.
Ita me di ament.

SIMIA.
Ita non facient, mera jam mendacia fundes.

PSEUDOLUS.
Ut ego ob tuam, Simia, perfidiam te amo et metuo, et magnifico.

SIMIA.
Ego istuc aliis dare condidici : mihi obtrudere non potes palpum.

PSEUDOLUS.
Ut ego te hodie abcipiam lepide, ubi ecfeceris hoc opus.

SIMIA.
Ha ha he!

PSEUDOLUS.
Lepido victu, vino, unguentis, et inter pocula pulpamentis;
Ibidem una aderit mulier lepida, tibi savia super savia quæ det.

SIMIA.
Lepide abcipis me.

PSEUDOLUS.
Imo si ecficis, tum faxo magis dicas.

PSEUDOLUS.

Prends garde de t'embarrasser.

SINGE.

Veux-tu te taire?

PSEUDOLUS.

Je jure par les dieux qui me protègent....

SINGE.

Ils s'en garderont bien; car tu ne vas débiter que des mensonges.

PSEUDOLUS.

Je jure, Singe, que je t'aime, que je te redoute, que je t'honore pour ta perfidie.

SINGE.

Je suis expert à donner aux autres de cette marchandise-là. Tu ne saurais m'y prendre avec tes cajoleries.

PSEUDOLUS.

Et que je te régalerai joliment aujourd'hui quand tu auras consommé ton œuvre.

SINGE, riant d'un air d'incrédulité.

Ah! ah! hi! hi!

PSEUDOLUS.

Joli festin, parfums, vins, mets exquis entre les rasades. Tu auras aussi une fille charmante qui te prodiguera baisers sur baisers.

SINGE, avec ironie.

Ton régal est magnifique.

PSEUDOLUS.

Réussis, et tu m'en feras encore plus compliment.

SIMIA.

Nisi ecfecero, cruciabiliter carnufex me abcipito.
Sed propera mihi monstrare ubi ostium lenonis ædium.

PSEUDOLUS.

Tertium hoc est.

SIMIA.

St! tace, ædeïs hiscunt.

PSEUDOLUS.

Credo animo male 'st
Ædibus.

SIMIA.

Quid jam?

PSEUDOLUS.

Quia, edepol, ipsum lenonem evomunt.

SIMIA.

Illiccine est?

PSEUDOLUS.

Illic est.

SIMIA.

Mala merx est.

PSEUDOLUS.

Illuc, sis, vide:
Non prorsus, verum ex transvorso cedit, quasi cancer
solet.

SINGE.

Si je ne réussis pas, bourreau!... (*Il prononce ce mot de manière à laisser dans le doute s'il fait une simple exclamation, ou s'il s'adresse à Pseudolus*) que la torture soit mon régal. Mais dépêche-toi de m'enseigner la maison du prostitueur.

PSEUDOLUS, montrant la maison.

La voici, c'est la troisième.

SINGE.

St! tais-toi, je vois la porte qui s'entre-baille.

PSEUDOLUS.

Elle a mal au cœur, je crois.

SINGE.

Comment?

PSEUDOLUS.

C'est, par Pollux, qu'elle vomit le prostitueur.

SINGE, apercevant Ballion.

Est-ce lui?

PSEUDOLUS.

Lui-même.

SINGE.

Voilà une piètre marchandise.

PSEUDOLUS.

Regarde un peu, il ne va pas droit devant lui, il a la marche oblique d'une écrevisse.

BALLIO, PSEUDOLUS, SYCOPHANTA*.

BALLIO.

Minus malum hunc hominem esse opinor, quam esse
    censebam cocum :
Nam nihil etiam dum harpagavit, præter cyathum et
    cantharum.

PSEUDOLUS.

Heus tu, nunc obcasio 'st et tempus.

SYCOPHANTA.

                                  Tecum sentio.

PSEUDOLUS.

Ingredere in viam dolose : et ego heic in insidiis ero.

SYCOPHANTA.

Habui numerum sedulo, hoc est sextum a porta proxu-
    mum
Angiportum, in id angiportum me devorti jusserat;
Quotumas ædeis dixerit, id ego admodum incerto scio.

BALLIO.

Quis hic homo chlamydatus est, aut unde est, aut
    quem quæritat?
Peregrina facies videtur hominis, atque ingnobilis.

SYCOPHANTA.

Sed eccum, qui ex incerto faciet mihi, quod quæro,
    certius.

* Actus IV, Scena II.

BALLION, PSEUDOLUS, SINGE*.

BALLION, sans voir les autres.

Il n'est pas si fripon que je croyais, ce cuisinier; il n'a rien agrippé encore qu'un cyathe et une coupe.

PSEUDOLUS, bas à Singe.

Ah çà, voici l'occasion, voici le moment.

SINGE, bas à Pseudolus.

Je suis de ton avis.

PSEUDOLUS, de même.

Embarque-toi adroitement; moi, je me tiendrai ici aux aguets.

SINGE, haut, en s'avançant, et feignant de chercher.

J'ai bien retenu les indications, c'est la sixième traverse en entrant dans la ville; voici la rue où il m'a commandé de prendre un gîte. Mais combien m'a-t-il dit qu'il y avait de maisons à passer? je n'en sais plus rien.

BALLION, à part.

Quel est cet homme en chlamyde? d'où vient-il? que cherche-t-il? Il m'a l'air d'un étranger; sa mine m'est inconnue.

SINGE, feignant d'apercevoir Ballion seulement alors.

Mais voici quelqu'un qui me tirera de peine, et me rendra plus savant.

* Acte IV, Scène II.

BALLIO.

Ad me adit recta : unde ego hominem hunc esse dicam
  gentium!

SYCOPHANTA.

Heus tu, qui cum hirquina adstas barba, responde quod
  rogo.

BALLIO.

Eho, an non prius salutas?

SYCOPHANTA.

     Nulla est mihi salus dataria.

BALLIO.

Nam, pol, hinc tantumdem abcipies.

PSEUDOLUS.

     Jam inde a principio probi.

SYCOPHANTA.

Ecquem in angiporto hoc hominem tu gnovisti? te rogo.

BALLIO.

Egomet me.

SYCOPHANTA.

 Pauci istuc faciunt homines, quod tu prædicas.
Nam in foro vix decimus quisque est, qui ipsus sese
  gnoverit.

PSEUDOLUS.

Salvos sum; jam philosophatur.

SYCOPHANTA.

    Hominem ego heic quæro malum,
Legirupam, inpium, perjurum, atque inprobum.

BALLIO.

       Me quæritat:

BALLION.

Il vient tout droit de mon côté. D'où sort cet homme?

SINGE.

Hé! toi, que je rencontre là, l'homme à la barbe de bouc, apprends-moi ce que je désire.

BALLION.

Eh! mais, tu ne commences pas par saluer?

SINGE.

Je n'ai pas de salut à jeter à la tête.

BALLION.

Par Pollux, je t'en offre autant.

PSEUDOLUS, à part.

Pour commencer ils n'ont rien à se reprocher.

SINGE.

Ne connais-tu pas un certain homme dans cette traverse, je te prie?

BALLION.

Je connais moi.

SINGE.

Il n'y a pas beaucoup de gens qui te ressemblent. Car on en trouverait à peine dix dans le forum se connaissant eux-mêmes.

PSEUDOLUS, toujours à part.

Je suis des bons; il se met à philosopher.

SINGE.

Celui que je cherche est un drôle, ennemi des lois, impie, menteur, pervers.

BALLION, à part.

C'est moi qu'il cherche : il dit là tous mes surnoms;

Nam illa sunt congnomenta; nomen si memoret modo.
Quid est ei homini nomen?

SYCOPHANTA.

Leno Ballio.

BALLIO.

Scivin' ego?
Ipse ego is sum, adulescens, quem tu quæritas.

SYCOPHANTA.

Tune es Ballio?

BALLIO.

Ego enimvero is sum.

SYCOPHANTA.

Ut vestitus est perfossor parietum!

BALLIO.

Credo in tenebris conspicatus si sis me, abstineas manum.

SYCOPHANTA.

Herus meus tibi salutem multam voluit dicere.
Hanc epistolam abcipe a me, hanc me tibi jussit dare.

BALLIO.

Quis is homo 'st qui jussit?

PSEUDOLUS.

Perii, nunc homo in medio luto 'st,
Nomen nescit: hæret hæc res.

BALLIO.

Quem hanc misisse ad me autumas?

SYCOPHANTA.

Gnosce imaginem, tute ejus nomen memorato mihi,
Ut sciam te Ballionem esse ipsum.

il ne lui reste plus que mon nom à dire. (*Haut*) Comment ton homme s'appelle-t-il?

SINGE.

C'est le prostitueur Ballion.

BALLION, à part.

N'ai-je pas deviné? (*Haut*) C'est moi-même, l'ami, qui suis l'homme que tu cherches.

SINGE.

Tu es Ballion?

BALLION.

Oui, lui-même.

SINGE.

Comme il est vêtu ce perceur de murailles!

BALLION, avec ironie.

Et toi, si tu me rencontrais la nuit, tu ne ferais pas agir tes mains, je crois?

SINGE.

Mon maître m'a chargé de te souhaiter bien le bonjour, et de te donner cette lettre; tiens, prends.

BALLION, avant de prendre la lettre.

Qui est ton maître?

PSEUDOLUS, à part.

Je suis perdu, mon homme est embourbé; il ne sait pas le nom; il ne s'en tirera pas.

BALLION.

Qui est-ce, dis-tu, qui m'envoie cette lettre?

SINGE.

Regarde le portrait, et dis-moi son nom toi-même, pour que je sache que c'est bien toi qui es Ballion.

BALLIO.

Cedo mihi epistolam.

SYCOPHANTA.

Abcipe; congnosce signum.

BALLIO.

Oho! Polymachæroplacides,
Purus putus est ipsus : gnovi : heus!

SYCOPHANTA.

Polymachæroplacides
Nomen est; scio jam tibi me recte dedisse epistolam,
Postquam Polymachæroplacidæ elocutus nomen es.

BALLIO.

Sed quid agit is?

SYCOPHANTA.

Quod homo, edepol, fortis, atque bellator probus.
Sed propera hanc perlegere, quæso, epistolam, ita ne-
 gotium 'st,
Atque abcipere argentum actutum, mulieremque mihi
 emittere.
Nam necesse hodie Sicyoni me esse, aut cras mortem
 exsequi;
Ita herus meus est inperiosus.

BALLIO.

Gnovi, gnotis prædicas.

SYCOPHANTA.

Propera perlegere epistolam ergo.

BALLIO.

Id ago, si taceas modo.
« Miles lenoni Ballioni epistolam
Conscribtam mittit Polymachæroplacides,

BALLION.

Donne-moi la lettre.

SINGE.

Tiens, reconnais le cachet.

BALLION, regardant l'empreinte du cachet.

Oh! oh! Polymachéroplacidès, c'est lui-même en propre original, je le reconnais.

SINGE.

C'est le nom; Polymachéroplacidès; je vois que je ne me suis pas trompé en te remettant cette lettre, puisque tu m'as dit le nom de Polymachéroplacidès.

BALLION.

Comment va-t-il?

SINGE, sur un ton de fanfaron.

Comme un brave, par Pollux, comme un vaillant guerrier. Mais dépêche-toi, je te prie, de lire cette lettre, il le faut, et de prendre ton argent tout de suite, et de me donner la belle qui doit te quitter. Car si je ne suis pas aujourd'hui à Sicyone, demain je n'échapperai pas à la mort; mon maître ne badine pas.

BALLION.

Je connais, tu parles à des gens de connaissance.

SINGE.

Hâte-toi donc de lire la lettre.

BALLION.

C'est ce que je fais, si tu veux te taire. (*Il lit*) «Polymachéroplacidès le militaire au prostitueur Ballion. Je t'écris cette lettre et t'envoie l'empreinte de mon

Imagine obsignatam, quæ inter nos duo
Convenit olim. »

SYCOPHANTA.

Symbolum 'st in epistola.

BALLIO.

Video, et conguosco signum : sed in epistola
Nullam salutem mittere ne scribtam solet?

SYCOPHANTA.

Ita militaris disciplina 'st, Ballio :
Manu salutem mittunt benevolentibus ;
Eadem malam rem mittunt malevolentibus.
Sed ut obcepisti, perge operam experirier,
Quid epistola ista narret.

BALLIO.

Ausculta modo.
« Harpax calator meus est, ad te qui venit. »
Tune is es Harpax?

SYCOPHANTA.

Ego sum, atque ipse Harpax quidem.

BALLIO.

« Qui epistolam istam fert, ab eo argentum abcipi,
Et cum eo simitu mulierem mitti volo.
Salutem scribtam dignum 'st dignis mittere :
Te si arbitrarem dignum, misissem tibi. »

SYCOPHANTA.

Quid nunc?

BALLIO.

Argentum des; abducas mulierem.

portrait, ainsi que nous en sommes convenus ensemble. » (*Il s'arrête d'un air surpris et mécontent.*)

SINGE.

L'empreinte est dans la lettre.

BALLION.

Je vois, je reconnais le cachet. Mais est-ce qu'en écrivant il n'a pas coutume d'accompagner le message d'un salut?

SINGE.

C'est la manière des guerriers, Ballion; ils donnent avec leur épée le salut à leurs amis, et ils donnent le tour aussi avec elle à leurs ennemis. Mais continue la lecture commencée, et occupe-toi de voir ce que contient cette lettre.

BALLION.

Écoute seulement (*Il lit*) : « Je t'envoie Harpax, mon valet. » (*A Singe, d'un air effrayé*) C'est toi qui es Harpax?

SINGE.

Oui, moi-même; Harpax en personne.

BALLION, reprenant la lecture.

« Il te remettra cette lettre, ainsi que l'argent; et je veux que tu lui donnes Phénicie, pour qu'il l'emmène. On doit, quand on écrit, saluer qui en est digne; si je te croyais digne d'être salué, je te saluerais. »

SINGE.

Eh bien?

BALLION.

Donne l'argent, et prends la femme.

SYCOPHANTA.

Uter remoratur ?

BALLIO.

Quin sequere ergo intro.

SYCOPHANTA.

Sequor.

PSEUDOLUS*.

Pejorem ego hominem magisque vorsute malum
Nunquam, edepol, quemquam vidi, quam hic est Simia;
Nimisque ego illum hominem metuo et formido male,
Ne malus item erga me sit, ut erga illum fuit,
Ne in re secunda nunc mihi obvortat cornua,
Si obcasionem capsit, quî siet malus.
Atque, edepol, equidem nolo : nam illi bene volo.
Nunc in metu sum maxumo, triplici modo.
Primum omnium, jam hunc conparem metuo meum,
Ne deserat me, atque ad hosteis transeat.
Metuo autem ne herus redeat etiamdum a foro,
Ne capta præda capti prædones fuant.
Quom hæc metuo, metuo ne ille huc Harpax adveniat,
Priusquam hinc hic Harpax abierit cum muliere.
Perii, hercle! nimium tarde egrediuntur foras.
Cor conligatis vasis exspectat meum,
Si non educat mulierem secum simul,

* Actus IV, Scena III.

SINGE.

Lequel de nous deux est en retard?

BALLION.

Suis-moi donc, viens.

SINGE.

Je te suis. *(Ils entrent chez Ballion.)*

PSEUDOLUS, seul*.

Je n'ai jamais vu, par Pollux, de drôle plus madré, plus retors que ce Singe. Il m'effraie à mon tour; j'ai bien peur que ce malin n'exerce sa malice avec moi, comme tout-à-l'heure avec l'autre, et que voyant l'affaire en bon train, il ne tourne contre moi les cornes, s'il trouve sa belle pour jouer un mauvais tour. Je ne le voudrais pas, par Pollux, car je lui veux du bien. Maintenant je suis dans des transes mortelles, pour trois raisons: premièrement d'abord, je crains que mon compagnon ne déserte et ne passe à l'ennemi. De plus, je crains que mon maître ne revienne du forum, et que les corsaires ne soient capturés avec leur capture. Avec cette double crainte, je crains encore que le véritable Harpax ne vienne avant que l'autre Harpax ait emmené Phénicie. (*Regardant la porte du prostitueur*) Désolation! qu'ils tardent à sortir! Par Hercule, mon âme a déjà fait ses paquets, et n'attend plus, s'il ne part pa

* Acte IV, Scène III.

Ut exsulatum ex pectore abfugiat meo.
Victor sum; vici cautos custodes meos.

SYCOPHANTA, PSEUDOLUS.*

SYCOPHANTA.

Ne plora; nescis ut res sit, Phœnicium;
Verum haud multo post, faxo, scibis adcubans.
Non ego te ad illum duco dentatum virum
Macedoniensem, qui te nunc flentem facit.
Quojam esse te vis maxume, ad eum duco te:
Calidorum haud multo post, faxo, amplexabere.

PSEUDOLUS.

Quid tu intus, quæso, desedisti? quamdiu
Mihi cor retunsum 'st obpugnando pectore '

SYCOPHANTA.

Obcasionem reperisti, verbero,
Ubi perconteris me insidiis hostilibus !
Quin hinc metimur gradibus militariis.

PSEUDOLUS.

Atque, edepol, quamquam nequam homo es, recte
    mones.
Ite hac triumphi ad cantharum recta via.

---

* Actus IV, Scena IV.

avec la belle, que le moment de s'exiler de mon corps. (*Voyant la porte s'ouvrir*) Victoire! les fins surveillans sont vaincus.

SINGE, PHÉNICIE, PSEUDOLUS*.

SINGE, à Phénicie, après avoir refermé la porte sur Ballion.

Ne pleure pas : tu ne sais pas ce qui en est, Phénicie ; mais dans peu tu le sauras, je te le promets, en te mettant à table. Je ne te conduis pas à cette grande mâchoire de Macédonien, qui fait couler tes pleurs : c'est à celui auquel tu désires le plus d'appartenir, que je te conduis, à Calidore ; tu vas l'embrasser.

PSEUDOLUS.

Qu'avais-tu à rester là? que tu as été long! Mon cœur est moulu à force d'avoir bondi contre ma poitrine.

SINGE.

Tu prends bien ton temps, maraud, pour me questionner, sur un terrain ennemi tout plein d'embûches! Vite, détalons au pas militaire.

PSEUDOLUS.

Par Pollux, pour un mauvais sujet, tu ne conseilles pas mal. En avant, par ici, droit aux cruches triomphales.

(Ils sortent emmenant Phénicie.)

---

* Acte IV, Scène IV.

BALLIO*.

Ha hæ! nunc demum mihi animus in tuto est loco,
Postquam iste hinc abiit, atque abduxit mulierem.
Mihi lubet nunc venire Pseudolum, scelerum caput,
Et abducere a me mulierem fallaciis.
Conceptis, hercle, verbis satis certo scio
Ego perjurare mavellem me millies,
Quam mihi illum verba per deridiculum dare.
Nunc deridebo, hercle, hominem, si convenero.
Verum in pistrinum, credo, ut convenit, fore.
Nunc ego Simonem mihi obviam veniat velim,
Ut mea lætitia lætus promiscam siet.

SIMO, BALLIO**.

SIMO.

Viso quid rerum meus Ulysses egerit,
Jamne habeat signum ex arce Ballionia.

BALLIO.

O fortunate, cedo fortunatam manum,
Simo!

SIMO.

Quid est?

BALLIO.

Jam.

* Actus IV, Scena v.   ** Actus IV, Scena vi.

BALLION, seul*.

(*Il fait un grand soupir de satisfaction*) Ah! ah! mon esprit est en pleine sécurité enfin, depuis que l'autre est parti, et qu'il a emmené Phénicie. Que Pseudolus vienne à présent, le maître fourbe, avec ses perfidies, et qu'il essaie de m'enlever la belle. J'aimerais mieux, par Hercule, oui, j'aimerais mieux faire mille faux sermens en termes exprès, que d'être sa dupe et de lui apprêter à rire. Je rirai bien à ses dépens, par Hercule, quand je le verrai. Mais j'espère qu'on va l'envoyer au moulin, selon les conventions. Que je voudrais rencontrer Simon, pour lui faire part de ma joie, et pour nous réjouir ensemble!

SIMON, BALLION**.

SIMON.

Je viens voir ce qu'a fait mon Ulysse, et s'il a déjà enlevé le palladium de la citadelle ballionienne.

BALLION, avec transport.

Fortuné Simon, donne-moi ta main fortunée.

SIMON.

Qu'y a-t-il?

BALLION, comme suffoqué de joie.

Maintenant.....

---

* Acte IV, Scène v.   ** Acte IV, Scène vi.

SIMO.

Quid jam?

BALLIO.

Nihil est quod metuas.

SIMO.

Quid est?

Venitne homo ad te?

BALLIO.

Non.

SIMO.

Quid est igitur boni?

BALLIO.

Minæ viginti sanæ ac salvæ sunt tibi,
Hodie quas abs te inde est instipulatus Pseudolus.

SIMO.

Velim quidem, hercle.

BALLIO.

Roga me viginti minas,
Si ille hodie illa sit potitus muliere,
Sive eam tuo gnato hodie, ut promisit, dabit:
Rogato, hercle, obsecro : gestio promittere,
Omnibus modis tibi esse rem ut salvam scias,
Atque etiam habeto mulierem dono tibi.

SIMO.

Nullum periclum 'st, quod sciam, stipularier.
Ut concepisti verba : viginti minas
Dabin'?

BALLIO.

Dabuntur.

SIMON.

Eh bien, maintenant?

BALLION.

Tu n'as plus rien à craindre.

SIMON.

Qu'est-ce? est-il venu?

BALLION.

Non.

SIMON.

Alors, quel est ce bonheur?

BALLION.

Tu gardes et tu conserves les vingt mines que tu avais gagées avec Pseudolus?

SIMON.

Je le voudrais.

BALLION.

Convenons que je te donnerai vingt mines s'il s'empare de la belle aujourd'hui, et s'il la donne à ton fils, comme il s'en est vanté. Fais la proposition, par Hercule, je t'en prie. J'ai hâte d'accepter, afin que tu saches qu'il n'y a plus aucun danger pour toi, et même je te donne la jeune fille par-dessus le marché.

SIMON.

Je ne risque rien, que je sache, à proposer la convention. (*Prenant un ton officiel*) Aux termes de ta promesse, me donneras-tu vingt mines?

BALLION.

Je les donnerai.

SIMO.

Hoc quidem actum 'st haud male.
Sed hominem convenistin'?

BALLIO.

Imo ambos simul.

SIMO.

Quid ait? quid narrat? quæso, quid dicit tibi?

BALLIO.

Nugas theatri, verba quæ in comœdiis
Solent lenoni dici, quæ pueri sciunt:
Malum et scelestum et perjurum aibat esse me.

SIMO.

Pol, haud mentitu'st.

BALLIO.

Ergo haud iratus fui;
Nam quanti refert te nec recte dicere,
Qui nihili faciat, quique infitias non eat?

SIMO.

Quid est quod non metuas ab eo? id audire expeto.

BALLIO.

Quia nunquam ab me abducet mulierem jam, nec potest.
Meministine tibi me dudum dicere,
Eam venisse militi macedonio?

SIMO.

Memini.

BALLIO.

Hem illius servos huc ad me argentum adtulit,
Et obsignatum symbolum.

SIMON.

Le traité n'est pas mauvais. Mais est-il venu te parler?

BALLION.

Ils sont venus même tous deux.

SIMON.

Eh bien, que t'a-t-il conté, je te prie? que dit-il?

BALLION.

Des sornettes de comédie, de ces propos qui se débitent aux prostitueurs sur le théâtre, et que les enfans savent par cœur; il me traitait de coquin, de scélérat, de parjure.

SIMON.

Par Pollux, il ne mentait pas.

BALLION.

Aussi je ne me suis pas fâché; car que font les injures quand on n'en tient nul compte, et quand on ne songe pas à les démentir?

SIMON.

Pourquoi es-tu sans crainte de sa part? je suis curieux de l'apprendre.

BALLION.

Parce qu'il ne m'enlèvera jamais la donzelle; c'est impossible. Te souvient-il que je t'ai dit tantôt que je l'avais vendue à un militaire macédonien?

SIMON.

Oui.

BALLION.

Son esclave vient de m'apporter l'argent avec le cachet en signe de reconnaissance.

SIMO.

Quid postea?

BALLIO.

Qui inter me atque illum militem convenerat:
Is secum abduxit mulierem haud multo prius.

SIMO.

Bonan' fide istuc dicis?

BALLIO.

Unde ea sit mihi?

SIMO.

Vide modo ne illic sit contechnatus quidpiam.

BALLIO.

Epistola atque imago me certum facit.
Quin jam quidem illam in Sicyonem ex urbe abduxit
    modo.

SIMO.

Bene, hercle, factum : quid ego cesso Pseudolum
Facere, ut det nomen ad molarum coloniam?
Sed quis hic homo est chlamydatus?

BALLIO.

Non, edepol, scio,
Nisi ut observemus quo eat, aut quam rem gerat.

SIMON.

Après?

BALLION.

Signe convenu entre moi et le militaire. L'esclave a emmené la belle il n'y a qu'un moment.

SIMON.

Vraiment? de bonne foi?

BALLION.

Est-ce que j'en ai?

SIMON.

Prends garde néanmoins qu'il ne t'ait joué quelque tour.

BALLION.

La lettre et le portrait ne me laissent pas de doute; et la fille est déjà hors de la ville sur la route de Sicyone.

SIMON.

Le bon coup, par Hercule! Que tardé-je à faire inscrire Pseudolus dans la colonie du moulin? (*Apercevant Harpax*) Mais quel est cet homme à chlamyde?

BALLION.

Je ne sais pas, par Pollux. Observons ce qu'il fait, où il va.

HARPAX, SIMO, BALLIO*.

HARPAX.

Malus et nequam 'st homo, qui nihili inperium heri
Sui servos facit. Nihili est autem, suum
Qui opficium facere inmemor est, nisi adeo monitus.
Nam qui liberos esse iulico se arbitrantur,
Ex conspectu heri si sui se abdiderunt,
Luxuriantur, lustrantur, comedunt quod
Habent, ii nomen diu servitutis ferunt:
Nec boni ingeni quidquam in his inest, nisi ut in-
Probis se artibus teneant: cum his mihi nec locus, nec
    sermo
Convenit, neque his unquam gnobilis fui.
Ego, ut mihi inperatum 'st, etsi abest, heic adesse herum
Arbitror: nunc ego illum metuo, quom heic non adest.
Ne quom adsiet, metuam; ei rei operam dabo.
Nam me in taberna usque adhuc sineret Syrus,
Quoi dedi symbolum; mansi ut jusserat:
Leno ubi esset domi, me aibat arcessere:
Verum ubi is non venit, nec vocat, venio huc ultro,
Ut sciam quid rei siet; ne illic homo me ludificetur.
Neque quidquam 'st melius, quam ut hoc pultem, atque
    aliquem
Evocem huc intus. Leno argentum hoc volo a me ab-
    cipiat,
Atque amittat mulierem mecum simul.

* Actus IV, Scena VII.

HARPAX, SIMON, BALLION[*].
(Les deux derniers sont trop loin pour entendre.)

HARPAX.

C'est un méchant, un mauvais garnement, qu'un esclave qui fait peu de cas des ordres de son maître. On ne fait pas non plus grand cas d'un homme qui oublie de remplir son devoir, à moins qu'on ne l'en somme. Il y en a qui s'imaginent être libres dès qu'ils ne sont plus sous les yeux du maître; ils font la vie, hantent les mauvais lieux, et mangent tout ce qu'ils ont : ces gens-là portent long-temps le nom d'esclaves; ils ne sont bons à rien qu'à faire le mal. Je n'ai point de commerce avec eux, et je ne leur parle pas; je ne suis pas de leur connaissance. Quand j'ai reçu un ordre, mon maître absent est comme présent pour moi; et je le crains, à cette heure qu'il est loin, pour ne pas avoir à le craindre quand je serai près de lui. Je vais m'acquitter de ma commission. Syrus me laisserait encore dans l'auberge, lui à qui j'ai donné la lettre. Je l'ai attendu comme il me l'avait dit; il devait venir me chercher dès que le prostitueur serait de retour; mais puisqu'il n'est pas venu me demander, je viens sans qu'il me demande : je veux savoir ce qui en est, pour qu'il ne se moque pas de moi. Il n'y a pas autre chose à faire que de frapper pour qu'on vienne me parler. Je veux que le prostitueur prenne son argent, et me donne la fille pour que je l'emmène.

[*] Acte IV, Scène VII.

BALLIO.

Heus tu?

SIMO.

Quid vis?

BALLIO.

Hic homo meu'st.

SIMO.

Quîdum?

BALLIO.

Quia
Præda hæc mea 'st: scortum quærit, habet argentum.
Jam admordere hunc mihi lubet.

SIMO.

Jamne illum comesurus es?

BALLIO.

Dum recens est,
Dum datur, dum calet, devorari decet: nam
Boni viri me pauperant, inprobi alunt,
Augent rem meam mali; populi strenui
Damno mihi, inprobi usui sunt.

SIMO.

Malum,
Quod tibi dei dabunt, qui sic scelestus!

HARPAX.

Me nunc conmoror, quoin has foreis non ferio,
Ut sciam sitne Ballio domi.

BALLIO.

Venus mihi hæc
Bona dat, quom hos huc adigit lucrifugas, damni
Cupidos, qui se suamque ætatem bene curant;

BALLION, bas à Simon.

Dis donc?

SIMON.

Que veux-tu?

BALLION, de même.

Cet homme est à moi.

SIMON.

Comment?

BALLION, de même.

C'est un butin qui m'arrive; il cherche une fille, et il a de l'argent. (*D'un air de convoitise*) C'est une bonne pâture à prendre.

SIMON.

On dirait que tu vas le manger.

BALLION, de même.

Pendant qu'il est tout frais, sous la main, tout chaud, il faut l'avaler. Avec les gens sages, il n'y a pas d'eau à boire pour moi : ce sont les mauvais sujets qui me font vivre, ce sont les vauriens qui m'enrichissent. Les honnêtes gens font ma ruine, et le mauvais monde ma fortune.

SIMON.

Peste du scélérat, que les dieux confondent!

HARPAX, s'approchant de la maison.

Je perds mon temps; frappons à cette porte, pour savoir si Ballion est chez lui.

BALLION, bas à Simon.

Ce sont autant de cadeaux que Vénus me fait, toutes les fois qu'elle m'amène de ces hommes ennemis de leur bien, avides de leur perte, qui ne songent qu'à se don-

Edunt, bibunt, scortantur: illi sunt alio ingenio atque tu,
Qui neque tibi bene esse patere, et illis, quibus est,
    invides.

HARPAX.
Heus, ubi estis vos?

BALLIO.
Hic quidem ad me recta habet rectam viam.

HARPAX.
Heus, ubi estis vos?

BALLIO.
Heus, adulescens, quid isteic debetur tibi?
Bene ego ab hoc praedatus ibo; gnovi, bona scaeva est
    mihi.

HARPAX.
Ecquis hoc aperit?

BALLIO.
Heus, chlamydate, quid isteic debetur tibi?

HARPAX.
Aedium dominum lenonem Ballionem quaerito.

BALLIO.
Quisquis es, adulescens, operam fac conpendi quaerere.

HARPAX.
Quid jam?

BALLIO.
Quia te ipsus coram praesens praesentem videt.

HARPAX.
Tun' is es?

ner du bon temps et du plaisir; qui boivent, mangent, font l'amour. Ce sont d'autres caractères que toi, qui ne veux pas jouir de la vie, et qui es jaloux de ceux qui en jouissent.

HARPAX, frappant à la porte de Ballion.

Holà, hé! vous autres.

BALLION.

Il vient en droiture chez moi.

HARPAX.

Holà, hé! y a-t-il du monde?

BALLION, haut.

Hé, jeune homme, qu'est-ce qu'on te doit ici? (*A part*) Je ne le quitterai pas sans emporter de bonnes dépouilles; j'en suis sûr, les présages me sont favorables.

HARPAX, qui n'a pas entendu Ballion, et continuant de frapper.

Ouvrira-t-on?

BALLION.

Hé! la chlamyde, qu'est-ce que tu viens réclamer ici?

HARPAX, se retournant.

Je veux parler au maître du logis, à Ballion.

BALLION.

Qui que tu sois, jeune homme, cesse de chercher.

HARPAX.

Pourquoi?

BALLION.

Parce qu'il est en ta présence, présent devant toi.

HARPAX.

C'est toi?

SIMO.

Chlamydate, cave, sis, tibi a curio infortunio,
Atque in hunc intende digitum; hic leno est.

BALLIO.

At hic est vir probus.
Sed tu, bone vir, flagitare sæpe clamore in foro,
Quom libella nusquam 'st, nisi quid leno hic subvenit
  tibi.

HARPAX.

Quin tu mecum fabulare?

BALLIO.

Fabulor: quid vis tibi?

HARPAX.

Argentum abcipias.

BALLIO.

Jamdudum, si des, porrexi manum.

HARPAX.

Abcipe: heic sunt quinque argenti lectæ numeratæ minæ.
Hoc tibi herus me jussit ferre Polymachæroplacides,
Quod deberet, atque ut mecum mitteres Phœnicium.

BALLIO.

Herus tuus?

HARPAX.

Ita dico.

BALLIO.

Miles?

HARPAX.

Ita loquor.

SIMON.

L'homme à la chlamyde, garde-toi d'aventure funeste. Montre-lui le doigt, c'est un prostitueur.

BALLION.

Mais un honnête homme; au lieu que toi, noble citoyen, tu es assailli souvent de clameurs au forum, n'ayant pas une obole au monde, si je ne venais, moi, le prostitueur, à ton secours.

HARPAX, à Ballion.

Parle-moi donc?

BALLION.

Je te parle; que veux-tu?

HARPAX.

Que tu prennes de l'argent.

BALLION, tendant la main.

Tu n'as qu'à donner, ma main est tendue depuis long-temps.

HARPAX, lui donnant la bourse.

Prends. Il y a là cinq bonnes mines d'argent bien comptées, que je suis chargé de te remettre de la part de mon maître Polymachéroplacidès. Il te les doit, et tu dois lui en voyer Phénicie avec moi.

BALLION, étonné.

A ton maître?

HARPAX.

Comme je dis.

BALLION.

Le militaire?

HARPAX.

Oui vraiment.

BALLIO.

Macedonius?

HARPAX.

Admodum, inquam.

BALLIO.

Te ad me misit Polymachæroplacides?

HARPAX.

Vera memoras.

BALLIO.

Hoc argentum ut mihi dares?

HARPAX.

Si tu quidem es Leno Ballio.

BALLIO.

Atque ut a me mulierem abduceres?

HARPAX.

Ita.

BALLIO.

Phœniciumne esse dixit?

HARPAX.

Recte meministi.

BALLIO.

Mane; Jam redeo ad te.

HARPAX.

At maturate propera: nam propero; vides Jam die multum esse?

BALLIO.

Video; hunc advocare etiam volo.

BALLION.

Le Macédonien?

HARPAX.

C'est cela même, te dis-je.

BALLION.

Tu m'es envoyé par Polymachéroplacidès?

HARPAX.

Tu dis vrai.

BALLION.

Pour me donner cet argent?

HARPAX.

Si toutefois tu es le prostitueur Ballion.

BALLION.

Et pour emmener une femme?

HARPAX.

Certes.

BALLION.

Il t'a dit Phénicie?

HARPAX.

C'est bien son nom.

BALLION.

Attends, je suis à toi.

HARPAX.

Mais hâte-toi promptement, car j'ai hâte; tu vois que le jour s'avance.

BALLION.

Je vois. (*Montrant Simon, qui est resté à l'écart pen-*

Mane modo isteic, jam revortar ad te. Quid nunc fiet,
    Simo?
Quid agimus? manifesto hunc hominem teneo, qui ar-
    gentum adtulit.

SIMO.

Quid jam?

BALLIO.

An nescis quæ sit hæc res?

SIMO.

Juxta cum ingnarissumis.

BALLIO.

Edepol, hominem verberonem Pseudolum : ut docte
    dolum
Conmentu'st! tantumdem argenti, quantum miles de-
    buit,
Dedit huic, atque hominem exornavit, mulierem qui
    arcesseret.
Pseudolus tuos ablegavit hunc, quasi a macedonio
Milite esset.

SIMO.

Habesne argentum ab homine?

BALLIO.

Rogitas, quod vides?

SIMO.

Heus, memento ergo dimidium isthinc mihi de præda
    dare:
Conmune istuc esse oportet.

BALLIO.

Quid, malum?

dant le colloque) Je veux avoir l'assistance de cet homme. Reste là, je reviens à l'instant. (*Il s'approche de Simon et lui parle bas*) Quel parti prendre, Simon? que ferons-nous? Cet homme qui apporte l'argent est pris à ne s'en pouvoir dédire.

SIMON.

Quoi donc?

BALLION.

Tu ignores ce qui se passe?

SIMON.

Comme le plus ignorant.

BALLION.

Par Pollux, quel pendard que ce Pseudolus! qu'il a savamment imaginé sa ruse! Il a donné à cet agent la somme que le militaire me doit, et l'a équipé pour venir demander la belle. C'est de la part de Pseudolus que vient ce messager supposé du militaire.

SIMON.

Tiens-tu l'argent?

BALLION, montrant la bourse.

Tu le demandes, comme si tu ne le voyais pas?

SIMON.

Ah çà, souviens-toi que j'ai droit à la moitié du butin; le profit doit être commun.

BALLION.

Comment? peste!

SIMO.

      Id totum tuum 'st.

HARPAX.

Quam mox mihi operam das?

BALLIO.

Tibi do equidem: quid nunc mihi es auctor, Simo?

SIMO.

Exploratorem hunc faciamus ludos subpositititium.

BALLIO.

Adeo, donicum ipsus sese ludos fieri senserit;
Sequere. Quid ais? nempe tu illius servos es?

HARPAX.

       Planissume.

BALLIO.

Quanti te emit?

HARPAX.

   Suarum in pugna virium victoria.
Nam ego eram domi inperator summus in patria mea.

BALLIO.

An etiam ille unquam expugnavit carcerem, patriam
  tuam?

HARPAX.

Contumeliam si dices, audies.

BALLIO.

     Quotumo die
Ex Sicyone huc pervenisti?

HARPAX.

    Altero ad meridiem.

PSEUDOLUS.

SIMON.

Pour cela, tu peux garder tout.

HARPAX, avec impatience.

Quand t'occuperas-tu de moi?

BALLION, à Harpax.

Je m'en occupe. (*Bas à Simon*) Que me conseilles-tu, Simon?

SIMON.

De nous amuser aux dépens de cet émissaire de contrebande.

BALLION.

Oui, jusqu'à ce qu'il s'aperçoive lui-même qu'on s'amuse de lui. Viens. (*Revenant auprès d'Harpax avec Simon*) Dis, tu es le serviteur du militaire?

HARPAX.

Assurément.

BALLION.

Combien lui as-tu coûté?

HARPAX.

Une victoire remportée par sa valeur; car j'étais dans ma patrie général en chef.

BALLION.

Est-ce qu'il a fait aussi la conquête de la prison, ta patrie?

HARPAX.

Si tu me dis des sottises, je t'en dirai.

BALLION.

En combien de jours es-tu venu de Sicyone ici?

HARPAX.

En un jour et demi.

BALLIO.

Strenue, me hercle, isti. Quamvis pernix hic est homo!
Ubi suram adspicias, scias posse eum gerere crassas
  conpedes.
Quid ais? tune etiam cubitare solitus es in cunis puer?

SIMO.

Scilicet.

BALLIO.

Etiamne facere solitus es? scin' quid loquar?

SIMO.

Scilicet solitum esse.

HARPAX.

Sanine estis?

BALLIO.

Quid hoc, quod te rogo?
Noctu in vigiliam quando ibat miles, tum tu ibas simul?
Conveniebatne in vaginam tuam machæra militis?

HARPAX.

I in malam crucem.

BALLIO.

Ire licebit tibi tamen hodie tempori.

HARPAX.

Quin tu mulierem mihi emittis, aut reddis argentum?

BALLIO.

Mane.

HARPAX.

Quid, maneam?

BALLION.

Tu as été d'un bon train, par Hercule. (*A Simon*) Le vigoureux marcheur ! On n'a qu'à regarder ses mollets ; on voit qu'il est de force à porter de bonnes entraves. (*A Harpax, d'un air moqueur*) Dis, quand tu étais enfant, te couchait-on sur ton berceau ?

HARPAX.

Sans doute.

BALLION.

Et tu faisais.... tu m'entends ?

SIMON.

Certainement, il le faisait.

HARPAX.

Êtes-vous dans votre bon sens ?

BALLION.

Réponds à une autre question. La nuit, quand le militaire allait faire la ronde, allais-tu avec lui ? Son épée s'ajustait-elle bien à ton fourreau ?

HARPAX.

Va te pendre, malheureux !

BALLION.

Tu pourras y aller aujourd'hui sans tarder.

HARPAX.

Donne-moi la fille, ou rends-moi l'argent.

BALLION.

Patience.

HARPAX.

Comment, patience ?

BALLIO.

Chlamydem hanc conmemores quanti conducta'st.

HARPAX.

Quid est?

SIMO.

Quid meret machæra?

HARPAX.

Helleborum hisce hominibus est opus.

BALLIO.

Eho!

HARPAX.

Mitte.

BALLIO.

Quid mercedis petasus hodie domino demeret?

HARPAX.

Quid, domino? quid somniatis? Mea quidem hæc habeo omnia,
Meo peculio emta.

BALLIO.

Nempe quod femina summa sustinent.

HARPAX.

Uncti hi sunt senes, fricari sese ex antiquo volunt.

BALLIO.

Responde, obsecro, hercle, hoc vero serio, quod te
 rogo:
Quid meres? quantillo argento te conduxit Pseudolus?

BALLION.

Voudrais-tu me dire combien cette chlamyde t'a coûté de location?

HARPAX.

Qu'est-ce que cela signifie?

SIMON.

Et le coutelas, combien le payes-tu?

HARPAX, à part.

Ces gens-là ont besoin d'ellébore.

BALLION.

Écoute.

HARPAX.

Fais-moi partir.

BALLION.

Combien le chapeau rapporte-t-il aujourd'hui à son maître?

HARPAX.

Comment, à son maître? Est-ce que vous rêvez? Tout ce que je porte est bien à moi, acheté de ma bourse.

BALLION.

Celle que tu as au haut de la cuisse?

HARPAX, en colère, et d'un ton de menace.

Ces vieillards se sont fait huiler; selon leur vieille habitude, ils demandent à être frottés.

BALLION, avec une gravité feinte et moqueuse.

Sérieusement, par Hercule, réponds-moi maintenant, je te prie. Quel est ton salaire? combien Pseudolus te donne-t-il pour ton rôle?

HARPAX.

Qui istic Pseudolu 'st.

BALLIO.

Præceptor tuus, qui te hanc fallaciam
Docuit, ut fallaciis hinc a me mulierem abduceres.

HARPAX.

Quem tu Pseudolum, quas tu mihi prædicas fallacias?
Quem ego hominem nullius coloris gnovi.

BALLIO.

Non tu istinc abis?
Nihil est hodie heic sycophantis quæstus: proin' tu Pseu-
 dolo
Nunties, abduxisse alium prædam, qui obcurrit prior
Harpax.

HARPAX.

Is quidem, edepol, Harpax ego sum.

BALLIO.

Imo, edepol, esse vis.
Purus putus hic sycophanta est.

HARPAX.

Ego tibi argentum dedi,
Et dudum adveniens extemplo symbolum servo tuo,
Heri imagine obsignatam epistolam, heic, ante ostium.

BALLIO.

Meo tu epistolam dedisti servo? quoi servo?

HARPAX.

Syro.

HARPAX.

Qu'est-ce que c'est que Pseudolus ?

BALLION.

Ton maître en fait d'intrigue, l'intrigant qui t'a stylé pour venir me souffler Phénicie.

HARPAX.

De quel Pseudolus, de quelles intrigues parles-tu ? Je ne sais pas seulement de quelle couleur est cet homme.

BALLION, avec menace.

Veux-tu t'en aller ? il n'y a rien à gagner ici aujourd'hui pour les sycophantes. Va raconter à Pseudolus que le butin est enlevé, qu'un autre Harpax a pris les devans.

HARPAX.

C'est moi, par Pollux, qui suis Harpax.

BALLION.

C'est-à-dire, par Pollux, que tu prétends l'être. (*A Simon*) Voilà un pur et franc imposteur.

HARPAX.

Ne t'ai-je pas donné l'argent ? Et en arrivant tantôt j'ai remis à ton esclave, ici, devant la maison, ma lettre de crédit, la missive du militaire avec le cachet qui porte son image.

BALLION.

Tu as donné ta lettre à mon esclave ? quel esclave ?

HARPAX.

Syrus.

BALLIO.

Non confidit : sycophanta hic nequam 'st; nugas meditatur male :
Nam illam epistolam ipsus verus Harpax huc ad me adtulit.

HARPAX.

Harpax ego vocor; ego servos sum Macedonis militis :
Ego nec sycophantiose quidquam ago, nec malefice,
Neque istum Pseudolum mortalis qui sit gnovi, neque scio.

SIMO.

Tu, nisi mirum 'st, leno, plane perdidisti mulierem.

BALLIO.

Edepol, næ istuc magis magisque metuo, quom verba audio.

SIMO.

Mihi quoque, edepol, jamdudum ille Syrus cor perfrigefacit,
Symbolum qui hoc abcepit : mira sunt! Pseudolus est. Eho,
Tu, qua facie fuit dudum, quoi dedisti symbolum?

HARPAX.

Rufus quidam, ventriosus, crassis suris, subniger,
Magno capite, acutis oculis, ore rubicundo, admodum
Magnis pedibus.

SIMO.

Perdidisti, postquam dixisti pedes;
Pseudolus fuit ipsus.

BALLION.

Il n'est pas ferme; il compose mal ses contes, ce mauvais sycophante : car le véritable Harpax m'a remis lui-même la lettre.

HARPAX, avec un accent d'indignation et de vérité.

C'est moi qui m'appelle Harpax ; je suis l'esclave du militaire macédonien, je ne fais point de tours de sycophante, ni de friponneries, je ne connais point ton Pseudolus, je ne sais de qui tu parles.

SIMON, à Ballion, ironiquement.

Prostitueur, ou je serais étonné, ou la fille est perdue pour toi.

BALLION, troublé.

Par Pollux, c'est ce que je crains de plus en plus, à mesure que je l'écoute.

SIMON.

Et moi, par Pollux, je me suis senti le cœur transi tout-à-l'heure, au nom de ce Syrus qui a reçu la lettre de crédit. Il y a quelque chose d'extraordinaire. C'est du Pseudolus. (*A Harpax*) Dis, quelle est la figure de celui à qui tu as remis la lettre?

HARPAX.

C'est un rousseau, qui a un gros ventre, les jambes fortes, la peau brune, une grosse tête, l'œil vif, le teint enluminé, de très-grands pieds.

SIMON.

Voilà le coup de grâce! à ces grands pieds je reconnais Pseudolus; c'est lui-même.

BALLIO.

Actum 'st de me; jam morior, Simo.

HARPAX.

Hercle, haud te sinam emoriri, nisi argentum mihi redditur,
Viginti minæ.

SIMO.

Atque etiam mihi aliæ viginti minæ.

BALLIO.

Auferetur id præmium a me, quod promisi per jocum?

SIMO.

De inprobis viris auferri præmium et prædam decet.

BALLIO.

Saltem Pseudolum mihi dedas.

SIMO.

Pseudolum ego dedam tibi?
Quid deliquit? dixin', ab eo tibi ut caveres, centies?

BALLIO.

Perdidit me.

SIMO.

At me viginti modicis mulctavit minis.

BALLIO.

Quid nunc faciam?

HARPAX.

Si mihi argentum dederis, te suspendito.

BALLIO.

Di te perdant: sequere, sis, me ergo hac ad forum, ut solvam.

BALLION.

C'est fait de moi ; je me meurs, Simon.

HARPAX.

Par Hercule, je ne te laisserai pas mourir avant que tu m'aies rendu l'argent, les vingt mines.

SIMON.

Et vingt autres à moi aussi.

BALLION.

Tu me prendrais cette somme que j'ai promise pour rire ?

SIMON.

Tout ce qu'on peut prendre à des coquins, est bien pris, bien gagné.

BALLION.

Livre-moi Pseudolus du moins.

SIMON.

Que je te livre Pseudolus ? Est-ce qu'il est en faute ? ne t'avais-je pas averti cent fois de prendre garde à lui ?

BALLION.

Il me perd.

SIMON.

Et moi, il me met à l'amende de vingt mines tout juste.

BALLION.

Que faire ?

HARPAX.

Quand tu m'auras rendu mon argent, pends-toi.

BALLION.

Que les dieux t'exterminent. Suis-moi donc, viens au forum, que je te paye.

HARPAX.

Sequor.

BALLIO.

Hodie ego peregrinos absolvam, cras agam cum civibus.
Pseudolus mihi centuriata habuit capitis comitia,
Qui illum ad me hodie adlegavit, mulierem qui abdu-
ceret.
Sequere tu. Nunc ne exspectetis dum hac domum redeam
via.
Ita res gesta 'st : angiporta hæc certum 'st consectarier.

HARPAX.

Si graderere tantum, quantum loquere, jam esses ad
forum.

BALLIO.

Certum' st mihi emortualem facere ex natali die.

SIMO[*]

Bene ego illum tetigi, bene autem servos inimicum
suum.
Nunc mihi certum 'st, alio pacto Pseudolo insidias dare,
Quam in aliis comœdiis fit, ubi cum stimulis aut fla-
gris
Insidiantur : at ego jam inultus promam viginti minas,
Quas promisi, si ecfecisset; obviam ei ultro deferam.

[*] Actus IV, Scena VIII.

HARPAX.

Je te suis.

BALLION.

Je paierai aujourd'hui les étrangers; demain ce sera le tour des citoyens. Pseudolus a rendu contre moi sentence capitale en comices par centuries, lorsqu'il m'a dépêché le fourbe qui m'a enlevé Phénicie. Suis-moi. (*Aux spectateurs*) N'attendez pas que je rentre par ici chez moi : après l'affaire d'aujourd'hui, je veux prendre les rues de traverse.

HARPAX.

Si tu marchais autant que tu parles, tu serais déjà au forum.

BALLION.

C'en est fait, je changerai mon jour de naissance en un jour funèbre.

(Il sort avec Harpax.)

SIMON, seul[*].

Je l'ai bien attrapé, et l'esclave a bien attrapé son ennemi. Je veux maintenant m'apprêter à recevoir Pseudolus autrement qu'il n'est d'usage dans les comédies, où la réception se fait avec des aiguillons et des fouets. Moi, au lieu de supplice, je préparerai les vingt mines que je lui avais promises en cas qu'il réussît, et, sans attendre qu'il les demande, je les lui offrirai. C'est un

[*] Acte IV, Scène VIII.

Nimis illic mortalis doctus, nimis vorsutus, nimis malus,
Superavit Dolum Trojanum atque Ulyssem Pseudolus.
Nunc ibo intro, argentum promam; Pseudolo insidias dabo.

PSEUDOLUS.[*]

Quid hoc? siccine hoc fit? pedes, statin' an non?
An id voltis, ut me heic jacentem aliquis tollat?
Nam, hercle, si cecidero, vostrum erit flagitium.
Pergitin' pergere? ah! sæviundum mihi
Hodie 'st. Magnum hoc vitium vino 'st,
Pedes captat primum : luctator dolosu'st.
Profecto, edepol, ego nunc probe abeo madulsa :
Ita victu excurato, ita munditiis digne, ah !
Itaque in loco festivo sumus festive abcepti.
Quid opus me multas agere ambages? hoc
Est homini quamobrem vitam amet, heic omneis
Voluptates, in hoc omneis venustates sunt;
Dis proxumum esse arbitror : nam ubi amans conplexu'st
Amantem, ubi labra ad labella adjungit,
Ubi alter alterum bilingui manifesto
Inter se prehendunt, ubi mamma mammicula

[*] Actus V, Scena 1.

mortel bien habile, bien astucieux, bien malin; Pseudolus a surpassé le Troyen Dolon, et Ulysse avec lui. Je vais chez moi chercher l'argent; j'attendrai Pseudolus. (Il sort.)

PSEUDOLUS, seul; il entre en chancelant, ses habits en désordre, une couronne de fleurs posée de travers sur sa tête*.

Qu'est-ce à dire, mes jambes? est-ce comme cela que l'on se comporte? vous tiendrez-vous, ou non? Voulez-vous que je m'étende par terre pour qu'on me ramasse? Si je tombe, la honte en sera pour vous..... Avancez donc en avant..... Ah! il faudra que je me fâche aujourd'hui..... Le vin a un grand défaut, il commence par donner le croc-en-jambe, ce n'est pas un lutteur loyal..... Ma foi, je m'en vais bien trempé, par Pollux. Nous avons eu une chère très-soignée, un service élégant....... ah! et dans une jolie maison; le joli festin! Mais faut-il tant de périphrases pour dire que c'est là ce qui fait aimer la vie. Là sont tous les plaisirs, toutes les délices; c'est presque le bonheur des dieux. Car lorsqu'un amant tient en ses bras son tendron, et colle ses lèvres sur les lèvres de la belle, lorsqu'ils s'appréhendent au corps l'un l'autre comme gens à deux langues pris en flagrant délit, et qu'une poitrine est pressée par une autre poitrine; ou,

* Acte V, Scène I.

Obprimitur alia ; aut si lubet, corpora
Conduplicant : manu candida cantharum dulciferum
Propinare, amicissumam amicitiam ; neque ibi esse alium
　　alii
Odio, ibi nec molestum, nec sermonibus morologis uti ;
Unguenta, atque odores, lemniscos, corollas dari da-
　　psileis.
Non enim parcipromi victu caetero, ne quis me roget.
Hoc ego modo, atque herus minor hanc diem sumsimus
　　prothyme,
Postquam opus meum, ut volui, omne perpetravi, hosti-
　　bus fugatis :
Illos adcubanteis, potanteis, amanteis, cum scortis
Reliqui, et meum scortum ibidem, cordi atque animo
　　suo
Obsequenteis : sed postquam exsurrexi, orant med uti
　　saltem.
Ad hunc me modum intuli, ut illis satisfacerem ex dis-
　　ciplina, quippe ego
Qui probe ionica perdidici ; sed palliolatim amictus
Sic hac incessi ludibundus : plaudunt partim ; clamitant
　　me ut revortar.
Obcepi denuo hoc modo volvi : idem amicae dabam me
　　meae,
Ut me amaret : ubi circumvortor, cado : id fuit naenia
　　ludo.
Itaque dum enitor, pax ! jam pene inquinavi pallium :
　　nimiae tum
Voluptati, edepol, fui ob casum ; datur cantharus,
　　bibi : conmuto

si vous aimez mieux, lorsque leurs personnes se servent mutuellement de doublure..... Et puis, une blanche main qui présente la coupe délicieuse avec le salut d'amour tendre..... Pas d'ennuyeux, pas d'importuns, pas de sots bavardages; des huiles parfumées, des odeurs, des rubans, des couronnes brillantes qui sont offertes..... En général, pour ce qui est de bien vivre, on n'avait rien épargné. Ne m'en demandez pas davantage. Voilà comme le jour s'est passé fort gaîment pour moi et pour mon jeune maître, après que j'eus tout achevé au gré de mes vœux, et que j'eus mis en déroute l'ennemi. Je les ai laissés à table auprès de leurs maîtresses, et la mienne avec eux, buvant, faisant l'amour, se livrant au plaisir, à la joie. Mais quand je me suis levé, ils m'ont prié tous de danser. Pour les contenter, je leur ai donné un échantillon de mon talent, un pas comme cela (*Il danse ridiculement*). Car je suis un habile de l'école ionique. Et puis, je me suis drapé avec grâce, j'ai pris une allure légère et folâtre (*Il saute plus vivement*). On crie bravo! bis! Je recommence, je me mets à tourner ainsi; et en même temps je me penchais vers ma bonne amie pour qu'elle m'embrassât. Mais au milieu de mes pirouettes, me voilà par terre. Cet accident a enterré le spectacle..... Mon pauvre manteau! en faisant un effort, pspsit! je l'ai sali. Ma chute les a bien amusés toujours. Ils m'ont présenté une coupe, j'ai bu, et j'ai changé tout de suite de manteau, j'ai laissé le mien, et je sors pour dissiper les fumées du vin. Je quitte le fils et viens réclamer auprès du père l'exécution de nos traités. (*Il frappe à la porte*

Illico pallium, illud posivi : inde huc exii, crapulam
  dum amoverem.
Nunc ab hero ad herum meum majorem venio fœdus
  conmemoratum.
Aperite, aperite, heus ! Simoni me adesse quis nuntiate.

SIMO, PSEUDOLUS, BALLIO*.

SIMO.

Vox viri pessumi me exciet foras : sed quid hoc ? quomodo ? quid tu ? video ego ?....

PSEUDOLUS.

Cum corona ebrium Pseudolum tuum.

SIMO.

Libere, hercle, hoc quidem : sed vide statum !
Num mea gratia pertimescit ? magis cogito, sæviter
  blanditerne adloquar.
Sed hoc me vetat vim facere nunc, quod fero, si qua
  in hoc spes sita 'st mihi.

PSEUDOLUS.

Vir malus viro optumo obviam it.

SIMO.

Di te ament, Pseudole : phui ! in malam crucem.

---

* Actus V, Scena II.

de Simon) Ouvrez, ouvrez. Holà ! quelqu'un ; qu'on dise à Simon que je suis ici.

SIMON, PSEUDOLUS, plus tard BALLION*.

SIMON.

C'est la voix d'un franc maraud qui m'appelle. (*Regardant Pseudolus*) Mais quoi ? comment ? toi-même !.... que vois-je ?

PSEUDOLUS.

Pseudolus ton serviteur, avec la couronne sur la tête et les jambes avinées.

SIMON.

C'est comme s'il était libre, par Hercule. Voyez sa tournure ! Ma présence l'intimide-t-elle ? (*A part*) Mais j'y pense ; faut-il lui parler sévèrement, ou avec douceur ? Ce que je tiens là (*montrant un sac d'argent*) m'interdit la violence ; car je n'y renonce pas tout-à-fait.

PSEUDOLUS, saluant Simon.

Le vaurien se présente à l'honnête homme.

SIMON, avec une douceur affectée.

Que les dieux te conservent, Pseudolus. (*Pseudolus approche son visage de celui de Simon*) Fi ! va-t'en au gibet (*Il le repousse*).

* Acte V, Scène II.

PSEUDOLUS.
Cur ergo me adflictas?

SIMO.
Quid tu, malum, ergo in os mihi ebrius inructas?

PSEUDOLUS.
Molliter siste nunc me, cave ne cadam : non vides me
ut madide madeam?

SIMO.
Quæ ista hæc audacia 'st, te sic interdius cum corolla
ebrium incedere?

PSEUDOLUS.
Lubet.

SIMO.
Quid, lubet? pergin' ructare in os mihi?

PSEUDOLUS.
Suavis ructus mihi est, sic sine modo.

SIMO.
Credo equidem potesse te, scelus, Massici monties uber-
rumos quatuor
Fructus ebibere in hora una.

PSEUDOLUS.
Hiberna, addito.

SIMO.
Haud male mones :
Sed dic tamen, unde onustam celocem agere te prædi-
cem?

PSEUDOLUS.

Pourquoi donc me brusquer?

SIMON.

Eh peste! tu viens me lâcher un rot d'ivrogne dans le nez.

PSEUDOLUS.

Doucement, remets-moi en équilibre, prends garde que je ne tombe. Tu ne vois pas que je me suis humecté comme il faut?

SIMON.

Quelle est cette audace? te montrer ivre et avec une couronne pendant le jour!

PSEUDOLUS.

C'est ma fantaisie.

SIMON.

Comment, ta fantaisie?.... (*Repoussant Pseudolus avec dégoût*) Encore! tu m'envoies des bouffées!...

PSEUDOLUS.

Laisse, laisse donc; c'est de la rose que mon haleine.

SIMON.

Coquin, tu serais capable, j'en suis sûr, d'avaler en une heure quatre des plus abondantes vendanges des coteaux de Massique.

PSEUDOLUS.

Et dans une heure d'hiver encore.

SIMON.

L'observation n'est pas mauvaise. Mais puis-je savoir de quel port tu viens avec un tel chargement?

PSEUDOLUS.

Cum tuo filio
Perpotavi modo : sed, Simo, ut probe tactus Ballio 'st!
  quæ tibi dixi, ut
Ecfecta reddidi !

SIMO.

Derides? pessumus homo est.

PSEUDOLUS.

Mulier hæc
Feci cum tuo filio libera adcubet.

SIMO.

Omnia, ut quidque egisti ordine
Scio.

PSEUDOLUS.

Quid ergo dubitas dare mihi argentum ?

SIMO.

Jus petis, fateor.
Tene.

PSEUDOLUS.

At negabas daturum esse te mihi, tamen das : onera
  hunc hominem, atque me
Consequere hac.

SIMO.

Ego istum onerem ?

PSEUDOLUS.

Onerabis, scio.

SIMO.

Quid ego huic homini faciam ?
Satin' ultro et argentum aufert, et me inridet ?

PSEUDOLUS.

J'ai fait bombance avec ton fils. Mais comme j'ai attrapé joliment le prostitueur! (*Prenant un ton de persiflage pour faire entendre que sa gageure est gagnée.*) Hein, Simon, n'ai-je pas tenu parole?

SIMON, devinant l'intention de Pseudolus.

Tu te moques? (*Montrant Pseudolus*) C'est un grand coquin.

PSEUDOLUS.

J'ai fait si bien que la donzelle est libre, et qu'elle dîne avec ton fils.

SIMON, sur le ton d'un homme qui s'avoue vaincu.

Oui, tout s'est accompli exactement.

PSEUDOLUS.

Que tardes-tu donc à me donner l'argent?

SIMON.

Tu es dans ton droit, je le confesse; tiens (*Il lui présente le sac*).

PSEUDOLUS, d'un air goguenard.

Tu disais que tu ne me le donnerais pas; tu me le donnes cependant. Place-le sur cette épaule, et viens par ici avec moi.

SIMON.

Que je le place sur ton épaule, moi?

PSEUDOLUS.

Toi-même, tu le placeras, j'en suis certain.

SIMON.

Que mérite-t-il, ce drôle? il me prend mon argent, et se moque de moi.

PSEUDOLUS.

    Væ victis!

SIMO.

     Vorte ego humerum.

Hem!

BALLIO.

Hoc ego nunquam ratus sum fore, me ut tibi fierem
 subplex.
Heu! heu! heu!

PSEUDOLUS.

 Desine.

BALLIO.

 Doleo.

PSEUDOLUS.

   Ni doleres tu, ego dolerem.

BALLIO.

Quid hoc? auferrene, Pseudole, abs tuo hero?

PSEUDOLUS.

   Lubentissumo corde atque animo.

BALLIO.

Non audes, quæso, aliquam partem mihi gratiam facere
 hinc argenti?

PSEUDOLUS.

Gnovi, me dices avidum esse: nam hinc nunquam eris
 numo divitior.
Neque te mei tergi misereret, si hoc non hodie ecfe-
 cissem.

PSEUDOLUS.

Malheur aux vaincus!

SIMON, prenant son parti.

Allons, tends ton épaule (*Il met le sac sur l'épaule de Pseudolus. Dans ce moment Ballion arrive d'un air piteux*).

BALLION, à genoux devant Pseudolus.

Jamais je n'aurais cru devenir ainsi ton suppliant. (*Il pleure*) Ah! ah! ah!

PSEUDOLUS, d'un air superbe.

Finis.

BALLION.

Je souffre.

PSEUDOLUS.

J'aurais à souffrir, si tu ne souffrais pas.

BALLION.

Comment! tu prendras cet argent à ton maître, Pseudolus?

PSEUDOLUS.

Avec beaucoup de plaisir et beaucoup de joie.

BALLION.

Si tu voulais m'en remettre une partie? Je t'en prie.

PSEUDOLUS.

Je sais; tu m'appelleras avare. (*Montrant le sac*) Il ne sortira pas de là une obole à ton profit. Tu n'aurais pas pitié de moi si j'avais échoué aujourd'hui.

BALLIO.
Erit ubi te ulciscar, si vivo.

PSEUDOLUS.
Quid minitare? habeo tergum.
BALLIO.
Age sane.
PSEUDOLUS.
Igitur redi.
BALLIO.
Quid redeam?
PSEUDOLUS.
Redi modo, non eris deceptus.
BALLIO.
Redeo.
PSEUDOLUS.
Simul mecum potatum.
BALLIO.
Egone eam?
PSEUDOLUS.
Fac quod te jubeo.
Si is, aut dimidium, aut plus etiam, faxo, hinc feres.
BALLIO.
Eo, duc me quo vis.
PSEUDOLUS.
Quid nunc?
Numquid iratus es aut mihi, aut filio, propter has res,
Simo?
SIMO.
Nihil profecto.

BALLION, se relevant avec colère.

Je me vengerai quelque jour, si les dieux me prêtent vie.

PSEUDOLUS.

Tu veux m'effrayer ? mon dos est là.

BALLION.

Eh bien ! adieu donc. (Il va pour sortir.)

PSEUDOLUS.

Reviens.

BALLION.

Pourquoi revenir ?

PSEUDOLUS.

Reviens toujours ; tu ne perdras pas ta peine.

BALLION.

Me voici.

PSEUDOLUS.

Pour aller boire avec moi.

BALLION.

Boire, moi ?

PSEUDOLUS.

Obéis. Si tu viens, tu auras moitié de ceci, et même plus.

BALLION.

J'y vais ; conduis-moi où tu voudras.

PSEUDOLUS.

Eh bien, Simon, à présent gardes-tu rancune à moi, à ton fils, pour tout ce qui s'est passé ?

SIMON.

Pas du tout.

PSEUDOLUS.

I hac.

BALLIO.

Te sequor. Quin vocas spectatores simul?

PSEUDOLUS.

Hercle, me isti
Haud solent vocare, neque ergo ego istos. Verum si voltis adplaudere
Atque adprobare hunc gregem et fabulam, in crastinum vos vocabo.

PSEUDOLUS, à Ballion.

Viens ici.

BALLION.

Je te suis. Pourquoi n'invites-tu pas en même temps les spectateurs?

PSEUDOLUS.

Nous ne sommes pas dans l'usage, eux et moi, de nous faire des invitations. (*Au public*) Mais si vous voulez applaudir et donner votre approbation à la comédie et à la troupe, je vous inviterai demain.

LE CORDAGE.

AVANT-PROPOS DU CORDAGE.

On dirait que Philémon avait emprunté le sujet et l'idée principale de sa comédie à l'auteur du *Carthaginois*. Ce sont à peu près les mêmes élémens qui ont servi à former l'un et l'autre ouvrage ; mêmes acteurs, mêmes aventures, même dénoûment : deux jeunes filles, non pas sœurs, mais amies et compagnes d'esclavage ; un infâme trafiquant de libertinage, sans pudeur et sans foi ; un amant à qui le perfide veut dérober sa maîtresse ; un père désespérant de revoir jamais, pour la consolation de sa vieillesse et de ses infortunes, son enfant qu'on lui ravit en bas âge ; et tout à coup une reconnaissance miraculeuse, et cependant naturelle, qui rend la fille à son père et la liberté aux deux amies. Ne semble-t-il pas que l'auteur ait seulement changé les lieux et les noms ?

Cependant le plagiat, s'il y en eut, dut être déclaré de bonne prise par les juges ; car l'imitateur était demeuré tellement supérieur à son devancier par la composition, qu'il n'avait fait que reprendre son bien et reconstruire son œuvre qu'on lui avait gâtée. Ici point de double action, dont les parties soient plutôt ajoutées l'une à l'autre, que fondues ensemble pour faire un seul tout [1]. La fable est une, comme la pensée qui l'a créée et qui l'anime ; pensée religieuse et morale, qui imprimait un caractère particulier à ce poëme, et qui l'élevait à la dignité des fêtes dont il était un des principaux ornemens ; pensée indiquée par Ménandre, seulement dans ses dernières scènes, et mise en lumière par Philémon, et par Plaute après lui dans tout le cours de leur drame, et proclamée d'avance dans l'ingénieuse fiction du Prologue.

On rapporte que la vue des *Euménides* d'Eschyle émut si fortement les spectateurs, que plusieurs femmes se pâmèrent d'effroi, quelques-unes accouchèrent sur les gradins. En effet, quelle impression ces objets devaient produire sur des imaginations

[1] *Voyez* tome VII, p. 181.

vives, sensibles, exaltées par la superstition, et non encore blasées par la fréquence et par la pompe des spectacles ! Très-probablement les Romains, sans éprouver un trouble égal à celui que la tragédie d'Eschyle avait excité, ne purent pas voir, non plus, avec un esprit tranquille, cet être divin [1] qui apparaissait sur la scène, au milieu des nuages, le front ceint d'une auréole étoilée, et qui leur disait : « Je suis un habitant du ciel, un de ces génies qui règnent la nuit parmi les astres, et que Jupiter envoie pendant le jour sur la terre pour observer les actions des hommes, et lui en rapporter un compte fidèle; il revise lui-même les sentences des juges et des puissans; si l'on gagne sa cause par l'intrigue et la fraude, l'amende qu'il inflige tôt ou tard surpasse de beaucoup le gain qu'on a dérobé. Le crime et la vertu sont inscrits par son ordre sur des registres éternels. C'est moi qui ai soulevé aujourd'hui la tempête contre le perfide que vous verrez se traîner sur la plage. »

Et bientôt on apprend qu'un prostitueur, qui s'enfuyait secrètement de Cyrène avec deux jeunes filles ses esclaves, et qui emportait l'argent reçu pour une d'elles, vient de faire naufrage, la nuit même, à peine sorti du port; les deux femmes ont gagné le rivage sur un esquif, où elles s'étaient jetées à la merci des flots. Elles trouvent asile dans une chapelle de Vénus, grâce à l'esprit bienfaisant de la vieille prêtresse qui habite ce lieu solitaire. Puis quand leur maître, que la mer a vomi sur les rochers voisins, vient à les découvrir, et, bravant les dieux, outrageant la prêtresse, s'efforce d'arracher du sanctuaire ses victimes, un honnête vieillard, qui cultive un petit domaine auprès de la déesse, accourt avec ses gens pour protéger l'innocence et réprimer le sacrilège. Les dieux le récompensent de ses vertus par cette inspiration même; celle qu'il défend est sa fille, qu'il a pleurée si long-temps, qu'il regrette toujours, qui vivait près de lui, tandis qu'il se plaignait au ciel d'en être à jamais séparé. Cependant il s'intéresse à elle sans la connaître encore. Mais voici que, par une de ces rencontres qu'on appelle d'heureux hasards, faute de remonter à la cause véritable, la providence des dieux a mis dans l'esprit d'un esclave de ce bon vieillard, d'aller, ce matin-là

[1] Voyez le Prologue.

même, selon sa coutume, chercher au bord de la mer de quoi subvenir à la subsistance de la famille. Il a rapporté dans ses filets une valise; cette valise est celle de l'odieux prostitueur. Un autre esclave a vu la capture; il prétend en avoir sa part : on prend pour juge le vieillard, et la jeune fille retrouve dans cette valise le coffre où elle conservait précieusement les objets qui devaient la faire reconnaître par ses parens. Le vieillard embrasse enfin sa fille chérie.

Ainsi tous les complots du scélérat sont confondus sans qu'il y ait aucune ruse ourdie contre lui; une main invisible conduit à leur insu tous ceux qui doivent lui échapper ou le punir. Les ruses des Chrysale et des Pseudolus, la loquèle officieuse des Saturion et des Charançon n'ont rien à faire ici, et c'est par-là que cette comédie a son cachet de nouveauté, d'originalité.

Avertirons-nous maintenant qu'elle est défectueuse en beaucoup de détails? que Plaute, pour complaire à ses juges plébéiens, l'a trop surchargée quelquefois de plates bouffonneries? que les quolibets du prostitueur et de son digne conseiller dans une telle détresse, offensent le bon sens, et que le burlesque de leurs propos nuit à l'effet comique de leur situation? que les niaiseries de l'amant, véritable émule d'Agorastoclès du *Carthaginois*, ne sont nullement l'expression naturelle d'un délire de joie et d'amour? que le vieux Démonès diminue beaucoup l'intérêt qu'il inspire, en se permettant des plaisanteries indignes de son caractère par le libertinage, contraires à ses sentimens par l'égoïsme? Ajouterons-nous, comme l'ont pensé des hommes d'esprit, qu'on supprimerait quelques rôles sans retrancher en même temps des ressorts nécessaires ni même utiles à la machine dramatique? Mais ces rôles pourraient encore se défendre : Ampélisque ne disparaîtrait pas sans nous priver de la jolie scène où elle fait connaissance avec Scéparnion; et si Charmide n'était plus à côté de Labrax, on n'assisterait point à cette risible dispute de deux coquins si bons amis la veille, et l'on ne verrait pas en action cette sage maxime : « L'intérêt unit les méchans, et l'adversité les divise. »

Ce ne sont pas quelques fautes semées dans un ouvrage qui le feront condamner à l'oubli, surtout quand ce sont de ces fautes qu'on peut corriger d'un trait de plume, surtout quand elles sont rachetées par une foule d'idées ingénieuses et par les grâces du style, surtout quand on voit répandu dans tout l'ensemble l'esprit qui vivifie.

Lors même qu'on ne se prendrait pas d'affection pour les principaux personnages de ce roman conçu dans un si noble dessein, on aimerait du moins à lire beaucoup de passages de la pièce seulement pour le charme des vers. Je n'en citerai que peu d'exemples. Qui ne connaît pas ce modèle de langage pittoresque tant admiré par Longin, dans le *Phaéthon* d'Euripide [1] :

> Le père cependant, plein d'un trouble funeste,
> Le voit rouler de loin sur la plaine céleste ;
> Lui montre encor sa route, et du plus haut des cieux
> Le suit, autant qu'il peut, de la voix et des yeux.
> Va par là, lui dit-il, reviens, détourne, arrête !

Combien Plaute l'a surpassé dans la scène où Scéparnion, suivant aussi des yeux les deux femmes naufragées, que le spectateur ne voit pas, les lui fait voir cependant des yeux de l'esprit par l'énergie de son langage, qui représente avec tant de naturel et de vérité tous leurs mouvemens, tous leurs périls, qu'on ressent ce qu'il éprouve lui-même !

Il était plus aisé de surpasser la belle esquisse d'Euripide, que de soutenir le parallèle avec un des chefs-d'œuvre de cette naïveté si spirituelle et si fine dont La Fontaine eut le secret. Qu'il suffise donc à l'éloge de Plaute de dire, qu'après la fable de la laitière, on lira encore avec plaisir la rêverie de Gripus.

Je ne crois pas que Plaute, ce grand poète, ait orné aucune autre de ses comédies d'un coloris de poésie plus riche et plus habilement ménagé.

[1] *Traité du Sublime*, ch. XIII, traduction de Boileau.

DRAMATIS PERSONÆ.

ARCTURUS, prologus.
SCEPARNIO, servos.
PLEUSIDIPPUS, adulescens.
DÆMONES, senex.
PALÆSTRA, } mulieres.
AMPELISCA, }
SACERDOS, anus.
PISCATORES.
TRACHALIO, servos.
LABRAX, leno.
CHARMIDES, parasitus.
LORARII.
GRIPUS, piscator.

PERSONNAGES.

L'ÉTOILE ARCTURE, personnage du Prologue.
SCÉPARNION, esclave de Démonès.
PLEUSIDIPPE, amant de Palestra.
DÉMONÈS, vieillard athénien, père de Palestra.
PALESTRA, maintenant esclave de Labrax.
AMPÉLISQUE, compagne d'esclavage de Palestra.
PTOLÉMOCRATIE, prêtresse de Vénus.
PÊCHEURS.
TRACHALION, esclave de Pleusidippe.
LABRAX, prostitueur.
CHARMIDÈS, parasite de Labrax.
DEUX ESCLAVES de Démonès.
GRIPUS, pêcheur, esclave de Démonès.

ARGUMENTUM

(UT QUIBUSDAM VIDETUR)

PRISCIANI.

*R*ETI piscator de mari extraxit vidulum,
*U*bi erant herilis filiæ crepundia,
*D*ominum ad lenonem quæ subrepta venerat.
*E*a in clientelam suipte inprudens patris
*N*aufragio ejecta devenit: congnoscitur,
*S*uoque amico Pleusidippo jungitur.

ARGUMENT ACROSTICHE

ATTRIBUÉ

A PRISCIEN LE GRAMMAIRIEN.

Un pêcheur retire de la mer une valise qui renferme des jouets appartenans à la fille de son maître, laquelle, victime d'un rapt, était tombée en la possession d'un prostitueur. Rejetée par le naufrage, elle devient cliente de son propre père sans le savoir. Elle est reconnue, et s'unit à son amant Pleusidippe.

M. ACCII PLAUTI

SARSINATIS UMBRI

RUDENS.

PROLOGUS.

ARCTURUS.

Qui genteis omneis, mariaque et terras movet,
Ejus sum civis civitate coelitum.
Ita sum, ut videtis, splendens stella candida,
Signum quod semper tempore exoritur suo,
Heic atque in coelo : nomen Arcturo 'st mihi.
Noctu sum in coelo clarus, atque inter deos :
Inter mortaleis ambulo interdius.
Et alia signa de coelo ad terram adcidunt.
Qui est inperator divom atque hominum Jupiter,
Is nos per genteis alium alia disparat,
Hominum qui facta, mores, pietatem et fidem
Gnoscamus; ut quemque adjuvet opulentia.
Qui falsas liteis falsis testimoniis
Petunt, quique in jure abjurant pecuniam,

LE CORDAGE

COMÉDIE

DE PLAUTE.

PROLOGUE.

L'ÉTOILE ARCTURE.

Le grand moteur de toutes les nations, et des terres, et des mers, je suis son concitoyen dans la cité céleste. Je suis, vous le voyez, un astre brillant, une blanche étoile, qui se lève toujours à son heure, ici et dans le ciel. Mon nom est Arcture. Je brille là-haut pendant la nuit parmi les dieux; je parcours durant le jour la demeure des mortels. Mais je ne suis pas la seule constellation qui descende sur la terre. Le souverain des dieux et des hommes, Jupiter, nous envoie dans les différentes contrées pour observer les mœurs et la conduite des mortels; comment ils pratiquent le devoir et la bonne foi; comment chacun obtient les présens de la fortune. Ceux qui soutiennent des poursuites frauduleuses par de frauduleux témoignages; ceux qui nient, avec serment,

Eorum referimus nomina exscribta ad Jovem.
Cotidie ille scit, quis heic quaerat malum.
Qui heic litem adipisci postulant perjurio,
Mali res falsas qui inpetrant ad judicem;
Iterum ille eam rem judicatam judicat,
Majore multa multat, quam litem abferunt.
Bonos in aliis tabulis exscribtos habet.
Atque hoc scelesti in animum inducunt suum,
Jovem se placare posse donis, hostiis:
Et operam et sumtum perduunt : id eo fit, quia
Nihil ei abceptum'st a perjuris subplici.
Facilius, si qui pius est, a dis subplicans,
Quam qui scelestu'st, inveniet veniam sibi.
Idcirco moneo vos ego haec, qui estis boni,
Quique aetatem agitis cum pietate et cum fide,
Retinete porro : post factum ut laetemini.
Nunc, huc qua causa veni, argumentum eloquar.
Primumdum huic esse nomen urbi Diphilus
Cyrenas voluit : illeic habitat Daemones
In agro atque villa proxuma propter mare;
Senex, qui huc Athenis exsul venit, haud malus.
Neque is adeo propter malitiam patria caret;
Sed, dum alios servat, se inpedivit interim.
Rem bene paratam comitate perdidit.
Huic filiola virgo periit parvola;
Eam de praedone vir mercatur pessumus;
Is eam huc Cyrenas leno advexit virginem.
Adulescens quidam civis hujus Atticus
Eam vidit ire e ludo fidicino domum.
Amare obcoepit : ad lenonem devenit,

une dette devant les tribunaux, leurs noms sont écrits par nous et portés à Jupiter. Chaque jour il sait qui provoque sa vengeance. Que les méchans s'efforcent de gagner des procès par leurs impostures, qu'ils obtiennent par la sentence du juge un bien qui ne leur appartient pas; Jupiter remet en jugement la chose jugée, et l'amende qu'il leur inflige dépasse le gain qu'ils emportent. Il garde les noms des honnêtes gens inscrits sur d'autres tables. Voyez encore les criminels; ils s'imaginent qu'ils pourront acheter la clémence de Jupiter par des offrandes, par des sacrifices; ils perdent leurs soins et leur argent. C'est que jamais les prières des perfides ne sauraient le toucher. Mais lorsqu'un homme juste implore les dieux, il lui est plus facile qu'à l'impie de trouver grâce devant eux. Je vous le conseille donc, hommes de bien, dont la vie est conforme aux lois de la justice et de la vertu, persévérez; vous vous féliciterez, après, de votre conduite.

Maintenant, je vais expliquer le sujet de la pièce, je suis venu tout exprès. D'abord cette ville se nomme Cyrène; ainsi l'a voulu Diphile. Par-là, tout près, Démonès habite une maison rustique, dans un champ au bord de la mer. Ce vieillard athénien, qui vint ici lorsqu'il s'expatria, n'est pas du tout un méchant homme; ce ne sont point de mauvaises actions qui l'ont privé de son pays : mais pour être utile aux autres, il se mit dans l'embarras, et perdit une fortune bien acquise, par trop d'obligeance. Un pirate lui enleva encore sa fille en bas âge, et la vendit à un scélérat de prostitueur, qui l'a conduite ici même à Cyrène; elle était grande alors. Un jour qu'elle revenait de l'école de musique, un de ses

Minis triginta sibi puellam destinat,
Datque arrhabonem, et jurejurando adligat.
Is leno, ut se æquom 'st, flocci non fecit fidem,
Neque quod juratus adulescenti dixerat.
Ei erat hospes, par illius, Siculus, senex
Scelestus, Agrigentinus, urbis proditor:
Is illius laudare infit formam virginis,
Et aliarum itidem, quæ ejus erant mulierculæ.
Infit lenoni suadere, ut secum simul
Eat in Siciliam; ibi esse homines voluptarios
Dicit; potesse ibi fieri eum divitem;
Ibi esse quæstum maxumum meretricibus.
Persuadet; navis clanculum conducitur.
Quidquid erat, noctu in navem conportat domo
Leno; adulescenti, qui puellam ab eo emerat,
Ait sese Veneri velle votum solvere.
Id heic est fanum Veneris, et eo ad prandium
Vocavit adulescentem huc. Ipse hinc inlico
Conscendit navem, avehit meretriculas.
Adulescenti alii narrant, ut res gesta sit:
Lenonem abivisse. Ad portum adulescens venit;
Illorum navis longe in altum abscesserat.
Ego, quoniam video virginem absportarier,
Tetuli ei auxilium et lenoni exitium simul.
Increpui hibernum, et fluctus movi maritumos;
Nam Arcturus signum sum omnium acerrumum:
Vehemens sum exoriens; quom obcido, vehementior.
Nunc ambo in saxo, leno atque hospes, simul
Sedent ejecti; navis confracta 'st ibus.
Illa autem virgo atque altera itidem ancillula,

compatriotes, un jeune homme d'Athènes, s'éprit d'amour pour elle. Il va trouver le prostitueur, achète la belle trente mines, donne des arrhes, et reçoit le serment qui engage le vendeur. Mais le coquin, par un procédé digne de lui, ne tient nul compte de sa parole ni du serment qu'il a fait au jeune homme. Il avait pour hôte un vieillard sicilien, d'Agrigente, son pareil, un scélérat, traître à son pays. Cet homme commence par vanter les attraits de la jeune fille et des autres beautés en la possession du prostitueur; puis il lui conseille de passer avec lui en Sicile, parce que c'est un pays de voluptueux, excellent pour le trafic des courtisanes. L'autre le croit; on s'assure en secret d'un vaisseau; le prostitueur y transporte pendant la nuit tout son avoir; il dit à l'amant, acquéreur de la jeune fille, qu'il est dans l'intention de s'acquitter d'un vœu fait à Vénus, (voici le temple de la déesse); et il l'invite, sous ce prétexte, à venir ici pour dîner. Puis, à l'instant même, il s'embarque, emmenant sa troupe féminine. Le jeune homme apprend par d'autres la fourberie du prostitueur et sa fuite; il court au port : le vaisseau était déjà loin en pleine mer. Mais moi, qui voyais enlever cette pauvre fille, je suis venu la secourir et perdre en même temps l'infâme. J'ai déchaîné la tempête, j'ai troublé les ondes; car vous voyez en moi, Arcture, la plus orageuse de toutes les constellations : terrible à mon lever, je suis, à mon coucher, plus terrible encore. En ce moment le prostitueur et son ami occupent ensemble un rocher où les a jetés le naufrage; ils n'ont plus de vaisseau. Mais la fille de Démonès et une autre esclave comme elle ont

De navi timidæ desiluerunt in scapham.
Nunc eas ab saxo fluctus ad terram ferunt,
Ad villam illius, exsul ubi habitat senex,
Quojus deturbavit ventus tectum et tegulas.
Et servos illic est ejus qui egreditur foras.
Adulescens huc jam adveniet quem videbitis,
Qui illam mercatu'st de lenone virginem.
Valete, ut hosteis vostri diffidant sibi.

sauté toutes tremblantes dans l'esquif, et la vague les éloigne du rocher et les porte au rivage, près de la métairie, séjour du vieillard expatrié, dont le toit vient d'être dévasté par le vent. Et voici son esclave qui sort de la maison; bientôt vous verrez venir l'amoureux qui avait acheté au prostitueur la jeune fille.

Salut à vous ; à vos ennemis, la terreur.

RUDENS.

SCEPARNIO*.

Pro di immortaleis, tempestatem quojusmodi
Neptunus nobis nocte hac misit proxuma!
Detexit ventus villam : quid verbis opu'st?
Non ventus fuit; verum Alcumena Euripidi,
Ita omneis de tecto deturbavit tegulas;
Inlustriores fecit, fenestrasque indidit.

PLEUSIDIPPUS, DÆMONES, SCEPARNIO**.

PLEUSIDIPPUS.

Et vos a vostris abduxi negotiis,
Neque id processit, qua vos duxi gratia,
Neque quivi lenonem ad portum prehendere.
Sed mea desidia spem deserere nolui;
Eo vos, amici, detinui diutius.
Nunc huc ad Veneris fanum venio visere,
Ubi rem divinam se facturum dixerat.

* Actus I, scena I. ** Actus I, scena II.

LE CORDAGE.

SCÉPARNION, seul*.

O dieux immortels! l'affreuse tempête que Neptune nous a envoyée cette nuit! Le vent a découvert toute la métairie. Le vent? c'était plutôt l'ouragan de l'Alcmène d'Euripide, tant il a ravagé toutes les tuiles de nos toits. Combien il y a percé de jours et de fenêtres!

PLEUSIDIPPE, SCÉPARNION, plus tard DÉMONÈS, amis de Pleusidippe**.

PLEUSIDIPPE, à ses amis.

Je vous ai détournés de vos affaires, et pour rien; j'ai manqué mon coup; le prostitueur n'était plus au port, quand je suis allé pour l'y prendre. Mais je ne voulais pas abandonner par indolence tout espoir. Voilà pourquoi je vous ai retenus si long-temps, mes amis. Maintenant je viens voir au temple de Vénus, où il m'avait dit qu'il ferait un sacrifice.

* Acte I, scène I.   ** Acte II, scène II.

SCEPARNIO.

Si sapiam, hoc, quod me mactat, concinnem lutum.

PLEUSIDIPPUS.

Prope me hinc nescio quis loquitur.

DÆMONES.

Heus, Sceparnio!

SCEPARNIO.

Qui nominat me?

DÆMONES.

Qui pro te argentum dedit.

SCEPARNIO.

Quasi me tuum esse servom dicas, Dæmones?

DÆMONES.

Luto usu'st multo, multam terram confode;
Villam integundam intellego totam mihi:
Nam nunc perlucet ea, quam cribrum, crebrius.

PLEUSIDIPPUS.

Pater, salveto, amboque adeo.

DÆMONES.

Salvos sies.

SCEPARNIO.

Sed utrum tu mas an femina es, qui illum patrem
Voces?

PLEUSIDIPPUS.

Vir sum equidem.

SCÉPARNION, sans voir Pleusidippe ni ses amis.

Je ferai bien cependant d'arranger ce mortier qui me donne tant de mal.

PLEUSIDIPPE.

J'entends quelqu'un parler près d'ici.

DÉMONÈS, venant du côté de la métairie.

Holà! Scéparnion.

SCÉPARNION.

Qui m'appelle?

DÉMONÈS.

Celui qui a donné de l'argent pour toi.

SCÉPARNION, d'un air plaisant.

Comme si tu voulais dire que je suis ton esclave, Démonès?

DÉMONÈS.

Il faut beaucoup de mortier, tire beaucoup de terre. Je vois que la métairie est à recouvrir entièrement; elle est tout à jour et plus criblée de trous que n'est un crible.

PLEUSIDIPPE, approchant de Démonès.

Père, je te souhaite le bonjour; (à Scévarnion) et à toi en même temps.

DÉMONÈS.

Bonjour.

SCÉPARNION, à Pleusidippe.

Es-tu garçon ou fille, pour le nommer du nom de père?

PLEUSIDIPPE.

Je suis homme.

DÆMONES.

Quære vir porro patrem.
Filiolam ego unam habui, eam unam perdidi.
Virile secus nunquam habui.

PLEUSIDIPPUS.
At di dabunt.
SCEPARNIO.
Tibi quidem, hercle, quisquis es, magnum malum,
Qui oratione heic nos obcupatos obcupes.

PLEUSIDIPPUS.
Isteiccine vos habitatis?
SCEPARNIO.
Quid tu id quæritas?
An quo furatum mox venias, vestigas loca?
PLEUSIDIPPUS.
Peculiosum eum esse decet servom et probum,
Quem hero præsente prætereat oratio;
Aut qui inclementer dicat homini libero.
SCEPARNIO.
Et inpudicum et inpudentem hominem addecet,
Molestum ultro advenire ad alienam domum,
Quoi debeatur nihil.
DÆMONES.
Tace, Sceparnio,
Quid opus, adulescens?
PLEUSIDIPPUS.
Isti infortunium,
Qui præfestinet, ubi herus adsit, præloqui.

DÉMONÈS.

Puisque tu es homme, cherche ailleurs ton père. Je n'ai eu qu'une fille, et cette fille unique me fut enlevée dès sa première enfance. Je n'ai jamais eu d'enfant mâle.

PLEUSIDIPPE.

Veuillent les dieux t'en donner!

SCÉPARNION.

Et mal de mort à toi, par Hercule, qui que tu sois, pour nous occuper à t'écouter quand nous avons de l'occupation.

PLEUSIDIPPE, à Démonès, en lui montrant la maison.

C'est ici que vous demeurez?

SCÉPARNION.

Pourquoi cette question? Est-ce que tu prends connaissance des lieux pour venir ensuite nous voler?

PLEUSIDIPPE, avec une ironie mêlée de colère.

Il n'y a qu'un excellent esclave et riche de son pécule, qui se permette de prendre la parole en présence de son maître et d'insulter un homme libre.

SCÉPARNION.

Il n'y a qu'un vaurien sans pudeur qui vienne importuner des gens qui ne lui sont de rien et qui n'ont rien à lui.

DÉMONÈS.

Scéparnion, silence. (*A Pleusidippe*) Que désires-tu, jeune homme?

SCÉPARNION.

Un châtiment pour ce drôle, qui se hâte, sans égard pour son maître présent, de parler avant qu'on l'interroge.

Sed nisi molestum 'st, paucis percontarier
Volo ego ex te.

DÆMONES.

Dabitur opera, atque in negotio.

SCEPARNIO.

Quin tu in paludem is, exsecasque arundines,
Quî pertegamus villam, dum sudum 'st?

DÆMONES.

Tace.

Tu, si quid opus est, dice.

PLEUSIDIPPUS.

Dic, quod te rogo.

Ecquem tu heic hominem crispum, incanum videris,
Malum, perjurum, palpatorem?

DÆMONES.

Plurimos.

Nam ego propter ejusmodi viros vivo miser.

PLEUSIDIPPUS.

Heic dico, in fanum Veneris qui mulierculas
Duas secum adduxit, quique adornavit sibi,
Ut rem divinam faciat aut hodie aut heri.

DÆMONES.

Non, hercle, adulescens, jam hos dies conplusculos
Quemquam isteic vidi sacruficare : neque potest
Clam me esse, si qui sacruficant; semper petunt
Aquam hinc, aut ignem, aut vascula, aut cultrum, aut
    veru,
Aut aulam extarem, aut aliquid; quid verbis opu'st?
Veneri paravi vasa et puteum, non mihi.

(*D'un ton radouci*) Mais si cela ne t'incommode pas, je veux prendre auprès de toi quelques informations.

DÉMONÈS.

A ton service, quelque affaire qui me tienne.

SCÉPARNION, à Pleusidippe.

Va plutôt couper des roseaux dans le marais, pour que nous en couvrions la métairie pendant qu'il fait beau.

DÉMONÈS, à Scéparnion.

Silence. (*A Pleusidippe*) Que veux-tu? dis-le moi.

PLEUSIDIPPE.

Je te prie de me répondre. As-tu vu ici un homme qui a les cheveux crépus et blancs, un coquin, un fourbe, un sournois.

DÉMONÈS.

J'en ai vu beaucoup; car ce sont les gens de cette espèce qui m'ont réduit à la misère où je suis.

PLEUSIDIPPE.

Je parle d'un homme qui a dû mener ici, au temple de Vénus, deux jeunes femmes avec lui, et faire les apprêts d'un sacrifice, aujourd'hui ou hier.

DÉMONÈS.

Non, jeune homme; il y a, par Hercule, déjà plusieurs jours que je n'ai vu personne sacrifier ici, et il ne peut pas y avoir de sacrifice sans que j'en sois instruit; car on nous demande toujours de l'eau ou du feu, ou des vases, ou un couteau, ou des broches, ou une marmite à faire bouillir les viandes, ou quelque ustensile. Enfin c'est pour le service de Vénus que j'ai une vaisselle et

Nunc intervallum jam hos dies multos fuit.

PLEUSIDIPPUS.

Ut verba præhibes, me periisse prædicas.

DÆMONES.

Mea quidem, hercle, causa salvos sis, licet.

SCEPARNIO.

Heus tu, qui fana ventris causa circumis,
Jubere meliu'st prandium ornari domi :
Fortasse tu huc vocatus es ad prandium;
Ille, qui vocavit, nullus venit.

PLEUSIDIPPUS.

      Admodum.

SCEPARNIO.

Nullum 'st periclum te hinc ire inpransum domum.
Cererem te melius quam Venerem sectarier;
Amori hæc curat, tritico curat Ceres.

PLEUSIDIPPUS.

Deludificavit me ille homo indignis modis.

DÆMONES.

Pro di inmortaleis, quid illuc est, Sceparnio,
Hominum secundum litus ?

SCEPARNIO.

     Ut mea opinio 'st,
Propter viam illi sunt vocati ad prandium.

DÆMONES.

Quî ?

un puits, et non pas pour moi. Mais il y a déjà plusieurs jours qu'on n'est venu.

PLEUSIDIPPE.

D'après ce que tu me dis, je suis perdu, c'est toi qui me l'annonces.

DÉMONÈS.

Pour ce qui dépend de moi, je ne te souhaite que prospérité.

SCÉPARNION, à Pleusidippe.

Dis donc, l'affamé, qui vas flairant les sacrifices, tu ferais mieux de commander un dîner chez toi ; on t'a peut-être invité à dîner ici. L'auteur de l'invitation n'a point paru.

PLEUSIDIPPE.

Tu dis vrai.

SCÉPARNION.

Tu ne risques rien, ayant la panse vide, de t'en aller chez toi ; le culte de Cérès te vaudra mieux que celui de Vénus. L'une procure des amours, l'autre des vivres.

PLEUSIDIPPE, à part.

Il m'a joué d'une manière indigne.

DÉMONÈS, regardant du côté de la mer.

O dieux immortels ! quels sont ces hommes auprès du rivage, Scéparnion ?

SCÉPARNION.

Si je ne me trompe, ils sont invités à dîner pour un départ.

DÉMONÈS.

Comment cela ?

SCEPARNIO.

Quia post cœnam, credo, laverunt heri.
Confracta navis in mari est illis.

DÆMONES.

Ita est.

SCEPARNIO.

At, hercle, nobis villa in terra et tegulæ.

DÆMONES.

Hui!

Homunculi, quanti estis! ejecti ut natant!

PLEUSIDIPPUS.

Ubi sunt ii homines, obsecro?

DÆMONES.

Hac ad dexteram,
Viden' secundum litus?

PLEUSIDIPPUS.

Video, sequimini.
Utinam sit is, quem ego quæro, vir sacerrumus!
Valete.

SCEPARNIO.

Si non moneas, nosmet meminimus.
Sed, o Palæmon, sancte Neptuni comes,
Quique, hercule, illi socius esse diceris,
Quod facinus video!

DÆMONES.

Quid vides?

SCEPARNIO.

Mulierculas

SCÉPARNION.

C'est qu'ils ont l'air d'avoir pris un bain hier après souper. Leur vaisseau a été brisé en mer.

DÉMONÈS.

C'est vrai.

SCÉPARNION.

Comme ici sur terre notre métairie et nos tuiles, par Hercule.

DÉMONÈS, *regardant toujours du même côté.*

Hélas! pauvres humains, ce que c'est de vous! Comme ils tâchent de se sauver du naufrage!

PLEUSIDIPPE.

Où sont-ils, je te prie?

DÉMONÈS.

Par ici, à droite; vois-tu? près du rivage.

PLEUSIDIPPE.

Je vois. (*A ses amis*) Suivez-moi. Plaise aux dieux que ce soit l'homme que je cherche, le scélérat maudit! (*A Démonès et à Scéparnion*) Portez-vous bien.

(Il sort.)

SCÉPARNION.

Nous n'avons pas besoin de tes avertissemens pour y donner nos soins. (*Il regarde à son tour la mer d'un autre côté*) Mais, ô Palémon, auguste suivant de Neptune, et qui partages même, dit-on, ses honneurs, qu'est-ce que je vois!

DÉMONÈS.

Que vois-tu?

SCÉPARNION.

Deux femmes dans un esquif, toutes seules; les pau-

Video sedenteis in scapha solas duas.
Ut adflictantur miseræ! Euge euge, perbene,
Ab saxo avortit fluctus ad litus scapham.
Neque gubernator unquam potuit [rectius].
Non vidisse undas me majores censeo.
Salvæ sunt, si illos fluctus devitaverint.
Nunc, nunc periculum 'st; ejecit alteram,
At in vado' st : jam facile enabit : eugepæ!
Viden' alteram illam ut fluctus ejecit foras!
Subrexit; horsum se capessit; salva res.
Desiluit hæc autem altera in terram e scapha.
Ut præ timore in genua in undas concidit!
Salva 'st, evasit ex aqua, jam in litore 'st.
Sed dextrovorsum avorsa it in malam crucem.
Hem, errabit illa hodie!

DÆMONES.

    Quid id refert tua?

SCEPARNIO.

Si ad saxum quo capessit, ea deorsum cadit,
Errationis fecerit conpendium.

DÆMONES.

Si tu de illarum cœnaturus vesperi es,
Illis curandum censeo, Sceparnio :
Si apud me esurus es, mihi dari operam volo.

SCEPARNIO.

Bonum æquomque oras.

DÆMONES.

    Sequere me hac ergo.

SCEPARNIO.

        Sequor.

vrettes ! comme elles sont battues par les eaux !... Bon, bon, très-bien ! la vague éloigne l'esquif des écueils et le pousse au rivage. Un pilote n'aurait pas mieux manœuvré. Je ne crois pas avoir vu de flots plus terribles.... Elles sont sauvées si elles échappent à cette lame. Dieux ! dieux ! quel péril ! en voici une qui vient d'être jetée à la mer. Mais l'endroit est guéable, elle s'en tirera facilement.... à merveille ! elle est debout ; elle s'avance par ici.... Il n'y a plus de danger.... Et l'autre, elle a sauté de l'esquif à terre. Comme, dans son effroi, elle est tombée à l'eau sur les deux genoux ! elle est sauvée ; la voilà échappée des ondes ; elle est sur le rivage. Mais quel détour prend-elle ! c'est pour aller se casser le cou. Tiens ! elle se perdra.

DÉMONÈS.

Que t'importe !

SCÉPARNION, *regardant toujours.*

En grimpant sur ce rocher, si elle roule en bas, elle aura bientôt trouvé le terme de sa course.

DÉMONÈS, *le tirant avec impatience.*

Si elles font les frais de ton souper, tu as raison de t'occuper d'elles, Scéparnion ; si c'est moi qui dois te fournir ton repas, je réclame tes services.

SCÉPARNION.

C'est trop juste ; très-bien dit.

DÉMONÈS.

Suis-moi donc de ce côté.

SCÉPARNION.

Je te suis. (Ils sortent tous deux.)

PALÆSTRA.*

Nimio hominum fortunæ minus miseræ memorantur,
Quam reapse experiundo iis datur acerbum!
Hoc Deo conplacitum'st? me hoc ornatu ornatam,
In incertas regiones timidam ejectam?
Hanccine ego ad rem gnatam miseram me memorabo?
Hanccine ego partem capio ob pietatem præcipuam?
Nam hoc mihi haud labori est laborem hunc potiri,
Si erga parentem aut deos me inpiavi:
Sed id si parate curavi ut caverem,
Tum hoc mihi indecore, inique, inmodeste
Datis, di: Nam quid habebunt sibi igitur inpii
Posthac, si ad hunc modum 'st innoxiis honor
Apud vos? nam me si sciam fecisse
Aut parenteis sceleste, minus me miserer.
Sed herile scelus me sollicitat; ejus me inpietas male
Habet; is navem atque omnia perdidit in mari.
Hæc bonorum ejus sunt reliquiæ; etiam, quæ simul
Vecta mecum in scapha 'st, excidit: ego nunc sola sum.
Quæ si mihi foret salva saltem, labor
Lenior esset hic mihi ejus opera.
Nunc quam spem, aut opem, aut consili quid capessam?
Ita heic solis locis conpotita sum.
Heic saxa sunt, heic mare sonat, nec quisquam
Homo mihi obviam venit.
Hoc quod induta sum, summæ opes oppido;
Nec cibo, nec loco tecta quo sim scio.

* Actus I, Scena III.

PALESTRA, seule, sortant des rochers qui bordent le rivage *.

Tout ce qu'on dit des infortunes et des misères humaines est encore bien au dessous des maux que nous sommes condamnés à éprouver effectivement dans la vie. Un dieu l'a donc voulu ainsi! je devais, en cet équipage misérable, errer dans des régions que je ne connais pas, naufragée et souffrante! Était-ce donc ma destinée? est-ce là le prix que je reçois pour une vertu si pure? Car il ne me semblerait pas pénible d'endurer cette peine, si je m'étais rendue coupable envers les dieux ou envers mes parens. Mais si je m'en préservai toujours avec une attention extrême, c'est une indignité, c'est une injustice, c'est un excès d'iniquité, ô dieux, de m'accabler ainsi! Quel sera en effet le sort des méchans désormais, puisque vous ne témoignez pas d'autre intérêt à l'innocence? Si je savais que mes parens ou moi nous nous fussions rendus criminels, je ne me plaindrais pas. Mais c'est le crime de mon maître qui me poursuit, c'est son impiété qui cause mes malheurs.... Il a vu périr dans la mer son vaisseau et tout ce qu'il avait. De ses biens, je suis tout ce qui reste. Ma compagne, qui s'était réfugiée avec moi dans la nacelle, est noyée elle-même. Je demeure seule. Si nous nous étions sauvées ensemble, du moins sa présence adoucirait mes chagrins. Maintenant quelle espérance puis-je avoir? quelle ressource? que résoudre, jetée comme je suis dans ces lieux déserts? Là des rochers, ici la mer qui gronde; et pas un être humain ne

* Acte I, Scène III.

Quæ mihi est spes, qua me vivere velim?
Nec loci gnara sum, nec diu heic fui.
Saltem aliquem velim, qui mihi ex his locis
Aut viam aut semitam monstret : ita nunc hac
An illac eam, incerta sum consili :
Nec prope usquam heic quidem cultum agrum conspicor.
Algor, error, pavor membra omnia tenent.
Hæc, parenteis, haud, mei, scitis miseri,
Me nunc miseram ita esse uti sum : libera ergo
Prognata fui maxume; nequidquam fui :
Nunc quî minus servio, quam si forem serva gnata?
Neque quidquam unquam iis profui, qui me sibi eduxerunt.

AMPELISCA, PALÆSTRA*.

AMPELISCA.

Quid mihi meliu'st, quid magis in rem' st quam corpore vitam secludam?
Ita male vivo atque ita mihi multæ in pectore sunt curæ exanimaleis.
Nunc dein vitæ haud parco : perdidi spem, qua me oblectabam.

* Actus I, Scena IV.

s'offre à ma vue. Ces vêtemens sont tout ce que je possède au monde, sans savoir comment me nourrir, où trouver un asile. Quel espoir m'attache encore à la vie? J'ignore les chemins, j'ai si peu habité ce pays. Si quelqu'un au moins me montrait une route, un sentier pour sortir de ces lieux! Irai-je par ici? ou bien de ce côté? Je ne sais. Quelle perplexité! Je n'aperçois dans les alentours aucun champ cultivé. Le froid, la détresse, la terreur glacent tous mes membres. Vous ne savez pas, mes infortunés parens, quelle est en ce moment l'infortune de votre fille. Ainsi donc j'étais née libre autant que personne au monde, et ma naissance ne m'a servi de rien. Suis-je moins esclave à présent, que si j'étais née dans l'esclavage? Et jamais je ne fus d'aucune consolation pour ceux qui m'ont donné l'être!

AMPÉLISQUE, PALESTRA[*].

(Les rochers les séparent l'une de l'autre et les empêchent toutes deux de se voir.)

AMPÉLISQUE.

Qu'ai-je de mieux à faire, et quel autre parti dois-je prendre, que de bannir la vie de mon corps? Je suis trop malheureuse; trop de chagrins mortels se sont amassés dans mon sein. Je ne veux plus prolonger mon existence; j'ai perdu l'espérance qui me soutenait. Je viens de parcourir tous les lieux d'alentour, de me traîner dans

[*] Acte I, Scène IV.

Omnia jam circumcursavi, atque omnibus in latebris
    perreptavi
Quærere conservam voce, oculis, auribus, ut pervesti-
    garem.
Neque eam usquam invenio, neque quo eam, neque qua
    quæram consultum'st,
Neque quem rogitem responsorem, quemquam interea
    invenio.
Neque magis solæ terræ sunt, quam hæc loca atque hæ
    regiones.
Neque, si vivit, eam vivam unquam quin inveniam,
    desistam.

PALÆSTRA.

Quænam vox mihi prope heic sonat?

AMPELISCA.

                                      Pertimui.

Quis heic loquitur prope?

PALÆSTRA.

                        Spes bona, obsecro, subventa
Mihi.

AMPELISCA.

Mulier est, muliebris vox mihi ad aureis
Venit; an eximes ex hoc miseram metu?

PALÆSTRA.

Certo vox muliebris aureis tetigit meas.
Num Ampelisca, obsecro, 'st.

AMPELISCA.

                      Ten', Palæstra, audio?

tous les réduits cachés, pour y découvrir la trace de ma compagne, la cherchant des yeux, des oreilles, de la voix; je ne la trouve nulle part. Où aller? où la découvrir? je m'y perds. Je ne rencontre personne à qui je puisse m'informer. Il n'y a pas de terre plus déserte que cet endroit et toute cette contrée. Vit-elle encore? Si elle vit, je n'aurai point de cesse que je ne l'aie trouvée.

PALESTRA.

Quelle voix résonne près d'ici?

AMPÉLISQUE.

Que j'ai eu peur! Qui est-ce qui parle près de moi?

PALESTRA.

Espérance, ô bonne Espérance, viens à mon aide!

AMPÉLISQUE.

C'est une femme; oui, une voix de femme a frappé mon oreille. Ah! délivre-moi de la crainte et du tourment ou je suis!

PALESTRA.

Assurément, c'est une voix de femme qui est venue à mes oreilles. (*Élevant la voix*) Est-ce Ampélisque, de grâce?

AMPÉLISQUE.

Est-ce toi, Palestra, que j'entends?

PALÆSTRA.

Quin voco, ut me audiat, nomine illam suo?
Ampelisca!

AMPELISCA.

Hem, quis est?

PALÆSTRA.

Ego Palæstra sum.

AMPELISCA.

Dic, ubi es?

PALÆSTRA.

Pol, ego nunc in malis plurimis.

AMPELISCA.

Socia sum, nec minor pars mea 'st quam tua.
Sed videre expeto te.

PALÆSTRA.

Mihi es æmula.

AMPELISCA.

Consequamur gradu vocem : ubi es?

PALÆSTRA.

Ecce me,
Adcede ad me, atque adi contra.

AMPELISCA.

Fit sedulo.

PALÆSTRA.

Cedo manum.

AMPELISCA.

Abcipe.

PALÆSTRA.

Dic, vivisne, obsecro?

PALESTRA.

Je veux l'appeler par son nom de manière qu'elle m'entende. (*Criant*) Ampélisque!

AMPÉLISQUE.

Hé! qui est là?

PALESTRA.

C'est moi, Palestra.

AMPÉLISQUE.

Dis-moi où tu es?

PALESTRA.

Par Pollux, dans un abîme de maux.

AMPÉLISQUE.

Notre sort est commun. Je n'en ai pas une moindre part que toi. Que je suis impatiente de te voir!

PALESTRA.

Ton impatience ne peut qu'égaler la mienne.

AMPÉLISQUE.

Marchons en nous guidant à la voix. Où es-tu?

PALESTRA.

Me voici; approche de ce côté, viens me rejoindre.

AMPÉLISQUE.

C'est ce que je m'empresse de faire.

PALESTRA, lui tendant sa main.

Donne-moi la main.

AMPÉLISQUE, lui donnant la sienne.

Tiens.

PALESTRA.

Tu es donc vivante? dis-moi, je te prie.

AMPELISCA.

Tu facis me quidem ut vivere nunc velim,
Quando mihi te licet tangere. Ut vix mihi
Credo ego hoc, te tenere! obsecro, amplectere,
Spes mea; ut me omnium jam laborum levas!

PALÆSTRA.

Obcupas præloqui, quæ mea 'st oratio.
Nunc abire hinc decet nos.

AMPELISCA.

                Quo, amabo, ibimus?

PALÆSTRA.

Litus hoc persequamur.

AMPELISCA.

                Sequor quo lubet.

PALÆSTRA.

Siccine heic cum uvida veste grassabimur?

AMPELISCA.

Hoc quod est, id necessarium 'st perpeti.
Sed quid hoc, obsecro, est?

PALÆSTRA.

           Quid?

AMPELISCA.

                Viden', amabo,
Fanum, videsne hoc?

PALESTRA.

Ubi est?

AMPÉLISQUE.

A présent je tiens à la vie, et c'est à cause de toi; il m'est donc permis de te presser dans mes bras! J'ai peine à le croire encore; est-ce toi qui m'est rendue? Je t'en prie, embrasse-moi. (*Elles s'embrassent.*) O mon espoir, que tu soulages toutes mes afflictions!

PALESTRA.

Tu m'as prévenue, en me disant ce que j'avais à te dire. Il faut maintenant nous en aller.

AMPÉLISQUE.

Où irons-nous, ma chère?

PALESTRA.

Suivons le rivage.

AMPÉLISQUE.

Je te suis partout.

PALESTRA.

Mais comment marcherons-nous avec ces vêtemens tout trempés?

AMPÉLISQUE.

Il faut prendre les choses comme elles sont. (*Tournant par hasard les yeux du côté du temple*) Mais que vois-je là, je te prie?

PALESTRA.

Quoi?

AMPÉLISQUE.

Vois-tu, ma chère, vois-tu ce temple?

PALESTRA.

Où?

AMPELISCA.

Ad dexteram.

PALÆSTRA.

Video decorum dis locum viderier.

AMPELISCA.

Haud longe abesse oportet homines hinc, ita heic
Lepidu'st locus : nunc, quisquis est deus, veneror,
Ut nos ex hac ærumna miseras eximat,
Inopes, ærumnosas ut aliquo auxilio adjuvet.

SACERDOS, PALÆSTRA, AMPELISCA*.

SACERDOS.

Qui sunt, qui a patrona preces mea expetessunt?
Nam vox precantum me huc foras excitavit.
Bonam atque obsequentem deam, atque haud gravatam
Patronam exsequontur, benignamque multum.

PALÆSTRA.

Jubemus te salvere, mater.

SACERDOS.

Salvete,
Puellæ : sed unde vos ire cum uvida
Veste dicam, obsecro, tam mœstiter vestitas?

* Actus I, Scena v.

AMPÉLISQUE.

A droite.

PALESTRA.

Je vois en effet une décoration qui annonce la demeure des dieux.

AMPÉLISQUE.

Il doit y avoir non loin d'ici des habitations; ce lieu est charmant. (*S'approchant du temple*) Quel que soit le dieu, je lui adresse ma prière, pour qu'il délivre de leurs peines deux infortunées, souffrantes, sans appui, et qu'il leur donne quelque assistance.

LA PRÊTRESSE, PALESTRA, AMPÉLISQUE*.

LA PRÊTRESSE.

Quels mortels implorent ma patronne? Car c'est la voix des supplians qui vient de m'attirer à cette porte. Ils invoquent une déesse bienveillante et facile, une patronne qui ne se fait pas arracher ses bienfaits; elle n'en est pas avare.

PALESTRA.

Reçois nos vœux pour ta santé, ma mère.

LA PRÊTRESSE.

Salut, jeunes filles. Mais d'où venez-vous ainsi trempées, je vous prie, et dans ce triste accoutrement?

* Acte I, Scène v.

PALÆSTRA.

Inlico hinc imus haud longule ex hoc loco:
Verum longe hinc abest, unde huc vectæ sumus.

SACERDOS.

Nempe equo ligneo per vias cæruleas
Estis vectæ.

PALÆSTRA.

Admodum.

SACERDOS.

Ergo æquius vos erat
Candidatas venire hostiatasque: ad hoc
Fanum ad istunc modum non veniri solet.

PALÆSTRA.

Quæne ejectæ e mari sumus ambæ, obsecro,
Unde nos hostias agere voluisti huc?
Nunc tibi amplectimur genua egenteis opum,
Quæ in locis nesciis nescia spe sumus,
Ut tuo recipias tecto, servesque nos,
Miserarumque te ambarum ut misereat,
Quibus nec locus ullus, nec spes parata 'st;
Neque hoc amplius, quam quod vides, nobis quidquam 'st.

SACERDOS.

Manus mihi date, exsurgite a genibus ambæ:
Misericordior nulla me est feminarum.
Sed heic pauperes res sunt inopesque, puellæ:
Egomet vix vitam colo; Veneri cibo meo
Servio.

PALESTRA.

Nous ne venons pas de bien loin d'ici en cet instant ; mais nous sommes loin de la contrée d'où l'on nous avait transportées en ces lieux.

LA PRÊTRESSE.

Il paraît que vous êtes venues sur un cheval de bois par la route azurée.

PALESTRA.

Justement.

LA PRÊTRESSE.

Alors vous auriez dû venir en habits blancs et munies de victimes. On n'a pas coutume de se présenter de la sorte dans ce temple.

PALESTRA.

Jetées ici toutes les deux par le naufrage, de grâce, où voulais-tu que nous prissions des victimes? (*Elles s'agenouillent*) Maintenant nous embrassons tes genoux, dénuées de ressources, ne sachant qu'espérer, ne sachant point où nous sommes; reçois-nous dans ta demeure, sauve-nous, prends pitié de deux malheureuses filles sans asile, sans espoir, et n'ayant rien au monde que ce que tu vois.

LA PRÊTRESSE.

Donnez-moi la main, relevez-vous; il n'y a pas de femme plus compatissante que moi. Mais vous ne trouverez pas ici beaucoup d'aisance et de ressources, mes enfans : moi-même, je vis mesquinement; j'y mets du mien en servant Vénus.

AMPELISCA.

Veneris fanum, obsecro, hoc est?

SACERDOS.

Fateor : ego
Hujus fani sacerdos clueo : verum, quidquid est,
Comiter fiet a me, quo nostra copia
Valebit : ite hac mecum.

PALÆSTRA.

Amice benigneque
Honorem, mater, nostrum habes.

SACERDOS.

Oportet.

PISCATORES*.

Omnibus modis, qui pauperes sunt homines, miseri
    vivont,
Præsertim quibus nec quæstus est, nec didicere artem
    ullam;
Necessitate, quidquid est domi, id sat est habendum.
Nos jam de ornatu propemodum, ut locupletes simus,
    scitis.
Hice hami, atque hæ harundines sunt nobis quæstu et
    cultu.
Ex urbe ad mare huc prodimus pabulatum :

* Actus II, Scena 1.

AMPÉLISQUE.

C'est ici le temple de Vénus, je te prie?

LA PRÊTRESSE.

Tu l'as dit ; et c'est moi qui suis la prêtresse de ce temple. Mais quoi qu'il en soit, je vous ferai bon accueil autant que mes moyens me le permettront. Venez avec moi.

PALESTRA.

Nous te remercions, ma mère, de ta bienveillance, et de tes procédés obligeans envers nous.

LA PRÊTRESSE.

Je fais mon devoir.

(Elles entrent toutes les trois dans le temple.)

TROUPE DE PÊCHEURS*.

LE CHEF DE LA TROUPE.

Que la vie des pauvres gens est misérable! surtout quand ils ne font point de commerce, et n'ont point appris de métier. Si peu qu'ils aient à la maison, force leur est de s'en contenter. Pour ce qui est de nous, à cet accoutrement, vous avez déjà vu quelles richesses sont les nôtres. Nos lignes, nos hameçons, voilà toute notre industrie, toute notre existence. Nous venons de la ville chercher en mer la pâture. Notre gymnastique à nous, nos exercices de palestre, c'est de prendre des oursins, des patelles, des huîtres, des glands et des orties

---

* Acte II, Scène 1.

Pro exercitu gymnastico et palæstrico, hoc habemus,
Echinos, lepadas, ostreas, balanos captamus, conchas,
Marinam urticam, musculos, plagusias striatas.
Post id piscatum hamatilem et saxatilem adgredimur.
Cibum captamus e mari : sin eventus non venit,
Neque quidquam captum'st piscium, salsi lautique pure
Domum redimus clanculum, dormimus incœnati.
Atque ut nunc valide fluctuat mare, nulla nobis spes est.
Nisi quid concharum capsimus, incœnati sumus profecto.
Nunc Venerem hanc veneremur bonam, ut nos lepide
    adjuverit hodie.

TRACHALIO, PISCATORES*.

TRACHALIO.

Animo advorsavi sedulo, ne herum usquam præterirem :
Nam quom modo exibat foras, ad portum se aibat ire,
Me huc obviam jussit sibi venire ad Veneris fanum.
Sed quos perconter, conmode eccos video adstare ;
    adibo.
Salvete, fures maritimi, conchitæ, atque hamiotæ,
Famelica hominum natio ; quid agitis ? ut peritis ?

PISCATORES.

Ut piscatorem æquom'st, fame, sitique speque.

TRACHALIO.

                Ecquem adulescentem huc,

* Actus II, Scena II.

de mer, des moules, des ratons, des plaguses cannelées. Ensuite nous essayons de la pêche à la ligne et de celle des rochers. La mer nous fournit la nourriture que nous pouvons prendre. S'il n'arrive pas bonne chance, et si nous n'avons pas pris de poisson, nous revenons salés et baignés, purs et nets, à la maison, et nous nous couchons sans souper. A voir comme la mer est houleuse, nous n'avons pas grande espérance ; à moins de ramasser des coquillages, nous ne mangerons pas ce soir. Adressons notre prière à la bonne Vénus, pour qu'elle veuille nous prêter son gracieux secours.

―――

TRACHALION, LES PÊCHEURS*.

TRACHALION.

J'ai regardé avec attention pour ne point passer à côté de mon maître sans le voir; car il a dit en sortant qu'il allait au port, et il m'a commandé de venir le trouver ici au temple de Vénus. Mais voici fort à propos des gens à qui je peux demander. Allons. Salut, voleurs de mer, écaillers, hameçonniers, race famélique; qu'est-ce que vous faites ? comment dépérissez-vous ?

LES PÊCHEURS.

Comme des pêcheurs, de faim, de soif, et d'attente.

TRACHALION.

Avez-vous vu venir, depuis que vous êtes ici, un jeune

* Acte II, Scène II.

Dum heic adstatis, strenua facie, rubicundum, fortem,
    qui treis
Duceret chlamydatos cum machæris, vidistis venire?

PISCATORES.

Nullum istac facie, ut prædicas, venisse huc scimus.

TRACHALIO.

                                                    Ecquem
Recalvom ac silonem senem, statutum, ventriosum,
Tortis superciliis, contracta fronte, fraudulentum,
Deorum odium atque hominum, malum, mali viti pro-
    brique plenum,
Qui duceret mulierculas duas secum satis venustas?

PISCATORES.

Cum istiusmodi virtutibus operisque gnatus qui sit,
Eum quidem ad carnuficem est æquius, quam ad Vene-
    rem conmeare.

TRACHALIO.

At, si vidistis, dicite.

PISCATORES.

                    Huc profecto nullus venit.
Vale.

TRACHALIO.

Valete! Credidi: factum 'st quod subspicabar.
Data verba hero sunt; leno abiit scelestus exsulatum,
In navem ascendit, mulieres avexit: hariolus sum.
Is huc herum etiam ad prandium vocavit sceleris se-
    men.
Nunc quid mihi meliu'st, quam inlico heic obperiar he-
    rum dum veniat?

homme de bonne mine, frais, de belle venue, amenant avec lui trois hommes en chlamyde et le coutelas au côté?

LES PÊCHEURS.

Nous n'avons vu personne qui ressemblât à ce portrait.

TRACHALION.

N'avez-vous pas vu un vieillard au front chauve, au nez camus, de haute stature, avec un gros ventre, les sourcils de travers et le front plissé; un artisan de fraude et de malice noire, horreur des dieux et des hommes, ramas de vice et d'infamie, qui conduisait deux femelles assez gentilles?

LES PÊCHEURS.

Un gaillard distingué par de telles œuvres et de telles qualités devrait rendre visite au bourreau plutôt qu'à Vénus.

TRACHALION.

Mais si vous l'avez vu, dites-le.

LES PÊCHEURS.

Il n'est pas venu certainement. Porte-toi bien. (*Ils s'en vont.*)

TRACHALION.

Et vous de même. J'en étais sûr; ce que je soupçonnais est arrivé. Mon maître a été pris pour dupe. Le scélérat de prostitueur s'est en allé en pays étranger. Il s'est embarqué, il a emmené ses donzelles; je suis devin. Et il a invité mon maître à venir dîner ici encore! Maintenant, je n'ai rien de mieux à faire que d'attendre mon maître en ce lieu. En même temps, si la prêtresse de Vé-

Eadem, hæc sacerdos Veneria si quid amplius scit,
Si videro, exquæsivero : faciet me certiorem.

AMPELISCA, TRACHALIO*.

AMPELISCA.

Intellego; hanc quæ proxuma 'st villam Veneris fano.
Pulsare jussisti, atque aquam rogare.

TRACHALIO.

                                Quoja ad aureis.
Vox mihi advolavit?

AMPELISCA.

    Obsecro, quis heic loquitur? quem ego video?

TRACHALIO.

Estne Ampelisca hæc, quæ foras e fano egreditur?

AMPELISCA.

Estne hic Trachalio, quem conspicor, calator Pleusi-
    dippi?

TRACHALIO.

Ea est.

AMPELISCA.

    Is est. Trachalio, salve.

TRACHALIO.

                          Salve, Ampelisca.
Quid agis tu?

* Actus II, Scena III.

nus est mieux informée, et si je la vois, je la prierai de m'instruire. Elle me donnera des renseignemens.

AMPÉLISQUE, TRACHALION *.

AMPÉLISQUE, *parlant à la prêtresse dans l'intérieur du temple.*

Je comprends; c'est à la métairie, ici, près du temple de Vénus, que tu m'as dit de frapper, et de demander de l'eau.

TRACHALION.

Quelle voix a volé jusqu'à mon oreille?

AMPÉLISQUE.

De grâce, qui est-ce qui parle là? (*Apercevant Trachalion*) Que vois-je?

TRACHALION.

Est-ce Ampélisque qui sort du temple?

AMPÉLISQUE.

Est-ce Trachalion que j'aperçois, le valet de Pleusidippe?

TRACHALION.

C'est elle.

AMPÉLISQUE.

C'est lui. Bonjour, Trachalion.

TRACHALION.

Bonjour Ampélisque. Comment t'en va?

* Acte II, Scène III.

AMPELISCA.

Ætatem haud mala male.

TRACHALIO.

Melius ominare.

AMPELISCA.

Verum omneis sapienteis decet conferre et fabulari.
Sed Pleusidippus tuus herus ubi, amabo, est?

TRACHALIO.

Eia vero,
Quasi non sit intus!

AMPELISCA.

Neque, pol, est, neque ullus quidem huc venit.

TRACHALIO.

Non venit?

AMPELISCA.

Vera prædicas.

TRACHALIO.

Non est meum, Ampelisca.
Sed quam mox coctum 'st prandium?

AMPELISCA.

Quod prandium, obsecro te?

TRACHALIO.

Nempe rem divinam facitis heic.

AMPELISCA.

Quid somnias, amabo?

TRACHALIO.

Certe huc Labrax Pleusidippum ad prandium vocavit,
Herum meum herus voster.

AMPÉLISQUE.

Mal, sans l'avoir mérité.

TRACHALION.

Point de paroles de mauvais augure.

AMPÉLISQUE.

Les gens sensés doivent dire la vérité en toute rencontre. Mais que fait Pleusidippe ton maître, je te prie?

TRACHALION.

Oui-dà? comme s'il n'était pas là (*Montrant le temple*)!

AMPÉLISQUE.

Il n'y est point, par Pollux, il n'est pas venu du tout.

TRACHALION.

Il n'est pas venu?

AMPÉLISQUE.

Tu dis la vérité.

TRACHALION.

Ce n'est pas mon habitude, Ampélisque. Mais le dîner sera-t-il bientôt prêt?

AMPÉLISQUE.

Quel dîner, s'il te plaît?

TRACHALION.

Puisque vous faites ici un sacrifice.

AMPÉLISQUE.

Tu rêves, mon cher.

TRACHALION.

Il est certain que Labrax ton maître a invité mon maître Pleusidippe à venir dîner ici.

AMPELISCA.

      Pol, haud miranda facta dicis;
Si deos decepit et homines, lenonum more fecit.

TRACHALIO.

Non rem divinam facitis heic vos, neque herus?

AMPELISCA.

                           Hariolare.

TRACHALIO.

Quid tu agis heic igitur?

AMPELISCA.

      Ex malis multis, metuque summo,
Capitalique ex periculo, orbas auxilique opumque huc
Recepit ad se Veneria hæc sacerdos, me et Palæstram.

TRACHALIO.

An heic Palæstra 'st, obsecro, heri mei amica?

AMPELISCA.

                           Certo.

TRACHALIO.

Inest lepos in nuncio tuo magnus, mea Ampelisca.
Sed istuc periculum perlubet quod fuerit vobis scire.

AMPELISCA.

Confracta 'st, mi Trachalio, hac nocte navis nobis.

TRACHALIO.

Quid, navis? quæ istæc fabula 'st?

AMPÉLISQUE.

Ce que tu me dis ne m'étonne pas, par Pollux. S'il a trompé les dieux et les hommes, il s'est conduit en prostitueur.

TRACHALION.

Vous ne célébrez point ici un sacrifice, ni vous ni votre maître?

AMPÉLISQUE.

Tu as deviné.

TRACHALION.

Que fais-tu donc ici?

AMPÉLISQUE.

Échappées à des maux sans nombre, à un péril épouvantable, à la mort, sans secours, sans ressources, nous avons été recueillies ici par la prêtresse de Vénus, moi et Palestra.

TRACHALION.

Est-ce que Palestra est en ce lieu, je te prie, la maîtresse de mon maître?

AMPÉLISQUE.

Certainement.

TRACHALION.

Cette nouvelle me charme, Ampélisque, ma mie. Mais je suis curieux de savoir quel péril vous avez couru.

AMPÉLISQUE.

Nous avons fait naufrage cette nuit, mon cher Trachalion.

TRACHALION.

Comment, naufrage! qu'est-ce que tu me racontes-là?

AMPELISCA.

Non audivisti, amabo,
Quo pacto leno clanculum nos hinc auferre voluit
In Siciliam, et quidquid domi fuit, in navem inposivit?
Ea nunc perierunt omnia.

TRACHALIO.

Oh! Neptune lepide, salve :
Nec te aleator ullus est sapientior; profecto
Nimis lepide jecisti bolum, perjurum perdidisti.
Sed nunc ubi est leno Labrax?

AMPELISCA.

Perît potando, opinor.
Neptunus magnis poculis hac nocte eum invitavit.

TRACHALIO.

Credo, hercle, anancæo datum quod biberet : ut ego amo te,
Mea Ampelisca! ut dulcis es! ut mulsa dicta dicis!
Sed tu et Palæstra quomodo salvæ estis?

AMPELISCA.

Scibis, faxo.
E navi timidæ ambæ in scapham insiluimus; quia videmus
Ad saxa navem ferrier, properans exsolvi restim,
Dum illi timent; nos cum scapha tempestas dextrovorsum
Disfert ab illis. Itaque nos ventisque fluctibusque
Jactatæ exemplis plurimis miseræ perpetuam noctem,
Vix hodie ad litus pertulit nos ventus exanimatas.

AMPÉLISQUE.

Est-ce qu'on ne t'a pas conté de quelle manière le prostitueur a voulu nous transporter secrètement en Sicile et a chargé un vaisseau de tout ce qu'il avait chez lui? Il a tout perdu.

TRACHALION.

Oh! merci, Neptune, que tu es aimable! Il n'y a pas de joueur de dés plus habile que toi. Tu as fait assurément un coup merveilleux : tu as ruiné un perfide. Mais qu'est-il devenu ce Labrax, ce prostitueur?

AMPÉLISQUE.

Il est mort probablement pour avoir trop bu. Neptune lui a versé cette nuit de terribles rasades.

TRACHALION.

Il s'est trouvé, je crois, à une fête où on l'aura fait boire plus qu'il ne voulait, par Hercule. Mon Ampélisque, tu es délicieuse. Que tes paroles me semblent douces! Mais comment vous êtes-vous sauvées, toi et Palestra?

AMPÉLISQUE.

Je vais te l'apprendre. Nous sautâmes toutes les deux du vaisseau dans l'esquif, à demi mortes. Quand nous voyons le navire poussé contre les rochers, vite, je détache le câble, et je profite du trouble de nos gens. La tempête nous emporte avec l'esquif sur la droite bien loin d'eux. C'est ainsi qu'après avoir été le jouet de l'orage et des flots durant la nuit entière, nuit déplorable! à la fin nous venons d'être jetées par les vents sur le rivage, presque sans vie.

TRACHALIO.

Gnovi, Neptunus ita solet; quamvis fastidiosus
Ædilis est; si quæ inprobæ sunt merceis, jactat omneis.

AMPELISCA.

Væ capiti atque ætati tuæ!

TRACHALIO.

     Tuo, mea Ampelisca,
Scivi lenonem facere hoc quod fecit : sæpe dixi.
Capillum promittam, optumum 'st, obcipiamque ha-
  riolari.

AMPELISCA.

Cavistis ergo tu atque herus, ne abiret, quom scibatis?

TRACHALIO.

Quid faceret?

AMPELISCA.

    Si amabat, rogas quid faceret? adservaret
Dies nocteisque, in custodia esset semper; verum, eca-
  stor,
Ut multi fecit, ita probe curavit Pleusidippus.

TRACHALIO.

Cur tu istuc dicis?

AMPELISCA.

   Res palam 'st.

TRACHALIO.

     Scin' tu etiam : qui it lavatum
In balineas, ibi quom sedulo sua vestimenta servat,

TRACHALION.

Oui, je sais ; c'est l'usage de Neptune ; il n'y a pas d'édile plus sévère ; quand il voit de mauvaises marchandises, il les jette.

AMPÉLISQUE.

Malédiction pour toi et pour ta vie !

TRACHALION, prononçant les deux premiers mots d'une manière équivoque.

Pour toi, ma chère Ampélisque, je redoutais le prostitueur ; j'ai prédit cent fois ce qui est arrivé. Je vais laisser croître mes cheveux, il faut absolument que je me fasse devin.

AMPÉLISQUE, avec ironie et d'un air de reproche.

Alors, toi et ton maître, vous avez bien pris vos précautions pour l'empêcher de fuir, puisque vous vous en doutiez.

TRACHALION.

Qu'y pouvait-il ?

AMPÉLISQUE.

Ce qu'il y pouvait, s'il était amoureux ? tu le demandes ? Qu'il veillât jour et nuit ; qu'il fût sans cesse aux aguets. Mais, par Castor, il a bien montré tout l'intérêt qu'il nous portait, par le grand soin qu'il a pris.

TRACHALION.

Ne dis pas cela.

AMPÉLISQUE.

La chose est assez claire.

TRACHALION.

Tu ne sais donc pas ? quand on est au bain, quelque attention qu'on mette à veiller sur ses vêtemens, il ar-

Tamen subripiuntur; quippe qui, quem illorum observet, falsus est;
Fur facile, quem observet, videt; custos, qui fur sit,
  nescit.
Sed duce me ad illam : ubi est?

AMPELISCA.

  I sane in Veneris fanum huc intro,
Sedentem flentemque obprimes.

TRACHALIO.

  Ut jam istuc mihi molestum 'st!
Sed quid flet?

AMPELISCA.

  Ego dicam tibi : hoc sese excruciat animi,
Quia leno ademit cistulam ei, quam habebat; ubique
  habebat
Quî suos parenteis gnoscere posset : eam veretur
Ne perierit.

TRACHALIO.

Ubinam ea fuit cistellula?

AMPELISCA.

  Ibidem in navi.
Conclusit ipse in vidulum, ne copia esset ejus,
Quî suos parenteis gnosceret.

TRACHALIO.

  O facinus impudicum,
Quam liberam esse oporteat, servire postulare!

AMPELISCA.

Nunc eam cum navi scilicet abivisse pessum in altum.
Et aurum et argentum fuit lenonis omne ibidem.

rive cependant qu'on est volé. En effet, sur qui avoir les yeux parmi tant de monde? On s'y trompe. Il est aisé au voleur de voir ceux qu'il veut attraper, tandis qu'on ne voit pas le voleur dont il faut se garder. Mais conduis-moi auprès de Palestra : où est-elle?

AMPÉLISQUE.

Tu n'as qu'à entrer dans le temple de Vénus; tu la trouveras assise et pleurant.

TRACHALION.

Que cela me fait de peine! Mais pourquoi pleure-t-elle?

AMPÉLISQUE.

Le voici : elle se désole, parce que le prostitueur lui a enlevé une cassette renfermant des objets qui devaient l'aider à reconnaître ses parens; elle craint de l'avoir perdue pour jamais.

TRACHALION.

Où était cette cassette?

AMPÉLISQUE.

Avec nous sur le vaisseau. Il l'avait enfermée dans une valise pour ôter à Palestra le moyen de reconnaître sa famille.

TRACHALION.

O l'infâme! une fille qui devrait être libre, vouloir la tenir en esclavage!

AMPÉLISQUE.

Maintenant la cassette s'en est allée au fond de la mer avec le vaisseau. L'or et l'argent du prostitueur étaient

Credo aliquem inmersisse, atque eum excepisse : id misera mœsta 'st,
Sibi eorum evenisse inopiam.

TRACHALIO.

Jam istoc magis usus facto 'st,
Ut eam intro, consolerque eam, ne se sic excruciet animi :
Nam multa præter spem scio multis bona evenisse.

AMPELISCA.

At ego etiam, qui speraverint, spem decepisse multos.

TRACHALIO.

Ergo animus æquos optumum 'st ærumnæ condimentum.
Ego eo intro, nisi quid vis.

AMPELISCA.

Eas; ego, quod mihi inperavit
Sacerdos, id faciam, atque aquam hinc de proxumo rogabo.
Nam extemplo, si verbis suis peterem, daturos dixit :
Neque digniorem censeo vidisse anum me quemquam,
Quoi deos atque homines censeam benefacere magis decere.
Ut lepide, ut liberaliter, ut honeste, atque haud gravate
Timidas, egenteis, uvidas, ejectas, exanimatas
Abcepit ad sese! haud secus, quam si ex se simus gnatæ :
Ut eapse sic subcincta aquam calefactat, ut lavemus!
Nunc ne moræ illi sim, petam hinc aquam, unde mihi inperavit.
Heus, ecquis in villa 'st? ecquis hoc recludit? ecquis prodit ?

dans la même valise ; quelqu'un, je pense, aura plongé pour la retirer. Pauvre Palestra ! quel chagrin elle a d'être privée de ces objets.

TRACHALION.

Alors, il faut m'empresser d'autant plus de la consoler, et ne pas la laisser se tourmenter ainsi ; car j'ai vu arriver tant de fois un bonheur qu'on n'espérait point.

AMPÉLISQUE.

J'ai vu aussi tant de fois l'espérance trompée !

TRACHALION.

Ainsi donc la résignation est le meilleur remède à tous les maux. J'entrerai, si tu me le permets.

AMPÉLISQUE.

Va. (*Il entre dans le temple.*) Moi, je ferai la commission que la prêtresse m'a donnée ; je vais demander de l'eau chez le voisin. Elle m'a dit que si j'en demandais de sa part, on m'en donnerait tout de suite. Je n'ai pas vu, en effet, une vieille plus digne de tous les bienfaits des dieux et des hommes. Avec quelle obligeance, quelle générosité, en nous voyant tremblantes, manquant de tout après le naufrage ; toutes mouillées et à demi mortes, elle s'est empressée de nous recevoir ; de même que si nous étions ses propres filles ! Comme elle s'est mise en devoir de nous faire chauffer un bain elle-même ! Je ne veux pas qu'elle attende ; je vais demander de l'eau dans cette maison où elle m'envoie. (*Elle frappe*) Holà ! y a-t-il quelqu'un dans ce logis ? veut-on bien m'ouvrir ? veut-on me répondre ?

SCEPARNIO, AMPELISCA.*

SCEPARNIO.

Quis est, qui nostris tam proterve foribus facit injuriam?

AMPELISCA.

Ego sum.

SCEPARNIO.

Hem, quid hoc boni est? heu, edepol, specie lepida mulier!

AMPELISCA.

Salve, adulescens.

SCEPARNIO.

Et tu multum salveto, adulescentula.

AMPELISCA.

Ad vos venio.

SCEPARNIO.

Abcipiam hospitio, si nox venis,
Item ut adfecta : nam nunc nihil est quî te inanem.
Sed quid ais, mea lepida, hilara?

AMPELISCA.

Aha, nimium familiariter
Me adtrectas.

SCEPARNIO.

Pro di inmortaleis, Veneris ecfigia hæc quidem 'st.
Ut in ocellis hilaritudo est! eia, corpus quojusmodi!

* Actus II, Scena IV.

SCÉPARNION, AMPÉLISQUE*.

SCÉPARNION.

Qui donc insulte si audacieusement notre porte?

AMPÉLISQUE.

C'est moi.

SCÉPARNION.

Oh! la bonne aventure, par Pollux! le joli brin de femme!

AMPÉLISQUE.

Bonjour, l'ami.

SCÉPARNION.

Mille bonjours, ma mignonne.

AMPÉLISQUE.

Je viens chez vous.

SCÉPARNION.

Je suis prêt, si tu viens ce soir, à te donner l'hospitalité, selon l'équipage où tu te présenteras ; car dans ce moment, il n'y a pas moyen, tu n'as rien à donner. (*Il veut l'embrasser*) Mais dis-moi, ma charmante, ma gaillarde.....

AMPÉLISQUE, le repoussant.

Ah! tu prends trop de libertés!

SCÉPARNION, continuant à vouloir lui faire des caresses.

O dieux immortels! c'est le portrait de Vénus. Quel œil fripon, et ce teint! Ah! la mordante brunette.... Je

* Acte II, Scène IV.

Subvolturium ; illud quidem, subaquilum volui dicere.
Vel papillæ quojusmodi ! tum quæ indoles in savio est ?

AMPELISCA.
Non ego sum pollucta pago : potin' ut me abstineas manum ?

SCEPARNIO.
Non licet te sicce placide bellam belle tangere ?

AMPELISCA.
Otium ubi erit, tum tibi operam ludo et delitiæ dabo :
Nunc, quamobrem sum missa, amabo, vel tu mihi aias, vel neges.

SCEPARNIO.
Quid nunc vis ?

AMPELISCA.
Sapienti ornatus, quid velim, indicium facit.

SCEPARNIO.
Meus quoque hic sapienti ornatus, qui velim indicium facit.

AMPELISCA.
Hæc sacerdos Veneris hinc me petere jussit a vobis aquam.

SCEPARNIO.
At ego basilicus sum : quem nisi oras, guttam non feres.
Nostro illum puteum periculo et ferramentis fodimus.
Nisi multis blanditiis, a me gutta non ferri potest.

voulais dire piquante. Et cette gorge, qu'elle est jolie! quel délice de baiser cette bouche!

AMPÉLISQUE, le repoussant.

Je ne suis pas exposée en offrande au public. A bas les mains!

SCÉPARNION.

Comment, gentillette! on ne peut pas te toucher comme cela, doucement, gentiment?

AMPÉLISQUE.

Je me prêterai au badinage et à la plaisanterie quand j'aurai le temps. Maintenant pour ce qui est de ma commission, je t'en prie, dis-moi si tu veux ou si tu ne veux pas.

SCÉPARNION.

Qu'est-ce que tu souhaites?

AMPÉLISQUE, montrant sa cruche.

En voyant ce que je porte, un homme d'esprit peut deviner ce que je désire.

SCÉPARNION.

Une fille d'esprit peut deviner ce que je désire en voyant aussi ce que je porte.

AMPÉLISQUE.

La prêtresse de Vénus m'a dit de venir vous demander de l'eau.

SCÉPARNION.

Je suis un personnage d'importance, il faut me prier; sinon, pas une goutte d'eau. C'est à nos risques et dépens que ce puits a été creusé; qu'on me prodigue les caresses, ou l'on n'aura pas d'eau.

AMPELISCA.

Cur tu operam gravare, amabo, quam hostis hosti
    conmodat?

SCEPARNIO.

Cur tu operam gravare mihi, quam civis civi conmodat?

AMPELISCA.

Imo etiam tibi, mea voluptas, quæ voles faciam omnia.

SCEPARNIO.

Eugepæ! salvos sum! hæc jam me suam voluptatem
    vocat:
Dabitur tibi aqua, ne nequidquam me ames : cedo
    mihi urnam.

AMPELISCA.

   Cape,
Propera, amabo, ecferre.

SCEPARNIO.

    Manta; jam heic ero, voluptas mea.

AMPELISCA.

Quid sacerdoti me dicam heic demoratam tam diu?
Ut etiam nunc misera timeo, ubi oculis intueor mare!
Sed quid ego misera video procul in litore?
Meum herum lenonem Siciliensemque hospitem,
Quos periisse ambos misera ceensbam in mari.
Jam illud mali plus nobis vivit, quam ratæ.
Sed quid ego cesso fugere in fanum, ac dicere hæc
Palæstræ, in aram uti confugiamus prius,

AMPÉLISQUE.

Que tu fais de difficultés pour rendre un service qu'on ne refuse pas à un étranger!

SCÉPARNION.

Que tu fais de difficultés pour donner ce qu'on ne refuse pas à un compatriote!

AMPÉLISQUE.

Eh bien, mon amour, je n'aurai rien a te refuser.

SCÉPARNION.

Vivat! je triomphe! elle m'appelle déjà son amour. Je vais te donner de l'eau; tu ne m'auras pas dit pour rien des tendresses. Donne ta cruche.

AMPÉLISQUE.

Tiens. Dépêche-toi, je t'en prie, de me la rapporter.

SCÉPARNION.

Attends; je serai ici dans un instant, mon amour.

(Il sort.)

AMPÉLISQUE, seule.

Que dirai-je à la prêtresse pour m'excuser d'être restée si long-temps ici? (*Elle tourne les yeux vers le rivage*) Je tremble encore de tous mes membres, seulement que de regarder la mer. (*Poussant un cri*) Mais, que vois-je là-bas sur le rivage? le prostitueur mon maître, avec son hôte le Sicilien! Hélas! je les croyais tous deux noyés. Il vit; c'est encore un fléau de plus auquel nous ne nous attendions pas. Que tardé-je à fuir dans le temple pour an-

Quam huc scelestus leno veniat, nosque heic obprimat?
Confugiam hinc; res ita subpetit subito mihi.

SCEPARNIO[*].

Pro di inmortaleis, in aqua nunquam credidi
Voluptatem inesse tantam! ut hanc traxi lubens!
Nimio minus altus puteus visu'st, quam prius.
Ut sine labore hanc extraxi! Praefiscine,
Satis nequam sum; utpote qui hodie inceperim
Amare. Hem tibi aquam, mea tu bella : hem, sic volo
Te ferre honeste, ut ego fero; ut placeas mihi.
Sed ubi tu es, delicata? cape aquam hanc, sis : ubi es?
Amat, hercle, me, ut ego opinor : delituit mala.
Ubi tu es? etiamne hanc urnam abceptura es? ubi es?
Conmodule melius; tandem vero serio.
Etiam abceptura es urnam hanc? ubi tu es gentium?
Nusquam, hercle, equidem illam video : ludos me facit.
Adponam, hercle, urnam jam ego hanc in media via.
Sed autem, quid si hanc hinc abstulerit quispiam
Sacram urnam Veneris? mihi exhibeat negotium.
Metuo, hercle, ne illa mulier mihi insidias locet,
Ut conprehendar cum sacra urna Veneria.
Nempe optumo me jure in vinculis enecet

[*] Actus II, Scena v.

noncer ce malheur à Palestra et me réfugier avec elle auprès de l'autel, avant que ce scélérat arrive et qu'il nous surprenne? Fuyons; je n'ai pas autre chose à faire en ce moment. *(Elle court dans le temple.)*

SCÉPARNION, seul, se parlant à lui-même[*].

O dieux immortels! je n'aurais jamais cru que l'eau eût en soi tant de charmes. Que j'ai senti de plaisir à la tirer du puits, et qu'il m'a semblé moins profond qu'à l'ordinaire! Comme cette cruche a été facile à monter! Sans me vanter, je suis un assez mauvais sujet d'avoir commencé tout de suite une intrigue d'amour. (*Il va pour donner la cruche à Ampélisque*) Tiens, ma belle, voici ton eau. Tiens, je veux que tu la prennes de bonne grâce, comme je te la donne, afin de me plaire. (*Étonné, et regardant autour de lui*) Mais où es-tu donc, maligne? Je lui ai donné dans l'œil, par Hercule, j'en suis sûr. La fripponne se cache.... Viens donc. Veux-tu bien prendre ton eau? où es-tu?....... c'est assez badiner. Ah çà, tout de bon, veux-tu venir prendre cette cruche? où es-tu donc fourrée? (*Il regarde*) Par Hercule, je ne l'aperçois nulle part. Elle se moque de moi. Ma foi, je lui mettrai sa cruche au beau milieu du chemin.... Mais, si on la volait; elle appartient à Vénus, elle est sacrée; je me ferais des affaires. J'ai peur, vraiment, que cette

[*] Acte II, Scène v.

Magistratus, si quis me hanc habere viderit.
Nam hæc literata 'st; ab se cantat quoja sit.
Jam, hercle, evocabo hinc hanc sacerdotem foras,
Ut hanc abcipiat urnam : adcedam huc ad foreis.
Heus, sis, Ptolemocratia, cape hanc urnam tibi:
Muliercula hanc nescio quæ huc ad me detulit.
Intro ferunda 'st : reperi negotium;
Siquidem his mihi ultro adgerunda etiam 'st aqua.

LABRAX, CHARMIDES*.

LABRAX.

Qui homo sese miserum et mendicum volet,
Neptuno credat sese atque ætatem suam;
Nam si quis quid cum eo rei conmiscuit,
Ad hoc exemplum amittit ornatum domum.
Edepol, Libertas, lepida es, quæ nunquam pedem
Voluisti in navem cum Hercule una inponere.
Sed ubi ille meus est hospes, qui me perdidit?
Atque eccum incedit.

* Actus II, Scena vi.

fille ne m'ait tendu un piège pour qu'on me prît avec un meuble de la déesse. En effet, si l'on voyait cette cruche dans mes mains, il n'en faudrait pas davantage pour que le magistrat me fît mourir en prison. Elle porte une inscription, elle dit en se montrant à qui elle est. Par Hercule, je vais appeler la prêtresse pour qu'elle prenne sa cruche. Approchons de la porte. Hé! Ptolemocratia, te plaît-il de prendre cette cruche qui t'appartient? une jeune fille, que je ne connais pas, me l'a tout-à-l'heure apportée. Tu n'as qu'à la reprendre. (*Après quelques momens d'attente*) J'ai trouvé de la besogne, s'il faut encore leur porter leur eau chez elles.

(Il entre dans le temple.)

LABRAX, CHARMIDÈS[*].

LABRAX.

Qui voudra tomber dans la misère, être réduit à mendier, n'aura qu'à confier à Neptune son existence et sa personne. Quand on s'avise d'avoir affaire avec lui, il vous renvoie équipé de la sorte (*montrant ses habits dégouttans d'eau*). Par Pollux, tu étais bien inspirée, déesse de la Liberté, de ne vouloir pas absolument t'embarquer sur le vaisseau d'Hercule. (*Regardant autour de lui*) Mais où est mon hôte qui a causé ma perte? Le voici qui s'avance.

[*] Acte II, Scène vi.

CHARMIDES.

Quo, malum, properas, Labrax?
Nam equidem te nequeo consequi tam strenue.

LABRAX.

Utinam te prius quam oculis vidissem meis,
Malo cruciatu in Siciliam perbiteres,
Quem propter hoc mihi obtigit misero mali!

CHARMIDES.

Utinam, quom in aedeis me ad te adduxisti tuas,
In carcere illo potius cubuissem die!
Deosque inmortaleis quaeso, dum vivas, uti
Omneis tui simileis hospites habeas tibi.

LABRAX.

Malam Fortunam in aedeis te adduxi meas.
Quid mihi scelesto tibi erat auscultatio?
Quidve hinc abitio? quidve in navem inscensio?
Ubi perdidi etiam plus boni quam mihi fuit.

CHARMIDES.

Pol, minume miror, navis si fracta 'st tibi,
Scelus te et sceleste parta quae vexit bona.

LABRAX.

Pessum dedisti me blandimentis tuis.

CHARMIDES.

Scelestiorem coenam coenavi tuam,
Quam quae Thyestae quondam anteposita 'st, et Tereo.

CHARMIDÈS.

Où, diantre, vas-tu si vite, Labrax? je n'ai pas la force de te suivre.

LABRAX.

Que n'as-tu péri par tous les supplices en Sicile, avant que je t'eusse vu, auteur de mon affreuse catastrophe!

CHARMIDÈS.

Que n'ai-je couché en prison, plutôt que d'entrer chez toi la première fois que tu m'y as conduit! Par les dieux immortels, puisses-tu, jusqu'à la fin de tes jours, n'avoir que des hôtes qui te ressemblent.

LABRAX.

C'est la mauvaise Fortune que j'ai amenée chez moi en t'y amenant. Malédiction! pourquoi t'ai-je écouté? pourquoi quittais-je ce pays? pourquoi suis-je entré dans ce vaisseau où j'ai perdu plus que je ne possédais?

CHARMIDÈS.

Par Pollux, je ne m'étonne pas que ton vaisseau ait fait naufrage, puisqu'il portait une fortune criminelle et le crime en ta personne.

LABRAX.

C'est toi qui as causé ma perte, avec tes promesses flatteuses.

CHARMIDÈS.

Et toi, tu m'as donné une hospitalité plus funeste que les festins servis jadis à Thyeste et à Térée.

LABRAX.

Perii, animo male fit, contine, quæso, caput.

CHARMIDES.

Pulmoneum, edepol, nimis velim vomitum vomas.

LABRAX.

Eheu, Palæstra, atque Ampelisca! ubi estis nunc?

CHARMIDES.

Piscibus in alto, credo, præbent pabulum.

LABRAX.

Mendicitatem mi obtulisti opera tua,
Dum tuis ausculto magnidicis mendaciis.

CHARMIDES.

Bonam est quod habeas gratiam merito mihi,
Qui te ex insulso salsum feci opera mea.

LABRAX.

Quin tu hinc is a me in maxumam malam crucem?

CHARMIDES.

Eas quidem res tecum agebam conmodum.

LABRAX.

Eheu, quis vivit me mortalis miserior?

CHARMIDES.

Ego multo tanto miserior, quam tu, Labrax.

LABRAX.

Quî?

CHARMIDES.

Quia ego indignus sum, tu dignus, qui sies.

LABRAX.

Je suis mort ! le cœur me manque ; soutiens-moi la tête, je te prie.

CHARMIDÈS.

Puisses-tu, par Pollux, vomir tes poumons !

LABRAX.

Hélas ! Palestra, Ampélisque, qu'êtes-vous devenues ?

CHARMIDÈS.

Elles donnent sans doute à manger aux poissons dans le fond de la mer.

LABRAX.

Tu m'as réduit à la mendicité en me leurrant de tes pompeux mensonges.

CHARMIDÈS.

Tu me dois des remercîmens ; d'insipide que tu étais, grâce à moi, tu es devenu plein de sel.

LABRAX.

Va-t'en au plus affreux gibet.

CHARMIDÈS.

Avec toi, c'est justement ce que je faisais tout-à-l'heure.

LABRAX.

Hélas ! y a-t-il un mortel plus à plaindre que moi ?

CHARMIDÈS.

Moi, certes ; je le suis bien plus que toi, Labrax.

LABRAX.

Comment ?

CHARMIDÈS.

Parce que je n'ai pas mérité de l'être, et tu n'as que ce que tu mérites.

LABRAX.

O scirpe, scirpe, laudo fortunas tuas,
Qui semper servas gloriam aritudinis.

CHARMIDES.

Equidem me ad velitationem exerceo:
Nam omnia corusca præ tremore fabulor.

LABRAX.

Edepol, Neptune, es balneator frigidus:
Cum vestimentis, posteaquam abs te abii, algeo.
Ne thermopolium quidem ullum instruit;
Ita salsam præbet potionem et frigidam.

CHARMIDES.

Ut fortunati sunt fabri ferrarii,
Qui apud carbones adsident! semper calent.

LABRAX.

Utinam fortuna nunc anatina uterer,
Uti quom exivissem ex aqua, arerem tamen!

CHARMIDES.

Quid, si aliquo ad ludos me pro manduco locem?

LABRAX.

Quapropter?

CHARMIDES.

Quia, pol, clare crepito dentibus.
[At nunc] jure optumo me lavisse arbitror.

LABRAX.

Qui?

CHARMIDES.

Quia auderem tecum in navem ascendere,

LABRAX.

Osiers, osiers, que vous êtes heureux de pouvoir vous vanter de conserver une sécheresse éternelle !

CHARMIDÈS, en grelottant.

Je m'apprête à batailler ; c'est un cliquetis perpétuel entre mes mâchoires pendant que je parle.

LABRAX.

Par Pollux, que les bains que tu fournis sont froids, Neptune ! Après en être sorti, même tout habillé, je frissonne. On ne trouve pas seulement chez lui un cabaret où boire chaud ; il ne donne que de l'eau salée et froide.

CHARMIDÈS.

Que j'envie les forgerons qui se tiennent continuellement auprès d'un brasier ! ils sont toujours bien chauffés.

LABRAX.

Que ne suis-je de la nature des canards ! je sortirais de l'eau sans être mouillé.

CHARMIDÈS.

Eh mais ! si je me louais à quelque directeur de jeux pour faire le Manducus ?

LABRAX.

Pourquoi ?

CHARMIDÈS.

Parce que mes dents claquent fort. J'ai bien mérité, par Pollux, de faire un plongeon.

LABRAX.

Par quelle raison ?

CHARMIDÈS.

Par la raison que j'ai osé m'embarquer avec toi, et

Qui a fundamento mihi usque movisti mare.

LABRAX.

Tibi auscultavi, tu promittebas mihi
Illei esse quæstum maxumum meretricibus;
Ibi me conruere posse aibas divitias.

CHARMIDES.

Jam postulabas te, inpurata belua,
Totam Siciliam devoraturum insulam.

LABRAX.

Quænam balæna meum voravit vidulum,
Aurum atque argentum ubi omne conpactum fuit?

CHARMIDES.

Eadem illa, credo, quæ meum marsupium,
Quod plenum argenti fuit, in sacciperio.

LABRAX.

Eheu, redactus sum usque ad hanc unam tuniculam,
Et ad hoc misellum pallium : perii oppido!

CHARMIDES.

Vel consociare mihi quidem tecum licet :
Æquas habemus parteis.

LABRAX.

    Saltem si mihi
Mulierculæ essent salvæ, spes aliquæ forent.
Nunc si me adulescens Pleusidippus viderit,
A quo arrhabonem pro Palæstra abceperam,
Jam ipse exhibebit heic mihi negotium.

CHARMIDES.

Quid, stulte, ploras? tibi quidem, edepol, copia 'st,

que tu as fait soulever les mers du fond de leurs abîmes.

LABRAX.

Je t'en ai cru, tu m'assurais que ton pays était excellent pour le commerce des courtisanes, que j'y amasserais des monts d'or.

CHARMIDÈS.

Est-ce que tu te flattais déjà, monstre infâme, de dévorer toute la Sicile?

LABRAX, d'une voix lamentable.

Quelle est la baleine qui a dévoré ma valise, où j'avais serré tout mon argent et tout mon or?

CHARMIDÈS.

La même, je pense, qui tient ma bourse toute pleine d'argent avec la sacoche où je l'avais mise.

LABRAX.

Hélas! je suis réduit, pour tout bien, à cette mince tunique et à ce misérable manteau. O désespoir!

CHARMIDÈS.

Nous pouvons nous associer ensemble, nos fortunes sont égales.

LABRAX.

Si du moins j'avais conservé mes donzelles, tout ne serait pas perdu pour moi.... Et à présent, si je rencontre Pleusidippe, qui m'avait donné un à-compte pour Palestra, il me fera de mauvaises affaires.

CHARMIDÈS.

Pourquoi t'alarmer, imbécile? Tant que la langue te

Dum lingua vivet, quî rem solvas omnibus.

SCEPARNIO, CHARMIDES, LABRAX.*

SCEPARNIO.
Quid illuc, obsecro, negoti, quod duæ mulierculæ
Heic in fano Veneris signum flenteis amplexæ tenent?
Nescio quem metuenteis miseræ. Nocte hac vero
    proxuma
Se jactatas atque ejectas hodie esse aiunt e mari.

LABRAX.
Obsecro, hercle, adulescens, ubi istæc sunt, quas me-
    moras, mulieres?

SCEPARNIO.
Heic in fano Veneris.

LABRAX.
Quot sunt?

SCEPARNIO.
Totidem quot ego et tu sumus.

LABRAX.
Nempe, meæ.

SCEPARNIO.
Nempe nescio istuc.

LABRAX.
Qua sunt facie?

* Actus II, Scena VII.

restera, par Pollux, tu as toujours le moyen de payer tes dettes.

SCÉPARNION, CHARMIDÈS, LABRAX*.

SCÉPARNION, sortant du temple, sans voir les autres personnages.

Qu'est-ce qu'elles ont, ces deux pauvres filles, à pleurer dans le temple de Vénus, en tenant sa statue embrassée? Pauvrettes, il y a quelqu'un qui leur fait peur. Elles disent qu'elles ont été en proie à la tempête la nuit dernière, et que la mer les a jetées sur la rive aujourd'hui.

LABRAX, s'approchant avec empressement.

Par Hercule, où sont ces filles dont tu parles, jeune homme?

SCÉPARNION.

Ici, dans le temple de Vénus.

LABRAX.

Combien sont-elles?

SCÉPARNION.

Autant que nous sommes toi et moi.

LABRAX.

C'est cela, ce sont elles.

SCÉPARNION, d'un air moqueur.

Pour cela, je n'en sais rien.

LABRAX.

Leur figure?

* Acte II, Scène VII.

SCEPARNIO.

Scitula.
Vel ego amare utramvis possim, si probe adpotus siem.
LABRAX.
Nempe, puellæ?
SCEPARNIO.
Nempe, molestus es : vise, si lubet.

LABRAX.
Meas oportet intus esse heic mulieres, mi Charmides.

CHARMIDES.
Jupiter te perdat, et si sunt, et si non sunt tamen.

LABRAX.
Intro rumpam jam huc in Veneris fanum.

CHARMIDES.
In barathrum mavelim.
Obsecro, hospes, da mihi aliquid, ubi condormiscam
   loci.
SCEPARNIO.
Isteic ubi vis condormisce : nemo prohibet, publicum 'st.

CHARMIDES.
At vides me, ornatus ut sim vestimentis uvidis;
Recipe me in tectum, da mihi vestimenti aliquid aridi,
Dum mea arescunt; in aliquo tibi gratiam referam loco.

SCÉPARNION.

Gentille. J'aurais plaisir à faire l'amour avec l'une ou l'autre indifféremment; après boire, s'entend.

LABRAX.

Et puis, elles sont jeunes?

SCÉPARNION.

Et puis, tu es ennuyeux. Va voir, si tu en as envie.

LABRAX, transporté de joie.

Mes deux esclaves doivent être dans ce temple, mon cher Charmidès.

CHARMIDÈS.

Que Jupiter t'extermine, qu'elles y soient, ou qu'elles n'y soient pas.

LABRAX.

Je fais invasion dans le temple de Vénus.

(Il sort.)

CHARMIDÈS.

Mieux vaudrait dans le Barathre. *(A Scéparnion)* Je t'en prie, cher hôte, procure-moi un endroit où je puisse faire un petit somme.

SCÉPARNION, lui montrant le rivage.

Fais ton somme ici, où tu voudras : la place est à tout le monde.

CHARMIDÈS.

Mais tu vois comme je suis arrangé avec ces habits trempés. Donne-moi asile en ta maison, prête-moi quelques vêtemens secs, pour que je fasse sécher les miens. Je saurai d'une manière ou d'une autre te témoigner ma reconnaissance.

SCEPARNIO.

Tegillum eccillud mihi unum arescit : id si vis, dabo;
Eodem amictus, eodem tectus esse soleo, si pluvit.
Tu istæc mihi dato; exarescant faxo.

CHARMIDES.

Eho, an te pœnitet,
In mari quod elavi, ni heic in terra iterum eluam?

SCEPARNIO.

Eluas tu an exungare, ciccum non interduim.
Tibi ego nunquam quidquam credam, nisi abcepto
    pignore.
Tu vel suda, vel peri algu, vel tu ægrota, vel vale :
Barbarum hospitem mihi in ædeis, nihil moror : sat
    litium 'st.

CHARMIDES.

Jamne abis? venaleis illic ductitavit, quisquis est :
Non est misericors : sed quid ego heic adsto infelix,
    uvidus ?
Quin abeo hinc in Veneris fanum, ut edormiscam hanc
    crapulam,
Quam potavi præter animi, quam lubuit, sententiam.
Quasi vinis græcis Neptunus nobis subfudit mare :
Itaque alvom prodisperavit nobis salsis poculis.
Quid opu'st verbis ? si invitare nos paulisper pergeret,
Ibidem obdormissemus : nunc vix vivos amisit domum.
Nunc lenonem, quid agit intus, visam, convivam meum.

SCÉPARNION, *lui montrant une cape de jonc accrochée à un arbre.*

Voici une cape de jonc qui sèche; si tu la veux je te la donnerai. Elle me sert de manteau, elle me sert aussi d'abri quand il pleut. Donne-moi tes habits, je les ferai sécher.

CHARMIDÈS.

Oh! oh! tu crois que je n'ai pas été suffisamment rincé dans la mer, tu veux m'achever sur terre.

SCÉPARNION.

Que tu sois rincé, ou frotté d'huile, peu m'importe. Point de crédit pour toi chez nous, autrement que sur gage. Sue ou meurs de froid, sois malade ou porte-toi bien; je ne me soucie pas d'un hôte étranger à la maison. Il n'y a déja que trop de matière à procès.

(Il sort.)

CHARMIDÈS, en colère.

Va-t'en. (*Seul*) Cet homme, quel qu'il soit, est un trafiquant d'esclaves; il n'a pas de pitié. Mais que fais-je planté ici, avec mes habits tout trempés, malheureux que je suis? Pourquoi ne m'en vais-je pas dans le temple de Vénus pour cuver, en sommeillant, l'excès de boisson dont je me suis chargé plus que je n'aurais voulu et bien malgré moi? Neptune nous a mélangés comme des vins de Grèce avec de l'eau de mer; il nous en a fait boire, des rasades salées, à nous crever l'estomac. Enfin, pour peu qu'il eût prolongé le régal, nous étions pris de sommeil sur la place. C'est à peine si nous nous sommes retirés vivans de chez lui.

DÆMONES*.

Miris modis di ludos faciunt hominibus,
Mirisque exemplis somnia in somnis danunt.
Ne dormienteis quidem sinunt quiescere.
Velut ego hac nocte, quæ præcessit, proxuma
Mirum atque inscitum somniavi somnium.
Ad hirundininum nidum visa est simia
Adscensionem ut faceret admolirier,
Neque eas eripere quibat inde: postibi
Videbatur ad me simia adgredirier,
Rogare, scalas ut darem utendas sibi.
Ego ad hoc exemplum simiæ respondeo,
Gnatas ex Philomela atque ex Procne esse hirundines:
Ago cum illa, ne quid noceat meis popularibus.
Atque illa animo jam fieri ferocior,
Videtur ultro mihi malum minitarier.
In jus vocat me: ibi ego nescio quomodo
Iratus videor mediam adripere simiam,
Concludo in vincla bestiam nequissumam.
Nunc quam ad rem dicam hoc adtinere somnium,
Nunquam hodie quivi ad conjecturam evadere.
Sed quid heic in Veneris fano......
Clamoris oritur? animus mirat.......

---

* Actus III, Scena 1.

DÉMONÈS, seul*.

Que les dieux se jouent étrangement des humains, et qu'ils leur envoyent d'étranges visions dans leur sommeil! Ils ne nous laissent pas de repos, même pendant que nous dormons. Moi, par exemple, la nuit dernière, que j'ai fait un rêve singulier, extravagant! Il me semblait voir un singe qui s'efforçait de grimper à un nid d'hirondelles, sans pouvoir les arracher de là. Ensuite il vint à moi, me pria de lui prêter une échelle. Mais je lui répondis que les hirondelles étaient sorties de Philomèle et de Procné; et je pris contre lui la défense de mes compatriotes. Le voilà qui s'emporte, qui me menace de me faire un mauvais parti, et m'appelle en justice. Alors, je ne sais comment, je saisis le singe par le milieu du corps, et j'enferme en prison la bête scélérate. Que signifie ce rêve? je n'ai jamais pu venir à bout aujourd'hui de le deviner. (*On entend des voix de femmes effrayées*) Mais quels sont les cris qu'on pousse dans le temple de Vénus? Cela m'étonne.

---

* Acte III, Scène 1.

TRACHALIO, DÆMONES*.

TRACHALIO.

Pro, Cyrenenseis populareis! vostram ego inploro fidem,
Agricolæ, adcolæ, propinqui qui estis his regionibus,
Ferte opem inopiæ, atque exemplum pessumum pessumdate,
Vindicate: ne inpiorum potior sit pollentia,
Quam innocentium, qui se scelere fieri nolunt gnobileis.
Statuite exemplum inpudenti, date pudori præmium,
Facite heic lege potius liceat, quam vi, victo vivere.
Currite huc in Veneris fanum: vostram iterum inploro fidem,
Qui prope heic adestis, quique auditis clamorem meum;
Ferte subpetias, qui Veneri, Veneriæque antistitæ
More antiquo in custodelam suom conmiserunt caput,
Prætorquete injuriæ prius collum, quam ad vos perveniat.

DÆMONES.

Quid istuc est negoti?

TRACHALIO.

Per ego te hæc genua obtestor, senex,
Quisquis es.

DÆMONES.

Quin tu ergo omitte genua, et quid sit, mihi expedi,
Quid tumultues?

---

* Actus III, Scena II.

TRACHALION, DÉMONÈS*.

TRACHALION, sortant du temple de Vénus.

O Cyrénéens, je vous implore; au secours! Habitans de ces campagnes, habitans du voisinage, vous tous qui peuplez les lieux d'alentour, prêtez assistance à la faiblesse, exterminez une exécrable audace. Main-forte! empêchez l'impie d'opprimer l'innocent qui ne veut point se signaler par le crime. Intimidez l'insolence par un exemple; donnez à la modestie sa récompense; faites qu'on puisse vivre ici sous le règne de la loi, et non de la violence. Accourez au temple de Vénus; j'implore encore une fois votre secours; venez en aide à ceux qui, selon l'antique usage, ont commis leur salut en garde à Vénus et à sa vénérable prêtresse. Prévenez, réprimez l'injustice, n'attendez pas qu'elle arrive jusqu'à vous.

DÉMONÈS.

Qu'est-ce que cela signifie?

TRACHALION, se jetant aux pieds de Démonès.

J'embrasse tes genoux, vieillard, qui que tu sois.

DÉMONÈS.

Laisse donc mes genoux, et apprends-moi de quoi il s'agit, pourquoi tu fais ce vacarme?

* Acte III, Scène II.

TRACHALIO.

Teque oro et quæso, si speras tibi
Hoc anno multum futurum sirpe et laserpitium,
Eamque eventuram exagogam Capuam salvam et sospi-
    tem,
Atque ab lippitudine usque siccitas ut sit tibi.

DÆMONES.

Sanun' es?

TRACHALIO.

Seu tibi confidis fore multam magudarim,
Ut te ne pigeat dare operam mihi, quod te orabo, senex.

DÆMONES.

At ego te per crura et talos, tergumque obtestor tuum,
Si tibi ulmeam uberem esse speras virgidemiam,
Et tibi esse eventuram hoc anno uberem messem mali,
Ut mihi istuc dicas negoti quid sit, quod tumultues.

TRACHALIO.

Quî lubet maledicere? equidem tibi bona exoptavi om-
    nia.

DÆMONES.

Bene equidem tibi dico, qui, te digna ut eveniant, pre-
    cor.

TRACHALIO.

Obsecro, hoc prævortere ergo.

DÆMONES.

Quid negoti'st?

TRACHALIO.

Mulieres
Duæ innocenteis intus heic sunt, tui indigenteis auxili,

TRACHALION, avec une émotion tragi-comique.

Je te prie, je te conjure, si tu attends cette année une ample récolte de benjoin et de sucs parfumés, ainsi que le transport sans déchet et sans perte jusqu'au marché de Capoue;... et que jamais humeur chassieuse ne coule de tes yeux.

DÉMONÈS.

Es-tu dans ton bon sens?

TRACHALION, sur le même ton.

Ou si tu comptes recueillir la graine en abondance, je t'en prie, vieillard, ne tarde pas à m'accorder le service que je demande.

DÉMONÈS.

Et moi, je t'en conjure, par tes jambes et par tes talons, au nom de ton dos, si tu attends une copieuse vendange de verges et une riche moisson de supplices pour cette année, veuille me dire ce que tu as pour jeter ces cris d'alarme?

TRACHALION.

Pourquoi répondre mal? je ne t'ai souhaité que du bien.

DÉMONÈS.

Je ne te réponds point mal, en te souhaitant ce que tu mérites.

TRACHALION.

Je t'en supplie, écoute-moi d'abord.

DÉMONÈS.

De quoi s'agit-il?

TRACHALION.

Il y a ici, dans ce temple, deux pauvres innocentes qu'on outrage d'une manière scandaleuse, contre toute

Quibus advorsum jus, legesque insignite injuria heic
Facta'st, fitque in Veneris fano : tum sacerdos Veneria
Indigne adflictatur.

DÆMONES.

Quis homo est tanta confidentia,
Qui sacerdotem audeat violare? sed eæ mulieres
Quæ sunt? aut quid iis iniqui fit?

TRACHALIO.

Si das operam, eloquar.
Veneris signum sunt amplexæ, nunc [homo intestabilis]
Eas deripere volt : eas ambas esse oportet [subplices].

DÆMONES.

Quis istic est, qui deos tam parvi pendit?

TRACHALIO.

Fraudis, sceleris, parricidi, perjuri plenus,
Legirupa, inpudens, inpurus, inverecundissumus :
Uno verbo absolvam, leno 'st : quid illum porro præ-
    dicem?

DÆMONES.

Edepol, infortunio hominem prædicas donabilem.

TRACHALIO.

Qui sacerdoti scelestus fauceis interpresserit.

DÆMONES.

At malo cum magno suo fecit, hercle : ite istinc foras,
Turbalio, Sparax, ubi estis?

TRACHALIO.

I, obsecro, intro, subveni.
Illis.

justice, et cela dans l'asile de Vénus ; et de plus, la prêtresse est indignement maltraitée.

DÉMONÈS.

Quel est le téméraire qui ose insulter la prêtresse? et ces femmes, qui sont-elles? quelle injure leur fait-on?

TRACHALION.

Si tu veux m'entendre, je te le dirai. Elles tiennent l'autel embrassé ; [un scélérat abominable] veut les en arracher ; ce sont assurément [des suppliantes].

DÉMONÈS.

Qui est celui qui a si peu de respect pour les dieux?

TRACHALION.

Un coquin, un scélérat, un parricide, un parjure, sans loi, sans frein, sans mœurs, sans pudeur, pour tout dire, en un mot, un prostitueur. Que faut-il ajouter à cela ?

DÉMONÈS.

Par Pollux, tu me dépeins un homme qu'on doit gratifier de terribles châtimens.

TRACHALION.

L'infâme a empoigné la prêtresse à la gorge.

DÉMONÈS.

Il lui en arrivera mal, grand mal, par Hercule. (*Il s'approche de sa maison, et crie :*) Holà ! Turbalion, Sparax, où êtes-vous? (*Les deux esclaves se présentent.*)

TRACHALION.

Viens, entre, je t'en prie, pour les secourir.

DÆMONES.
Iterum haud inperabo, sequimini hac.

TRACHALIO.
Age nunc jam,
Jube oculos elidere, itidem ut sepiis faciunt coci.

DÆMONES.
Proripite hominem pedibus huc, itidem quasi obcisam
suem.

TRACHALIO.
Audio tumultum : opinor leno pugnis pectitur.
Nimis velim inprobissumo homini malas edentaverint.
Sed ecce ipsæ huc egrediuntur timidæ e fano mulieres.

PALÆSTRA, AMPELISCA, TRACHALIO*.

PALESTRA.
Nunc id est, quom omnium copiarum atque opum,
Auxili, præsidi viduitas nos tenet;
Nec ulla specula 'st, quæ salutem adferat :
Nec scimus quam in partem ingredi persequamur.
Maxumo miseræ in metu nunc sumus ambæ,
Tanta inportunitas, tantaque injuria
Facta in nos est modo heic intus ab nostro hero,
Qui scelestus sacerdotem anum præcipem

* Actus III, Scena III.

DÉMONÈS, à Trachalion.

Ils ne se le feront pas dire deux fois. (*Aux esclaves*) Suivez mes pas.

TRACHALION.

Allons, ferme, ordonne-leur de lui arracher les yeux, comme les cuisiniers font aux sèches.

DÉMONÈS, à ses esclaves.

Traînez-le-moi dehors par les pieds, comme un porc qu'on a tué. (*Il entre dans le temple avec les esclaves.*)

TRACHALION, seul, prêtant l'oreille.

J'entends un grand bruit. Ils peignent le prostitueur à coups de poing, ce me semble. Que je voudrais qu'on lui fît sauter toutes les dents de la bouche, le misérable ! Mais voici les deux pauvrettes qui sortent du temple tout effarées.

PALESTRA, AMPÉLISQUE, TRACHALION*.

PALESTRA, sans voir Trachalion.

C'est maintenant que tout moyen, toute ressource, tout appui, toute protection nous abandonne. Pas une lueur d'espérance ! plus de salut pour nous ! Nous ne savons plus où aller. Dans quelle affreuse terreur nous sommes toutes deux, malheureuses ! Par quel attentat, par quelle violence notre maître nous a poursuivies dans ce temple ; le scélérat, qui a repoussé, qui a heurté, d'une manière indigne, la vieille prêtresse et l'a failli jeter par

* Acte III, Scène III.

Repulit, propulit, perquam indignis modis,
Nosque ab signo intimo vi deripuit sua.
Sed nunc, sese ut ferunt res fortunæque nostræ,
Par est moriri : neque est melius morte, in malis
Rebus, miseris.

TRACHALIO.

Quid est? quæ illæc oratio'st?
Cesso ego has consolari? heus, Palæstra!

PALÆSTRA.

Qui vocat?

TRACHALIO.

Heus, Ampelisca!

AMPELISCA.

Obsecro, quis est qui vocat?

PALESTRA.

Quis is est, qui nominat?

TRACHALIO.

Si respexis, scies.

PALÆSTRA.

O salutis meæ spes!

TRACHALIO.

Tace, ac bono animo es.
Me vide.

PALÆSTRA.

Si modo id liceat, vis ne obprimat :
Quæ vis, vim mihi adferam ipsa, adigit.

TRACHALIO.

Ah, desine, nimis inepta es.

terre, et nous a ensuite arrachées du sanctuaire et de la statue de la déesse comme un forcené! Maintenant, dans la détresse où nous sommes, nous n'avons plus qu'à mourir. La mort est ce qu'il y a de plus désirable, quand on est aussi infortuné, aussi à plaindre.

TRACHALION, à part.

Qu'est-ce donc? quel discours tient-elle? que tardé-je à la consoler? (*Haut*) Hé! Palestra.

PALESTRA.

Qui m'appelle?

TRACHALION.

Hé! Ampélisque.

AMPÉLISQUE.

Qui m'appelle, de grâce?

PALESTRA.

Qui a prononcé mon nom?

TRACHALION.

Regarde, tu le sauras.

PALESTRA, voyant Trachalion.

O mon espoir de salut!

TRACHALION.

Calme-toi, aie bon courage. C'est moi qui te le dis.

PALESTRA.

Oui, pourvu qu'on nous dérobe à des mains violentes, mains cruelles, qui me forceront de tourner contre moi mes propres mains.

TRACHALION.

Ah! cesse; tu n'as pas le sens commun.

AMPELISCA.

Desiste dictis nunc jam miseram me consolari.

PALÆSTRA.

Nisi quid re præsidium adparas, Trachalio, acta hæc
    res est:
Certum'st moriri, quam hunc pati grassari lenonem
    in me:
Sed muliebri animo sum tamen; miseræ ubi venit in
    mentem
Mihi, mortis metus membra obcupat, edepol.

TRACHALIO.

                        Etsi hoc acerbum,
Bonum animum habete.

PALÆSTRA.

    Nam, obsecro, unde animus mihi invenitur?

TRACHALIO.

Ne, inquam, timete: adsidite heic in ara.

AMPELISCA.

                        Istæc quid ara
Prodesse nobis plus potest, quam signum in fano heic
    intus
Veneris, quod amplexæ modo, unde abreptæ per vim
    miseræ?

TRACHALIO.

Sedete heic modo, ego hinc vos tamen tutabor; aram
    habete hanc
Vobis pro castris, mœnia hinc ego defensabo.

AMPÉLISQUE, à Trachalion qui s'est tourné vers elle.

N'essaie point de consoler ma douleur par des discours.

PALESTRA.

Il faut des actions pour nous protéger, ou nous sommes perdues. Plutôt mourir, j'y suis résolue, que de souffrir les entreprises du prostitueur contre moi.... Pourtant je ne suis qu'une femme. Quand l'idée de la mort s'offre à moi, mon pauvre cœur frémit et se glace, par Pollux.

TRACHALION.

Quoique votre position soit fâcheuse, calmez vos esprits.

PALESTRA.

Ai-je l'esprit à moi, je te le demande?

TRACHALION.

Ne craignez rien, vous dis-je. Asseyez-vous ici sur l'autel.

AMPÉLISQUE.

Cet autel nous défendra-t-il mieux que la statue de Vénus dans son temple, quand nous l'embrassions tout-à-l'heure, et que nous en avons été arrachées misérablement par la force?

TRACHALION, les conduisant à l'autel.

Asseyez-vous toujours là; je veillerai d'ici à votre sûreté. Que cet autel soit votre camp; moi, je défendrai les retranchemens. Sous la protection de Vénus

Præsidio Veneris malitiæ lenonis contra incedam.

AMPELISCA.

Tibi auscultamus: et, Venus alma, ambæ te, obsecramus,
Aram amplexanteis hanc tuam lacrumanteis, genibus nixæ,
Nos in custodiam tuam ut recipias, et tutere:
Illos scelestos, qui tuom fecerunt fanum parvi,
Ut ulciscare, nosque ut hanc tua pace aram obsidere
Patiare, quæ elautæ ambæ sumus opera Neptuni noctu:
Ne invisas habeas, neve idcirco nobis vitio vortas,
Si quidpiam 'st minus quod bene esse lautum arbitrare.

TRACHALIO.

Æquom has petere intellego, decet abs te id inpetrari;
Ingnoscere his te convenit; metus has, id ut faciant, subigit.
Te ex concha gnatam esse autumant; cave tu harum conchas spernas.
Sed optume, eccum, exit senex, patronus mihique et vobis.

DÆMONES, LABRAX, MULIERES, TRACHALIO, LORARII*.

DÆMONES.

Exi e fano, gnatum quantum 'st hominum sacrilegissume.

* Actus III, Scena IV.

je ferai bonne contenance contre ce scélérat de prostitueur.

AMPÉLISQUE.

Nous t'obéissons. (*Se tournant vers l'autel*) O bonne Vénus, nous embrassons ton autel en l'arrosant de nos larmes, nous te supplions à genoux de nous prendre en ta garde et de nous sauver. Accable de ta vengeance les impies qui n'ont point respecté ton temple ; permets que nous prenions place sur ton autel, et ne t'offense pas ; Neptune a eu soin de nous laver cette nuit. Ne te fâche point contre nous, ne nous tiens pas pour coupables, si notre ajustement te paraît trop peu soigné.

TRACHALION, s'adressant à la déesse.

Leur prière est juste, et tu dois l'accueillir avec indulgence. C'est la crainte qui les force à cette démarche. Tu es née, dit-on, d'une coquille ; que leurs coquilles trouvent grâce devant toi. (*Aux deux femmes*) Mais je vois sortir fort à propos le vieillard, qui sera mon patron et le vôtre.

DÉMONÈS, LABRAX, PALESTRA, AMPÉLISQUE, TRACHALION, Esclaves de Démonès*.

DÉMONÈS, à Labrax.

Sors de ce temple, ô le plus sacrilège des hommes.

* Acte III, Scène IV.

Vos in aram abite sessum : sed ubi sunt?

TRACHALIO.
Huc respice.
DÆMONES.
Optume.
LORARII.
Istuc volueramus : jube modo adcedat prope.

DÆMONES.
Tune legirupionem heic nobis cum dis facere postulas?
Pugnum in os inpinge.

LABRAX.
Iniqua hæc patior cum pretio tuo.
DÆMONES.
At etiam minitatur audax!
LABRAX.
Jus meum ereptum 'st mihi.
Meas mihi ancillas invito me eripis.
TRACHALIO.
Ergo dato
De senatu cyrenensi quemvis opulentum arbitrum,
Si tuas esse oportet, nive eas esse oportet liberas,
Nive te in carcerem conpingi est æquom, ætatemque ibi
Te usque habitare, donec totum carcerem contriveris.
LABRAX.
Non hodie isti rei auspicavi, ut cum furcifero fabuler;
Te ego adpello.

(*S'adressant aux deux femmes qu'il croit auprès de lui*) Vous, allez vous asseoir sur l'autel.... Mais où sont-elles donc?

TRACHALION, lui montrant Palestra et Ampélisque sur l'autel.

Regarde ici.

DÉMONÈS.

Fort bien.

UN DES ESCLAVES.

Nous sommes prêts. (*Montrant Labrax*) Dis-lui seulement d'approcher.

DÉMONÈS.

Est-ce pour que ce violateur des lois se mêle à nos sacrifices? Assène-lui un coup de poing sur la face. (*L'esclave frappe.*)

LABRAX, à Démonès.

Tu me paieras l'injure que je souffre.

DÉMONÈS.

Il menace encore, l'effronté!

LABRAX.

Tu me ravis mon bien, tu me ravis mes esclaves, par violence.

TRACHALION.

Hé bien, choisis qui tu voudras des plus riches du sénat cyrénéen, qu'il prononce si elles t'appartiennent, si elles n'ont pas droit d'être libres, si tu ne dois pas être fourré en prison, et y passer ta vie jusqu'à ce que tu aies entièrement usé ta cage.

LABRAX.

Je ne suis pas en humeur aujourd'hui d'entrer en pourparlers avec un pendard. (*A Démonès*) C'est à toi que je m'adresse.

DÆMONES.

Cum istoc primum, qui te gnovit, disputa.

LABRAX.

Tecum ago.

TRACHALIO.

Atqui mecum agundum 'st : suntne illæ ancillæ tuæ?

LABRAX.

Sunt.

TRACHALIO.

Agedum ergo, tange utramvis digitulo minumo modo.

LABRAX.

Quid, si adtigero?

TRACHALIO.

Extemplo, hercle, ego te follem pugilatorium
Faciam, et pendentem incursabo pugnis, perjurissume.

LABRAX.

Mihi non liceat meas ancillas Veneris de ara abducere?

DÆMONES.

Non licet; ita est lex apud nos.

LABRAX.

Mihi cum vostris legibus
Nihil est conmerci. Equidem istas jam ambas educam
  foras.
Tu senex, si istas amas, huc arido argento 'st opus.

DÆMONES.

Hæ autem Veneri conplacuerunt.

DÉMONÈS.

Vide d'abord ta querelle avec lui qui te connaît.

LABRAX, à Démonès.

J'ai affaire à toi.

TRACHALION, tirant Labrax de son côté.

Pourtant c'est à moi qu'il faut avoir affaire. (*Montrant Palestra et Ampélisque*) Sont-elles tes esclaves?

LABRAX.

Oui.

TRACHALION.

Hé bien donc, touche n'importe laquelle, du bout du doigt seulement.

LABRAX.

Et s'y j'y touche?

TRACHALION.

Alors tu me serviras de ballon; je cours sur toi, et je te t'enlève à coups de poing, imposteur insigne.

LABRAX.

Je ne pourrai pas tirer mes esclaves de l'autel de Vénus?

DÉMONÈS.

Non, tu ne le peux pas; telle est la loi chez nous.

LABRAX.

Je n'ai rien à démêler avec vos lois. (*Montrant Palestra et Ampélisque*) Je vais les emmener toutes deux. Toi, vieillard, si tu es amoureux d'elles, apporte-moi de l'argent sec.

DÉMONÈS.

C'est à Vénus qu'elles sont chères.

LABRAX.

        Habeat, si argentum dabit.

DÆMONES.

Det tibi argentum? Nunc adeo ut scias meam sententiam,
Obcipito modo illis adferre vim joculo paucillulum,
Ita hinc ego te ornatum amittam, tu ipsus te ut non gnoveris.
Vos adeo, ubi ego innuero vobis, si ne ei caput exoculassitis,
Quasi murteta juncis, item ego vos virgis circumvinciam.

LABRAX.

Vi agis mecum.

TRACHALIO.

    Etiam vim obprobras, flagiti flagrantia?

LABRAX.

Tun', trifurcifer, mihi audes inclementer dicere?

TRACHALIO.

Fateor, ego trifurcifer sum, tu es homo adprime probus.
Nunc quî minus hasce esse oportet liberas?

LABRAX.

        Quid, liberas?

TRACHALIO.

Atque heras tuas quidem, hercle, atque ex germana Græcia:
Nam altera hæc est gnata Athenis ingenuis parentibus.

LABRAX.

Elle les aura pour son argent.

DÉMONÈS.

Son argent, à toi? Or donc, afin que tu saches ma volonté, essaie, pour rire seulement, de leur faire violence le moins du monde, et je t'arrangerai si bien, que tu ne te reconnaîtras plus toi-même. (*Aux esclaves*) Vous autres, si à mon premier signal vous ne lui ôtez pas les yeux de la tête, je vous ceindrai de verges, comme on lie les bottes de myrte avec de l'osier.

LABRAX.

Tu exerces des violences contre moi.

TRACHALION.

C'est bien à toi, de reprocher aux autres leurs violences, foyer de scandale !

LABRAX.

Tu oses m'insulter, triple pendard?

TRACHALION, avec ironie.

Oui, je suis un triple pendard, et toi, tu es la perle des honnêtes gens. Mais en doivent-elles moins être libres?

LABRAX.

Libres, elles?

TRACHALION.

Et en droit de te commander, par Hercule; natives de Grèce, de la Grèce véritable : car celle-ci (*montrant Palestra*) est née Athénienne, et de bonne famille.

DÆMONES.

Quid ego ex te audio?

TRACHALIO.

Hanc Athenis esse gnatam liberam.

DÆMONES.

Mea popularis, obsecro, hæc est?

TRACHALIO.

Non tu Cyrenensis es?

DÆMONES.

Imo Athenis gnatus altusque educatusque Atticis.

TRACHALIO.

Obsecro, defende civeis tuas, senex.

DÆMONES.

O filia
Mea! quom ego hanc video, mearum me absens mise-
 riarum conmones.
Trima quæ periit mihi, jam tanta esset, si vivit, scio.

LABRAX.

Argentum ego pro istisce ambabus, quojæ erant, do-
 mino, dedi:
Quid mea refert, hæ Athenis gnatæ, an Thebis sient,
Dum mihi recte servitutem serviant?

TRACHALIO.

Itane, inpudens,
Tune heic, feles virginalis, liberos parentibus
Sublectos habebis, atque indigno quæstu conteres?
Nam huic alteræ patria quæ sit, profecto nescio;
Nisi scio probiorem hanc esse, quam te, inpuratissume.

DÉMONÈS.

Qu'entends-je ?

TRACHALION.

Qu'elle est Athénienne et libre de naissance.

DÉMONÈS.

Elle est ma compatriote, dis-tu ?

TRACHALION.

Tu n'es donc pas de Cyrène ?

DÉMONÈS.

Non; je suis né dans la ville d'Athènes, j'y ai été nourri, élevé.

TRACHALION.

Je t'en supplie, vieillard, défends tes concitoyennes.

DÉMONÈS, se détournant avec attendrissement.

O ma fille ! quand je la regarde (*désignant Palestra*), ton souvenir réveille mes douleurs.... Elle n'avait que trois ans quand je la perdis; elle doit être de cet âge, si elle vit encore.

LABRAX.

J'ai donné mon argent pour elles au maître qui les possédait. Que m'importe qu'elles soient natives d'Athènes, ou de Thèbes, pourvu qu'elles soient mes esclaves légitimement.

TRACHALION.

Oui-dà, dénicheur de filles libres, tu auras des enfans de famille, dérobés à leurs parens, et tu en abuseras pour ton indigne industrie ? Quant à celle-ci (*montrant Ampélisque*), j'ignore tout-à-fait quel est son pays; tout ce que je sais, c'est qu'elle vaut mieux que toi, infâme.

LABRAX.

Tuæ istæ sunt?

TRACHALIO.

Contende ergo, uter sit tergo verior.
Ni obferumentas habebis plures in tergo tuo,
Quam ulla navis longa clavos, tum ego ero mendacissumus :
Postea adspicito meum, quando ego tuum inspectavero;
Nisi erit tam sincerum, ut quivis dicat ampullarius
Optumum esse opere faciundo corium, et sincerissumum,
Quid causæ est, quin virgis te usque ad saturitatem sauciem?
Quid illas spectas? quas si adgiteris, oculos eripiam tibi.

LABRAX.

Atqui, quia vetas, utramque jam mecum abducam simul.

DÆMONES.

Quid facies?

LABRAX.

Volcanum adducam, is Veneris est advorsarius.

DÆMONES.

Quo illic it?

LABRAX.

Heus, ecquis heic est? heus!

DÆMONES.

Si adtigeris ostium,
Jam, hercle, tibi messis in ore fiet mergis pugneis.

LABRAX.

Est-ce qu'elles sont à toi ?

TRACHALION.

Hé bien, voyons qui de nous deux sera plus digne de foi à l'inspection de son dos. Si tu n'as pas sur le tien plus de marques de gloire, qu'il n'y a de clous dans un vaisseau long, je veux être le plus grand menteur. Tu regarderas le mien ensuite, quand j'aurai visité le tien, et s'il n'est dans un état de conservation si parfait, qu'il n'y a pas de fabricant d'ouvrages en cuir qui ne le trouvât excellent à employer, convenons.... que je te déchirerai de verges jusqu'à ce que j'en aie assez. Pourquoi les regardes-tu ? Avise-toi de les toucher, je t'arracherai les yeux.

LABRAX.

Puisque tu me le défends, je les aurai bientôt tirées de là l'une et l'autre.

DÉMONÈS.

Comment t'y prendras-tu ?

LABRAX.

J'amènerai Vulcain; il est ennemi de Vénus. (*Il va du côté de la maison de Démonès.*)

DÉMONÈS.

Où va-t-il ?

LABRAX, s'adressant à la maison de Démonès.

Holà! y a-t-il quelqu'un ici? hé!

DÉMONÈS.

Si tu touches cette porte, à l'instant même, par Hercule, on entassera sur ta face une moisson de coups de poing.

LORARII.

Nullum habemus ignem, ficis victitamus aridis.

DÆMONES.

Ego dabo ignem, siquidem in capite tuo conflandi
 copia 'st.

LABRAX.

Ibo, hercle, aliquo quæritatum ignem.

DÆMONES.

Quid, quom inveneris?

LABRAX.

Ignem magnum heic faciam.

DÆMONES.

Quin ut humanum exuras tibi.

LABRAX.

Imo hasce ambas heic in ara, ut vivas conburam.

DÆMONES.

Id volo:

Nam, hercle, ego te barba continuo adripiam, et in
 ignem conjiciam,
Teque ambustulatum objiciam magnis avibus pabulum.
Quom conjecturam egomet mecum facio, hæc illa est
 simia,
Quæ has hirundines ex nido volt eripere ingratiis,
Quod ego in somnis somniavi.

TRACHALIO.

Scin' quid? tecum oro, senex,
Ut illas serves, vim defendas, dum ego herum adduco
 meum.

UN DES ESCLAVES, à Labrax.

Nous n'avons pas de feu, nous ne vivons que de figues sèches.

DÉMONÈS.

Je donnerai du feu, s'il s'agit d'en allumer sur ta tête.

LABRAX.

Je trouverai bien, par Hercule, du feu quelque part.

DÉMONÈS.

Et quand tu en auras trouvé?

LABRAX, montrant l'autel.

J'allumerai un grand feu ici.

DÉMONÈS.

Pour faire ton sacrifice funèbre, sans doute.

LABRAX.

Dis plutôt pour les brûler vives sur l'autel.

DÉMONÈS.

Je voudrais voir. Je te prendrais sur-le-champ par la barbe, je te jetterais dans le feu, et t'abandonnerais, à moitié grillé, aux oiseaux carnassiers pour leur pâture.... (*A part*) Quand je réfléchis sur le sens de mon rêve, voilà le singe qui veut arracher du nid les hirondelles à toute force; oui, comme je l'ai vu en songe.

TRACHALION, à Démonès.

Sais-tu? je vais chercher mon maître; pendant ce temps-là, vieillard, je t'en conjure, défends-les, repousse toute violence.

DÆMONES.

Quære herum atque adduce.

TRACHALIO.

At hic ne....

DÆMONES.

Maxumo malo suo,
Si adtigerit, sive obceptassit.

TRACHALIO.

Cura.

DÆMONES.

Curatum 'st, abi.

TRACHALIO.

Hunc quoque adserva ipsum, ne quo abitat : nam promisimus,
Carnufici aut talentum magnum, aut hunc hodie sistere.

DÆMONES, LABRAX, PALÆSTRA, AMPELISCA, LORARII*.

DÆMONES.

Utrum tu, leno, cum malo lubentius
Quiescis, an sic sine malo, si copia 'st?

LABRAX.

Ego, quæ tu loquere, flocci non facio, senex.
Meas quidem, te invito, et Venere et summo Jove,

* Actus III, Scena IV.

DÉMONÈS.

Va, ramène ton maître.

TRACHALION.

Mais que ce traître ne.....

DÉMONÈS.

Il le paierait cher, s'il les touchait, ou s'il en faisait mine seulement.

TRACHALION.

Prends garde.

DÉMONÈS.

On y prend garde ; va.

TRACHALION.

Aie les yeux sur lui aussi, et ne le laisse pas échapper ; car nous nous sommes engagés à livrer aujourd'hui au bourreau un grand talent, ou ce coquin-là.

(Il sort.)

DÉMONÈS, LABRAX, PALESTRA, AMPÉLISQUE, ESCLAVES *.

DÉMONÈS.

Lequel aimes-tu mieux, prostitueur, de te faire rosser pour que tu restes tranquille, ou de rester tranquille, s'il t'est possible, sans qu'on te rosse ?

LABRAX.

Tes discours, vieillard, ne me font pas plus qu'une paille qui vole. Elles sont à moi, je les prendrai par

* Acte III, Scène IV.

De ara capillo jam deripiam.

DÆMONES.
Tangedum.

LABRAX.
Tangam, hercle, vero.

DÆMONES.
Agedum ergo, adcede huc modo.

LABRAX.
Jubedum recedere istos ambo illuc modo.

DÆMONES.
Imo ad te adcedent.

LABRAX.
Non, hercle, egomet censeo.

DÆMONES.
Quid ages, si adcedent propius?

LABRAX.
Ego recessero.
Verum, senex, si te unquam in urbe obfendero,
Nunquam, hercle, quisquam me lenonem dixerit,
Si non te ludos pessumos dimisero.

DÆMONES.
Facito istuc quod minitaris : sed nunc interim
Si illas adtigeris, dabitur tibi magnum malum.

LABRAX.
Quam magnum vero?

DÆMONES.
Quantum lenoni sat est.

les cheveux et les arracherai de l'autel, malgré toi, et malgré Vénus et le souverain des dieux.

DÉMONÈS.

Touche-les.

LABRAX.

Oui, par Hercule, je les toucherai.

DÉMONÈS.

Allons donc, approche seulement jusqu'ici.

LABRAX, montrant les deux esclaves.

Dis-leur seulement de s'éloigner tous deux.

DÉMONÈS.

Pas du tout, il faut qu'ils s'approchent de toi.

LABRAX.

Ce n'est pas ce que je veux, par Hercule.

DÉMONÈS.

Que feras-tu, s'ils approchent?

LABRAX.

Je me retirerai. Mais, vieillard, si jamais je te rencontre par la ville, je veux perdre mon nom de prostitueur, par Hercule, si tu ne t'en retournes rudement bafoué.

DÉMONÈS.

Je voudrais voir l'effet de tes menaces. Mais, en attendant, si tu les touches, on te fera un très-mauvais parti.

LABRAX.

Bien mauvais, vraiment.

DÉMONÈS.

Autant qu'il faut à un prostitueur.

LABRAX.

Minacias ego istas flocci non facio tuas.
Equidem te invito jam ambas rapiam.

DÆMONES.

Tangedum.

LABRAX.

Tangam, hercle, vero.

DÆMONES.

Tange : sed scin', quomodo ?
Idum, Turbalio, curriculo adfer
Duas clavas.

LABRAX.

Clavas ?

DÆMONES.

Sed probas; propera cito.
Ego te hodie faxo recte abceptum, ut dignus es.

LABRAX.

Eheu, scelestus galeam in navi perdidi :
Nunc mihi obportuna heic esset, salva si foret.
Licet saltem istas mihi adpellare ?

DÆMONES.

Non licet.
Ehem optume, edepol, eccum clavator advenit !

LABRAX.

Illud quidem, edepol, tinnimentum 'st auribus.

DÆMONES.

Age, abcipe illanc alteram clavam, Sparax :

LE CORDAGE.

LABRAX.

Je ne fais pas plus de cas de tes menaces que de rien. (*Montrant les deux femmes*) Je les enlèverai en dépit de toi.

DÉMONÈS.

Touche-les donc.

LABRAX.

Oui, oui, je les toucherai.

DÉMONÈS.

Touche. Mais tu vas voir. Turbalion, cours chercher deux bâtons.

LABRAX.

Des bâtons!

DÉMONÈS, à Turbalion.

Mais solides. Ne perds pas un instant. (*A Labrax*) Je te ferai aujourd'hui une réception comme il faut, digne de toi.

LABRAX.

Ah! malheureux, j'ai perdu mon casque dans le naufrage. Qu'il me serait bon maintenant, si je le possédais encore! (*A Démonès*) M'est-il permis du moins de leur adresser la parole?

DÉMONÈS.

Non. (*Turbalion revient*) Voici justement mon homme qui arrive avec les bâtons.

LABRAX.

Par Pollux, c'est de quoi faire tinter les oreilles.

DÉMONÈS, prenant un bâton des mains de Turbalion.

A l'œuvre, prends ce bâton, Sparax. Allons, placez-

Age, alter istinc, alter hinc adsistite.
Adsistite ambo: sic. Audite nunc jam:
Si, hercle, illic illas hodie digito tetigerit
Invitas, ni istunc istis invitassitis
Usque adeo, donec, qua domum abeat, nesciat,
Peristis ambo. Si adpellabit quempiam,
Vos respondetote istinc istarum vicem:
Sin ipse abire hinc volet, quantum potest,
Extemplo amplectitote crura fustibus.

LABRAX.

Etiam me abire hinc non sinent?

DÆMONES.

       Dixi satis.
Et ille ubi servos cum hero huc advenerit,
Qui herum arcessivit, itote extemplo domum.
Curate hæc, soltis, magna diligentia.

LABRAX.

Heu, hercle, næ isteic fana mutantur cito!
Jam hoc Herculi est, Veneris fanum quod fuit.
Ita duo destituit signa heic cum clavis senex.
Non, hercle, quo hinc nunc gentium aufugiam scio,
Ita nunc mihi utrumque sævit et terra et mare.
Palæstra!

LORARII.

Quid vis?

LABRAX.

    Apage, controversia 'st.

vous, toi de ce côté, lui de l'autre (*Il les range des deux côtés de l'autel*). Tenez-vous en arrêt, comme cela (*Il fait le geste d'un homme qui se prépare à frapper*). Écoutez, maintenant; si le drôle, par Hercule, les touche du bout des doigts malgré elles, il faut que vous le régaliez si bien avec cela (*montrant les bâtons*), qu'il ne sache plus retrouver son chemin pour retourner chez lui, ou vous êtes morts tous deux. S'il adresse la parole à l'une ou à l'autre, répondez-lui pour elle de votre place. S'il veut s'en aller, aussitôt, sans perdre de temps, embrassez ses genoux avec vos bâtons.

LABRAX.

Ils m'empêcheront même de m'en aller?

DÉMONÈS.

J'en ai dit assez. Une fois que l'esclave qui est allé chercher son maître, sera revenu avec lui, retournez sans tarder à la maison. Ayez soin, je vous prie, d'exécuter ponctuellement mes ordres. (Il rentre chez lui.)

LABRAX.

O ciel! les temples ici changent bien subitement. C'était tout-à-l'heure le temple de Vénus, c'est maintenant celui d'Hercule, avec ces deux figures armées de massues, que le vieillard vient d'y poser. Je ne sais vraiment plus où m'enfuir; tout se déchaîne contre moi, et la terre et la mer.... Palestra!

TURBALION, *s'avançant, le bâton levé*.

Que veux-tu?

LABRAX.

Arrière, point d'équivoque. C'est bien une palestre

Hæc equidem Palæstra, quæ respondit, non mea est.
Heus, Ampelisca!

LORARII.

Cave, sis, infortunio.

LABRAX.

Ut pote'st, ingnavi homines satis recte monent.
Sed vobis dico, heus vos! num molestia est,
Me adire ad illas propius?

LORARII.

Nihil nobis quidem.

LABRAX.

Numquid molestum mihi erit?

LORARII.

Nihil, si caveris.

LABRAX.

Quid est quod caveam?

LORARII.

Hem a crasso infortunio.

LABRAX.

Quæso, hercle, adire ut liceat.

LORARII.

Adeas, si velis.

LABRAX.

Bene, hercle, factum; habeo vobis gratiam.
Non : abscedam potius.

LORARII.

Illeic adstato iulico.

qui me répond, mais ce n'est pas la mienne. Hé! Ampélisque!

SPARAX, s'avançant, le bâton levé.

Prends garde, s'il te plaît, aux accidens.

LABRAX, à part.

Pour des coquins de leur sorte, ils ne conseillent pas mal. (*Haut*) Ah çà, je vous le demande, y a-t-il du mal à m'approcher d'elles?

TURBALION.

Pas pour nous du moins.

LABRAX.

Est-ce qu'il y en aura pour moi?

SPARAX.

Pas du tout, pourvu que tu prennes garde.

LABRAX.

Pourquoi prendre garde?

TURBALION, montrant son bâton.

Vois-tu? pour éviter un gros malheur.

LABRAX.

Laissez-moi approcher, de grâce.

TURBALION, avec ironie.

Approche, si tu veux.

LABRAX, en s'approchant.

Vous êtes bien bons, par Hercule, je vous suis obligé. (*Voyant les bâtons prêts à le frapper*) Non, j'aime mieux me retirer. (*Il s'éloigne.*)

LES DEUX ESCLAVES, l'arrêtant.

Halte-là! ne bouge pas.

LABRAX.

Edepol, proveni nequiter multis modis.
Certum 'st hasce hodie usque obsidione vincere.

PLEUSIDIPPUS, TRACHALIO, MULIERES, LABRAX, LORARII, CHARMIDES *.

PLEUSIDIPPUS.

Meamne ille amicam leno vi, violentia,
De ara deripere Veneris voluit?

TRACHALIO.

       Admodum.

PLEUSIDIPPUS.

Quin obcidisti extemplo?

TRACHALIO.

     Gladius non erat.

PLEUSIPPIDUS.

Caperes aut fustem, aut lapidem.

TRACHALIO.

       Quid ego, quasi canem.
Hominem insectarer lapidibus?

PLEUSIDIPPUS.

      Nequissumum!

LABRAX.

Nunc, pol, ego perii! Pleusidippus eccum adest:
Converret jam hic me totum cum pulvisculo.

* Actus III; Scena vi.

LABRAX.

Par Pollux, je suis bien malencontreux.... Je n'en démordrai pas, je les assiégerai si bien aujourd'hui qu'elles se rendront.

PLEUSIDIPPE, TRACHALION, arrivant du côté de la ville; PALESTRA, AMPÉLISQUE, LABRAX, LES DEUX ESCLAVES; plus tard CHARMIDÈS, sortant du temple*.

PLEUSIDIPPE, sans voir les personnages qui sont de l'autre côté de la scène.

Quoi! ce prostitueur a voulu arracher ma maîtresse par force et par violence de l'autel de Vénus?

TRACHALION.

Oui, vraiment.

PLEUSIDIPPE.

Il fallait le tuer sur la place.

TRACHALION.

Je n'avais pas d'épée.

PLEUSIDIPPE.

Que ne t'armais-tu d'une pierre, d'un bâton?

TRACHALION.

Poursuivre un homme comme un chien, à coups de pierre?

PLEUSIDIPPE.

Un franc scélérat!

LABRAX, apercevant Pleusidippe.

Me voilà perdu, par Pollux; c'est Pleusidippe. Il va m'anéantir totalement jusqu'au dernier atome.

* Acte III, Scène vi.

PLEUSIDIPPUS.

Etiamne in ara tunc sedebant mulieres,
Quom ad me profectus ire?

TRACHALIO.

Ibidem nunc sedent.

PLEUSIDIPPUS.

Quis illas nunc illeic servat?

TRACHALIO.

Nescio quis senex,
Vicinus Veneris; is dedit operam optumam.
Is nunc cum servis servat; ego mandaveram.

PLEUSIDIPPUS.

Duc me ad lenonem recta : ubi illic est homo?

LABRAX.

Salve.

PLEUSIDIPPUS.

Nihil salutem moror : opta ocius,
Rapi te obtorto collo mavis, an trahi?
Utrum vis opta, dum licet.

LABRAX.

Neutrum volo.

PLEUSIDIPPUS.

Abi sane ad litus curriculo, Trachalio:
Jube illos in urbem ire obviam ad portum mihi,
Quos mecum duxi, hunc qui ad carnuficem traderent.
Post huc redito, atque agitato heic custodiam :
Ego hunc scelestum in jus rapiam exsulem.
Age, ambula in jus.

PLEUSIDIPPE.

Étaient-elles encore assises sur l'autel quand tu es venu me chercher ?

TRACHALION, regardant l'autel.

Elles y sont encore.

PLEUSIDIPPE.

Qui est-ce qui veille sur elles ?

TRACHALION.

Un vieillard que je ne connais pas, voisin de Vénus ; il s'y est prêté très-obligeamment. Il les garde avec ses esclaves ; je le lui avais recommandé.

PLEUSIDIPPE.

Conduis-moi tout de ce pas au prostitueur. Où est-il ?

LABRAX, se montrant d'un air piteux.

Salut.

PLEUSIDIPPE.

Je me soucie peu de ton salut. Choisis, et promptement, lequel tu aimes le mieux, qu'on t'emporte, ou qu'on te traîne, le cou tordu, au tribunal ? Dépêche-toi de choisir, pendant que tu le peux.

LABRAX.

Je ne veux ni l'un ni l'autre.

PLEUSIDIPPE.

Va, toujours courant, au rivage, Trachalion ; dis aux gens que j'avais amenés pour livrer ce traître au geôlier, de me rejoindre dans la ville, sur le port. Ensuite, reviens ici, tu feras sentinelle. Moi, j'irai au tribunal avec ce coquin que j'enlève. (*A Labrax*) Allons, au tribunal, marche.

LABRAX.

Quid ego deliqui?

PLEUSIDIPPUS.

Rogas?
Quin arrhabonem a me abcepisti ob mulierem, et
Eam hinc abduxisti.

LABRAX.

Non avexi.

PLEUSIDIPPUS.

Cur negas?

LABRAX.

Quia, pol, provexi; avehere non quivi miser.
Equidem tibi me dixeram præsto fore
Apud Veneris fanum: quid muto? sumne ibi?

PLEUSIDIPPUS.

In jure causam dicito: heic verbum sat est:
Sequere.

LABRAX.

Obsecro te, subveni, mi Charmides:
Rapior obtorto collo.

CHARMIDES.

Quis me nominat?

LABRAX.

Viden' me ut rapior?

CHARMIDES.

Video, atque inspecto lubens.

LABRAX.

Non subvenire mihi audes?

LABRAX.

Quel crime ai-je commis?

PLEUSIDIPPE.

Tu le demandes? N'avais-tu pas reçu de moi un à-compte pour Palestra, que tu m'as dérobée ensuite?

LABRAX.

Je ne l'ai pas emmenée de ce pays.

PLEUSIDIPPE.

Tu oses le nier?

LABRAX.

Sans doute, par Pollux; je l'ai bien menée en mer, mais je n'ai pas pu l'emmener, hélas! Je t'avais promis de me trouver devant le temple de Vénus; te manqué-je de parole? ne me voilà-t-il pas?

PLEUSIDIPPE.

Tu t'expliqueras au tribunal; c'est assez discourir ici. Suis-moi. (*Il le saisit.*)

LABRAX, se tournant vers son hôte.

Je t'en supplie, à l'aide, mon cher Charmidès. On m'entraîne en me tordant le cou.

CHARMIDÈS.

Qui m'appelle?

LABRAX.

Vois-tu comme on m'entraîne de force?

CHARMIDÈS.

Oui, et c'est un spectacle qui me réjouit fort.

LABRAX.

Tu ne veux pas me secourir?

CHARMIDES.

Quis homo te rapit?

LABRAX.

Adulescens Pleusidippus.

CHARMIDES.

Ut nanctu's, habe
Bono animo : melius est te in nervom conrepere.
Tibi obtigit quod plurimi exoptant sibi.

LABRAX.

Quid id est?

CHARMIDES.

Ut id quod quærant, inveniant sibi.

LABRAX.

Sequere, obsecro, me.

CHARMIDES.

Pariter suades, qualis es :
Tu in nervom rapere, eo me obsecras, ut te sequar.
Etiam retentas?

LABRAX.

Perii!

PLEUSIDIPPUS.

Verum sit velim!
Tu, mea Palæstra et Ampelisca, ibidem inlico
Manete, dum huc ego redeo.

LORARII.

Equidem suadeo
Ut ad nos abeant potius, dum recipis.

CHARMIDÈS.

Qui est-ce qui t'entraîne?

LABRAX.

Le jeune Pleusidippe.

CHARMIDÈS.

Prends ton mal en patience. Tu feras bien de cheminer en prison. Le ciel t'envoie la grâce que tant d'autres souhaitent!

LABRAX.

Laquelle?

CHARMIDÈS.

De trouver ce qu'ils ont cherché.

LABRAX.

Ne m'abandonne pas, je t'en prie.

CHARMIDÈS.

Tes conseils te ressemblent; on te traîne en prison, tu veux que je t'y accompagne. (*Il se dégage des mains de Labrax, qui tâche de se prendre à lui*) Oui, accroche-toi après moi.

LABRAX.

Je suis perdu!

PLEUSIDIPPE.

Puisses-tu dire vrai. (*Se tournant vers l'autel*) Ma chère Palestra, et toi, Ampélisque, restez ici, et attendez-moi.

TURBALION.

Je leur conseille plutôt de s'en aller chez nous en t'attendant.

PLEUSIDIPPUS.

Placet:
Bene facitis.

LABRAX.

Fures mihi estis.

LORARII.

Quid, fures?

PLEUSIDIPPUS.

Rape.

LABRAX.

Oro, obsecro, Palæstra.

PLEUSIDIPPUS.

Sequere, carnufex.

LABRAX.

Hospes!

CHARMIDES.

Non sum hospes; repudio hospitium tuum.

LABRAX.

Siccine me spernis?

CHARMIDES.

Sic ago: semel bibo.

LABRAX.

Di te infelicent.

CHARMIDES.

Isti capiti dicito.
Credo alium in aliam belluam hominem vortier,
Illic in columbum, credo, leno vortitur:
Nam in columbari collum haud multo post erit:
In nervom ille hodie nidamenta congeret.

PLEUSIDIPPE.

C'est bien dit. (*En s'adressant à Sparax et à Turbalion à la fois*) Je vous remercie.

LABRAX, aux esclaves qui conduisent les deux femmes chez Démonès.

Vous me volez.

SPARAX.

Nous te volons?

PLEUSIDIPPE, à un esclave à lui.

Entraîne-le.

LABRAX.

Je t'en prie, je t'en conjure, Palestra.

PLEUSIDIPPE, à Labrax, en le poussant avec violence.

Avance, bourreau.

LABRAX, à Charmidès.

Mon hôte!

CHARMIDÈS.

Je ne suis pas ton hôte; foin de ton hospitalité!

LABRAX.

C'est ainsi que tu me délaisses!

CHARMIDÈS.

C'est ma manière; on ne me prend pas à boire deux fois.

LABRAX.

Que les dieux te maudissent!

CHARMIDÈS.

Garde tes souhaits pour toi-même. (*Pleusidippe emmène Labrax; Charmidès reste seul.*) On a vu, je crois, des métamorphoses d'hommes en différentes figures d'animaux : il me semble que le prostitueur se transforme en pigeon; car il aura bientôt le cou pris dans

Verumtamen ibo, ei advocatus ut siem,
Si quî mea opera citius addici potest.

DÆMONES*.

Bene factum et volupe'st, hodie me his mulierculis
Tetulisse auxilium : jam clientas reperi ;
Atque ambas forma scitula atque ætatula.
Sed uxor scelesta me omnibus servat modis,
Ne quî significem quidpiam mulierculis.
Sed Gripus servos noster, quid rerum gerat
Miror, de nocte qui abiit piscatum ad mare.
Pol, magis sapisset, si dormivisset domi :
Nam nunc et operam ludos facit, et retia,
Ut tempestas est nunc, atque ut noctu fuit;
In digitis hodie percoquam quod ceperit;
Ita fluctuare video vehementer mare.
Sed ad prandium uxor me vocat, redeo domum,
Jam meas obplebit aureis sua loquentia.

GRIPUS**.

Neptuno has ago meo patrono gratias,
Qui salsis locis incolit pisculentis,

---

* Actus IV, Scena 1.   ** Actus IV, Scena 11.

le pigeonnier. Il ira faire son nid au cachot. Cependant, je vais l'assister au tribunal, et hâter, si je peux, sa condamnation.

(Il sort.)

DÉMONÈS, seul*.

Je me félicite, je suis charmé d'avoir secouru ces pauvres petites femmes. Ce sont deux clientes que j'ai acquises, et toutes deux pourvues de jolis minois et en âge de plaire. Mais ma scélérate de femme ne me quitte pas des yeux, de peur que je ne leur fasse quelque signe.... Ah çà, Gripus, notre esclave, que fait-il donc? Il a devancé le jour pour aller pêcher dans la mer. Il aurait été plus sage, par Pollux, de dormir au logis. Où va-t-il employer son travail et ses filets? C'est se moquer, avec le temps que nous avons à présent, et que nous avons eu toute la nuit. Je ferais bien cuire sur mes doigts tout le poisson qu'il prendra. Quelles vagues! comme la mer est agitée! Mais j'entends ma femme qui m'appelle pour dîner. Elle aura bientôt rassasié mes oreilles de son bavardage.

(Il sort.)

GRIPUS, seul, portant une valise dans ses filets, d'où pend un cordage qui traîne derrière lui**.

Neptune, mon patron, qui règnes sur les régions salées et poissonneuses, je te rends grâces de m'avoir

---

* Acte IV, Scène i.   ** Acte IV, Scène ii.

Quom me ex suis polchre ornatum expedivit
Templis reducem, plurima præda onustum,
Salute horiæ, quæ in mari fluctuoso
Piscatu novo me uberi conpotivit:
Miroque modo atque incredibili hic piscatus mihi
Lepide evenit; neque piscium ullam unciam hodie
Pondo cepi, nisi hoc quod fero heic in rete.
Nam ut de nocte multa inpigreque exsurrexi,
Lucrum præposivi sopori et quieti;
Tempestate sæva experiri expetivi.
Paupertatem heri quî et meam servientiam
Tolerarem, opera haud fui parcus. Nimis homo
Nihili est, qui piger est; nimisque id genus odi ego male.
Vigilare decet hominem, qui volt sua temperi conficere
    opficia :
Non enim illum exspectare oportet, dum herus se ad
    suom suscitet opficium.
Nam qui dormiunt lubenter, sine lucro et cum malo
    quiescunt.
Nam ego nunc mihi, qui inpiger fui, reperi, ut piger,
    si velim, siem.
Hoc ego in mari, quidquid inest, reperi; quidquid inest,
    grave quidem 'st; aurum
Heic ego inesse reor : nec mihi conscius est ullus homo.
    Nunc hæc tibi
Obcasio, Gripe, obtigit, ut liberet ex populo prætor te.
Nunc sic faciam, sic consilium 'st, ad herum ut veniam
    docte atque astute:
Pauxillatim pollicitabor pro capite argentum, ut sim
    liber.

reconduit sain et sauf hors de tes domaines, et si bien
nanti, chargé d'un si précieux butin, ramenant à bon
port ma nacelle, qui s'est enrichie, au milieu des flots
écumans, d'une pêche abondante et tout-à-fait nouvelle.
C'est merveilleux, c'est incroyable, cette pêche qui
m'arrive si heureusement ; et, cependant, je n'ai pas pris
une once de poisson, et je n'ai que ce qui est là dans
mon filet. Je m'étais levé long-temps avant le jour ; point
de paresse, l'intérêt avant le repos et le sommeil. Je
voulais essayer si, malgré la fureur de la tempête, je
trouverais de quoi soulager la pauvreté de mon maître
et son pauvre serviteur en même temps. Je n'ai pas
épargné ma peine. Ne me parlez pas des gens paresseux,
cela ne vaut rien, je les ai en horreur. Il faut être éveillé,
quand on veut remplir son devoir ponctuellement. Convient-il d'attendre que le maître vienne dire : Debout, à
l'ouvrage ? Ceux qui se plaisent à dormir, ne gagnent
rien en dormant, que des coups. Mais moi, qui ai secoué
la paresse, j'ai à présent le moyen d'être paresseux si
bon me semble. J'ai trouvé cela dans la mer (*montrant
la valise*) ; je ne sais ce qu'il y a dedans, mais quoi qu'il
y ait, c'est lourd ; je crois que c'est de l'or. Personne
au monde n'est dans mon secret. L'occasion est belle,
Gripus, de te faire affranchir par le préteur, et de te
distinguer. Mon plan est arrêté ; voici comme je m'y
prendrai : je me présenterai adroitement, avec finesse, à
mon maître ; puis, sans faire semblant de rien, je lui
proposerai un prix pour mon affranchissement, pour
que je devienne un homme libre. Dès que j'aurai ma liberté, j'acquerrai des terres, une maison, des esclaves.

Jam ubi liber ero, igitur demum instruam agrum, ædeis,
    mancipia;
Navibus magnis mercaturam faciam; apud reges rex
    perhibebor:
Post, animi causa, mihi navem faciam, atque imitabor
    Stratonicum:
Oppida circumvectabor. Ubi nobilitas mea erit clara,
Oppidum magnum conmunibo: ei ego urbi Gripo indam
    nomen,
Monimentum meæ famæ et factis: ibique regnum ma-
    gnum instituam.
Magnas res heic agito in mentem instruere: nunc hunc
    vidulum condam.
Sed hic rex cum aceto pransurus est et sale, sine bono
    pulmento.

TRACHALIO, GRIPUS*.

TRACHALIO.

Heus, mane!

GRIPUS.

Quid maneam?

TRACHALIO.

Dum hanc tibi, quam trahis, rudentem conplico.

GRIPUS.

Mitte modo!

* Actus IV, Scena III.

Je ferai un brillant commerce sur mer; j'irai de pair avec les grands personnages. Et puis, j'aurai un vaisseau pour mon agrément, comme Stratonicus, et je me promènerai de ville en ville : et, quand j'aurai illustré mon nom, je bâtirai une grande cité; elle s'appellera Gripus, monument de ma gloire et de ma puissance; et j'y fonderai un grand empire.... Voilà de beaux projets qui roulent dans ma tête. Songeons à serrer cette valise. Le noble personnage va dîner avec un peu de vinaigre et de sel sans une miette de bonne chère.

(Il va pour sortir.)

TRACHALION, GRIPUS*.

TRACHALION.

Hé! halte-là!

GRIPUS.

Pourquoi donc?

TRACHALION, d'un air goguenard.

Je veux te ramasser ce cordage qui traîne là derrière toi.

GRIPUS.

Laisse, laisse!

* Acte IV, Scène III.

TRACHALIO.

At, pol, ego te adjuvabo : nam bonis quod
Bene fit, haud perit.

GRIPUS.

Turbida tempestas heri fuit,
Nihil habeo, adulescens, piscium : ne tu mihi esse postules.
Non vides referre me uvidum rete, sine squamoso pecu ?

TRACHALIO.

Non, edepol, pisceis expeto, quam tui sermonis sum
indigens.

GRIPUS.

Enecas jam me odio, quisquis es.

TRACHALIO.

Non sinam ego abire hinc te : mane.

GRIPUS.

Cave, sis, malo : quid tu, malum, nam me retrahis ?

TRACHALIO.

Audi.

GRIPUS.

Non audio.

TRACHALIO.

At, pol, quin audies.

GRIPUS.

Quin post loquere quid vis.

TRACHALIO.

Eho, modo est operæ pretium quod tibi ego narrare
volo.

TRACHALION.

Non, par Pollux, je veux te rendre service. Le bien qu'on fait aux braves gens n'est jamais perdu.

GRIPUS.

Le temps a été trop mauvais hier; je n'ai pas du tout de poisson, jeune homme. Ne te figure pas que j'en aie. Tu vois, je rapporte mes filets humides sans gibier à écailles.

TRACHALION.

Je ne te demande pas de poisson, par Pollux, j'ai plutôt besoin de ta conversation.

GRIPUS.

Quel ennui! tu m'assommes, par Pollux, qui que tu sois. (Il veut s'éloigner.)

TRACHALION, l'arrêtant.

Je ne te laisse pas aller; demeure.

GRIPUS.

Prends garde qu'il ne t'arrive mal. Que, diantre, as-tu à me tirer comme cela?

TRACHALION.

Écoute.

GRIPUS.

Je ne t'écoute pas.

TRACHALION.

Ah! oui-da, par Pollux, tu m'écouteras.

GRIPUS.

Oui-da, tu me diras une autre fois tout ce que tu voudras.

TRACHALION.

Holà! ce que j'ai à te dire en vaut la peine.

GRIPUS.
Eloquere, quid id est?
TRACHALIO.
Vide num quispiam consequitur prope nos.
GRIPUS.
Ecquid est quod mea referat?
TRACHALIO.
Scilicet: sed boni consili
Ecquid in te mihi est?
GRIPUS.
Quid negoti est, modo dic.
TRACHALIO.
Dicam.
Tace, si fidem modo das mihi te non fore infidum.
GRIPUS.
Do fidem tibi, fidus ero, quisquis es.
TRACHALIO.
Audi: furtum ego vidi
Qui faciebat; gnoveram dominum, id quoi fiebat; post ad
Furem egomet devenio, feroque ei conditionem hoc
    pacto:
Ego istuc furtum scio quoi factum 'st; nunc mihi si vis
Dare dimidium, indicium domino non faciam. Is mihi
    nihil
Etiam respondit: quid inde æquom 'st dari mihi? dimi-
    dium
Volo ut dicas.
GRIPUS.
Imo, hercle, etiam amplius: nam nisi dat, domino
    dicundum
Censeo.

GRIPUS, impatienté.

De quoi s'agit-il? parle.

TRACHALION, d'un air mystérieux.

Regarde s'il n'y a personne derrière nous.

GRIPUS, inquiet.

Est-ce quelque chose qui m'intéresse?

TRACHALION.

Oui. Mais es-tu homme de bon conseil?

GRIPUS.

Dis-moi enfin ce que c'est.

TRACHALION.

Tu vas le savoir. Sois tranquille, pourvu que tu me jures de ne pas me trahir.

GRIPUS.

Je te le jure, qui que tu sois, je ne te trahirai pas.

TRACHALION.

Écoute. J'ai vu un voleur faire sa main. Je connais le maître de l'objet volé. Alors je me présente au voleur, et je lui propose un arrangement en ces termes (*regardant Gripus en face*) : « Je sais à qui appartient ce que tu as volé; si tu veux partager avec moi, je ne te dénoncerai pas. » Il ne m'a pas répondu encore. Quelle part est-il juste que je reçoive? la moitié, n'est-ce pas?

GRIPUS.

Oui, par Pollux, et plus encore; car, s'il fait le récalcitrant, tu n'as qu'à le dénoncer, j'en suis d'avis.

TRACHALIO.

Tuo consilio faciam : nunc advorte animum ;
Namque hoc adtinet omne ad te.

GRIPUS.

Quid est factum?

TRACHALIO.

Vidulum
Istum, quojus ille est, gnovi ego hominem jampridem.

GRIPUS.

Quid est?

TRACHALIO.

Et quo pacto periit.

GRIPUS.

At ego quo pacto inventu'st scio,
Et qui invenit, hominem gnovi ; et dominus qui nunc
  est, scio.
Nihilo, pol, pluris tua hoc, quam quanti illuc refert mea.
Ego illum gnovi, quojus nunc est, tu illum, quojus an-
  tehac fuit.
Hunc homo feret a me nemo : ne tute speres potius.

TRACHALIO.

Non ferat,
Si dominus veniat?

GRIPUS.

Dominus huic nemo, ne frustra sis,
Nisi ego, nemo gnatu'st, hunc qui cepi in venatu meo.

TRACHALIO.

Itane vero?

GRIPUS.

Ecquem esse dices in mari piscem meum?

TRACHALION.

Je suivrai ton conseil. Prête-moi attention, maintenant, car l'affaire te concerne tout-à-fait.

GRIPUS.

Qu'est-ce que c'est?

TRACHALION.

Je connais le maître de cette valise, il y a longtemps.

GRIPUS.

Qu'est-ce à dire?

TRACHALION.

Et comment elle a été perdue.

GRIPUS.

Moi, je sais comment elle a été trouvée, et qui l'a trouvée, et à qui elle appartient à présent. Ton savoir ne me regarde pas plus que le mien ne t'intéresse. Je connais le possesseur actuel, toi l'ancien. (*Montrant la valise*) Personne ne me la prendra, ne t'en flatte pas.

TRACHALION.

Le propriétaire ne la reprendrait pas, s'il se présentait?

GRIPUS.

Elle n'a pas d'autre propriétaire que moi, ne t'y trompe pas; c'est le produit de ma chasse.

TRACHALION.

Oui-da?

GRIPUS.

Les poissons dans la mer ne sont pas à moi, n'est-ce

Quos quom capio, siquidem cepi, mei sunt; habeo pro
  meis;
Nec manu adseruntur; neque illinc partem quisquam
  postulat.
In foro palam omneis vendo pro meis venalibus.
Mare quidem conmune certo 'st omnibus.

TRACHALIO.

Adsentio;
Quî minus hunc conmunem quæso mihi esse oportet
  vidulum?
In mari inventu 'st, conmune 'st.

GRIPUS.

Næ inpudenter inpudens.
Nam si istuc jus sit, quod memoras, piscatores perie-
  rint:
Quippe quom extemplo in macellum pisceis prolati
  sient,
Nemo emat; suam quisque partem piscium poscat
  sibi;
Dicat, in mari conmuni captos.

TRACHALIO.

Quid ais, inpudens?
Ausus etiam conparare vidulum cum piscibus?
Eadem tandem res videtur?

GRIPUS.

In manu non est mea:
Ubi demisi retem atque hamum, quidquid hæsit, ex-
  traho;
Meum quod rete atque hami nancti sunt, meum potissumum 'st.

pas ? Mais quand j'en ai pris, ils m'appartiennent, c'est de bonne prise, ils sont bien à moi; on ne vient pas réclamer dessus un droit de propriété, on ne demande point le partage. Je les vends dans le marché, au vu de tous, comme miens. La mer assurément est du domaine commun.

TRACHALION.

D'accord. Pourquoi donc, je te prie, la valise ne serait-elle pas commune aussi pour moi ? elle a été pêchée en mer, c'est du domaine commun.

GRIPUS.

Tu es, certes, un effronté coquin. Si tes prétentions étaient fondées en droit, c'en serait fait des pêcheurs. Aussitôt qu'ils étaleraient leur poisson dans la poissonnerie, au lieu de leur en acheter, chacun viendrait demander sa part, en disant que la mer où le poisson a été pris est du domaine commun.

TRACHALION.

Dis donc, effronté; oses-tu comparer une valise à du poisson ? est-ce la même chose ?

GRIPUS.

Ce n'est pas là mon affaire. Quand je jette mes filets et mes hameçons, je tire tout ce qui s'y prend; ce qu'ils ont attrapé est à moi, à moi seul.

TRACHALIO.

Imo, hercle, haud est, siquidem quod vas excepisti.

GRIPUS.

Philosophe!

TRACHALIO.

Sed tu en unquam piscatorem vidisti, venefice,
Vidulum piscem cepisse? aut protulisse ullum in forum?
Non enim tu heic quidem obcupabis omneis quæstus
  quos voles;
Et vietorem et piscatorem te esse, inpure, postulas.
Vel te mihi monstrare oportet, piscis qui sit vidulus,
Vel, quod in mari non gnatum 'st, neque habet squa-
  mas, ne feras.

GRIPUS.

Quid tu, nunquam audivisti esse antehac vidulum piscem?

TRACHALIO.

Scelus!
Nullus est.

GRIPUS.

Imo est profecto : ego, qui sum piscator, scio;
Verum raro capitur : nullus minus sæpe ad terram
  venit.

TRACHALIO.

Nil agis; dare verba speras mihi te posse, furcifer?
Quo colore est?

GRIPUS.

Hoc colore capiuntur pauxilluli;
Sunt alii puniceo corio, magni item atque atri.

TRACHALION.

Pas du tout, par Hercule, si c'est un meuble que tu trouves.

GRIPUS.

Oh! le philosophe!

TRACHALION.

Mais toi, maudit sorcier, as-tu jamais vu un pêcheur pêcher un poisson appelé valise? en as-tu vu étaler au marché? Tu ne seras pas maître de faire ici tous les métiers qu'il te plaira. Tu prétends, coquin, être à la fois marchand de valises et marchand de poisson? Il faut me prouver qu'il y a du poisson-valise, ou renoncer à t'approprier ce qui n'est pas un produit de la mer et ce qui ne porte pas écaille.

GRIPUS, d'un air moqueur.

Bah! tu n'as jamais entendu dire qu'il y eût une espèce de poisson qu'on nomme valise?

TRACHALION.

Scélérat, non, il n'y en a pas.

GRIPUS.

Si fait, il y en a. Je le sais bien, moi, qui suis pêcheur; mais on en pêche rarement : il n'y a pas de poisson qui s'approche moins de la terre.

TRACHALION.

Peine perdue! Crois-tu pouvoir m'en donner à garder, pendard? De quelle couleur est-il ce poisson?

GRIPUS.

On en prend fort peu de cette couleur-là. Il y en a qui ont la peau rouge, d'autres qui sont grands et noirs.

TRACHALIO.

Scio.
Tu, hercle, opinor, in vidulum te piscem convortes,
  nisi caves:
Fiet tibi puniceum corium, postea atrum denuo.

GRIPUS.

Quod scelus hodie hoc inveni!

TRACHALIO.

Verba facimus; it dies.
Vide, sis, quojus arbitratu nos facere vis?

GRIPUS.

Viduli
Arbitratu.

TRACHALIO.

Ita enim vero? stultus es.

GRIPUS.

Salve, Thales!

TRACHALIO.

Tu istunc hodie non feres, nisi das sequestrum aut arbitrum,
Quojus hæc res arbitratu fiat.

GRIPUS.

Quæso sanus es?

TRACHALIO.

Elleborosus sum.

GRIPUS.

Ego ceritus; hunc non amittam tamen.

TRACHALIO.

Verbum adde etiam unum, jam in cerebro colaphos
  abstrudam tuo.

TRACHALION.

Oui, oui. Toi, par Hercule, tu te métamorphoseras en poisson de l'espèce des valises, si tu n'y prends garde : ta peau deviendra rouge, et ensuite noire.

GRIPUS, à part.

Quelle funeste rencontre j'ai faite là !

TRACHALION.

Nous jasons, le temps passe. Vois, s'il te plaît, quel arbitre nous prendrons.

GRIPUS.

La valise même.

TRACHALION.

La valise ? tu es fou.

GRIPUS, ironiquement, en s'en allant.

Salut, sage Thalès !

TRACHALION, saisissant le filet.

Tu ne l'emporteras pas ; il faut que tu nommes un dépositaire, ou un arbitre pour juger le différent.

GRIPUS.

As-tu ta raison, je te prie ?

TRACHALION, tirant la valise d'un air menaçant.

Je suis à l'ellébore.

GRIPUS.

Et moi en démence. Toutefois, je ne la lâcherai pas.

TRACHALION.

Ajoute un mot seulement, je t'enfonce mes poings dans la cervelle. Si tu ne lâches pas, je te presserai à te

Ego jam heic te itidem, quasi penicillus novos exurgeri
    solet,
Ni hunc amittis, exurgebo quidquid humoris tibi 'st.

GRIPUS.

Tange; adfligam ad terram te itidem, ut piscem soleo
    polypum.
Vis pugnare?

TRACHALIO.

Quid opu'st? quin tu potius prædam divide.

GRIPUS.

Hinc tu, nisi malum, frunisci nihil potes; ne postules.
Abeo ego hinc.

TRACHALIO.

At ego hinc obflectam navem, ne quo abeas; mane.

GRIPUS.

Si tu proreta isti navi es, ego gubernator ero.
Mitte rudentem, sceleste.

TRACHALIO.

    Mittam; omitte vidulum.

GRIPUS.

Nunquam, hercle, hinc hodie ramenta fies fortunatior.

TRACHALIO.

Non probare pernegando mihi potes, nisi pars datur,
Aut ad arbitrum reditur, aut sequestro ponitur.

GRIPUS.

Quemne ego excepi in mari?

faire sortir tout le sang du corps, comme on égoutte un pinceau neuf.

GRIPUS.

Touche-moi, je te flanque à terre comme les polypes, quand j'en ai pris. Veux-tu te battre?

TRACHALION.

Quelle nécessité? Que ne partageons-nous plutôt le butin?

GRIPUS.

Il ne te reviendra de là que des coups pour tout profit. Je m'en vais.

TRACHALION, faisant un détour pour lui barrer le chemin.

Mais je vire de bord par ici pour te couper la retraite. Arrête.

GRIPUS.

Si tu veilles à la proue, moi, je tiendrai le gouvernail. Lâche ce cordage, misérable.

TRACHALION.

Je le veux bien, pourvu que tu lâches la valise.

GRIPUS.

Tout ce que tu en auras, par Hercule, ne te fera pas plus riche d'un fétu.

TRACHALION.

Tu as beau t'obstiner, je ne te céderai pas. Il faut me donner ma part, ou venir devant un arbitre, ou consigner en mains sûres.

GRIPUS.

Une chose que j'ai trouvée dans la mer?

TRACHALIO.

At ego inspectavi e litore.

GRIPUS.

Mea opera, labore, et rete, et horia?

TRACHALIO.

Num quî minus,
Si veniat nunc dominus, quojus est, ego qui inspectavi
procul,
Te hunc habere, fur sum, quam tu?

GRIPUS.

Nihilo.

TRACHALIO.

Mane, mastigia.
Quo argumento socius non sum, et fur sum? facdum
ex te sciam.

GRIPUS.

Nescio: neque ego istas vostras leges urbanas scio,
Nisi quia, hunc meum esse, dico.

TRACHALIO.

Et ego item esse aio meum.

GRIPUS.

Mane jam; reperi rem, quo pacto nec fur, nec socius
sies.

TRACHALIO.

Quo pacto?

GRIPUS.

Sine me hinc abire; tu abi tacitus tuam viam;

TRACHALION.

Oui, pendant que je te regardais du rivage.

GRIPUS.

Et qui est le produit de mon industrie, de mon travail, de ma nacelle?

TRACHALION.

Et moi, si le maître de la valise venait maintenant, moi qui ai vu comment tu t'en es emparé, ne serais-je pas impliqué dans le vol tout comme toi?

GRIPUS.

Pas du tout.   (Il veut s'en aller.)

TRACHALION.

Arrête, maraud. Prouve-moi que je ne suis pas associé, étant complice. Veux-tu me l'apprendre?

GRIPUS.

Je n'en sais rien. Je ne connais pas vos lois à vous autres gens de la ville, je dis seulement que cela est à moi.

TRACHALION.

Et je soutiens de même que c'est à moi.

GRIPUS.

Un moment. J'ai trouvé le moyen pour que tu ne sois ni complice, ni associé.

TRACHALION.

Lequel?

GRIPUS.

C'est de me laisser aller, et de passer ton chemin sans

Nec tu me quoiquam indicassis, neque ego tibi quidquam dabo.
Tu taceto, ego mussitabo; hoc optumum atque æquissumum 'st.

TRACHALIO.

Ecquid conditionis audes ferre?

GRIPUS.

          Jamdudum fero :
Ut abeas, rudentem amittas, mihi molestus ne sies.

TRACHALIO.

Mane, dum refero conditionem.

GRIPUS.

        Te obsecro, hercle, aufer te modo.

TRACHALIO.

Ecquem in his locis gnovisti?

GRIPUS.

         Oportet vicinos meos.

TRACHALIO.

Ubi tu heic habitas?

GRIPUS.

    Porro illeic longe usque in campis ultimis.

TRACHALIO.

Vin' qui in hac villa habitat, ejus arbitratu fieri?

GRIPUS.

Paulisper remitte restem, dum concedo et consulo.

rien dire ; tu ne me dénonceras pas, et je ne te donnerai rien. Ne parle pas, je ne dirai mot; c'est ce qu'il y a de meilleur et de plus juste.

TRACHALION.

Veux-tu entrer en arrangement ?

GRIPUS.

Il y a long-temps que je te t'ai proposé le mien : c'est de t'en aller, de lâcher ce cordage, et de ne plus m'ennuyer.

TRACHALION.

Attends, que je te fasse ma proposition, à mon tour.

GRIPUS.

Délivre-moi de ta présence; c'est tout ce que je te demande, par Hercule.

TRACHALION.

Connais-tu quelqu'un ici ?

GRIPUS.

Mes voisins apparemment.

TRACHALION.

Où demeures-tu ?

GRIPUS.

Loin, loin, au bout du pays.

TRACHALION, montrant la maison de Démonès.

Veux-tu que nous prenions le maître de cette maison pour nous juger ?

GRIPUS.

Laisse aller un peu la corde, pour que je me consulte à l'écart.

TRACHALIO.

Fiat.

GRIPUS.

Euge, salva res est : præda hæc perpetua 'st mea.
Ad meum herum arbitrum vocat me, heic intra præsepeis meas.
Nunquam, hercle, hodie abjudicabit ab suo triobulum.
Næ iste haud scit quam conditionem tetulerit : ibo ad arbitrum.

TRACHALIO.

Quid igitur?

GRIPUS.

Quamquam istuc esse jus meum certo scio,
Fiat istuc potius, quam nunc pugnem tecum.

TRACHALIO.

Nunc places.

GRIPUS.

Quamquam ad ignotum arbitrum me adpellis; si adhibebit fidem,
Etsi est ingnotus, gnotus : si non, gnotus ingnotissumu'st.

DÆMONES, PALÆSTRA, AMPELISCA, TRACHALIO, GRIPUS*.

DÆMONES.

Serio, edepol, quamquam volo vobis quæ voltis, mulieres,

* Actus IV, Scena IV.

TRACHALION, lâchant le cordage.

Soit.

GRIPUS, à part.

Fort bien, je suis sauvé. Le butin est à moi tout entier. Il soumet l'affaire au jugement de mon maître. Jamais, par Hercule, le vieillard n'ôtera, par sa sentence, une obole à un de ses gens. (*Montrant du doigt Trachalion*) Il ne sait pas ce qu'il propose. J'accepterai le juge.

TRACHALION.

Eh bien, enfin?

GRIPUS.

Quoique ma propriété soit incontestable, j'en passerai par où tu veux, pour éviter une batterie.

TRACHALION.

A la bonne heure.

GRIPUS.

Je ne connais pas le juge devant qui tu me conduis; mais s'il agit en conscience, quoique je ne le connaisse pas, je le connais assez; autrement, j'aurais beau le connaître, ce serait comme si je ne le connaissais pas.

DÉMONÈS, PALESTRA, AMPÉLISQUE, TRACHALION, GRIPUS, [TURBALION, SPARAX]*.

DÉMONÈS, sortant de chez lui avec les deux femmes.

En vérité, mes enfans, quoique j'aie envie de vous obliger, par Pollux, j'ai peur que ma femme ne me

* Acte IV, Scène IV.

Metuo, propter vos, ne uxor mea me extrudat aedibus,
Quae me pellices adduxisse dicet ante oculos suos.
Vos confugite in aram potius, quam ego.

MULIERES.

Miserae periimus!

DAEMONES.

Ego vos salvas sistam, ne timete. Sed quid vos foras
Prosequimini? quoniam ego adsum, faciet nemo injuriam.
Ite, inquam, domum ambo nunc jam ex praesidio praesides.

GRIPUS.

O here, salve!

DAEMONES.

Salve, Gripe: quid fit?

TRACHALIO.

Tuosne hic servos est?

GRIPUS.

Haud pudet.

TRACHALIO.

Nihil ago tecum.

GRIPUS.

Ergo abi hinc, sis.

TRACHALIO.

Quaeso, responde, senex.
Tuos hic servo'st?

DAEMONES.

Meus est.

chasse de la maison à cause de vous ; elle dira que j'ai amené des maîtresses chez nous, à son nez. J'aime mieux que l'autel serve de refuge à vous qu'à moi.

PALESTRA et AMPÉLISQUE.

Malheureuses ! nous sommes perdues.

DÉMONÈS.

Je veillerai à votre sûreté, ne craignez rien. (*A Turbalion et à Sparax*) Mais vous n'avez pas besoin de les accompagner ici. Je suis là, on ne leur fera point de mal. Allez à la maison, vous dis-je, et sortez de faction, sentinelles.

GRIPUS.

O mon maître, salut !

DÉMONÈS.

Bonjour, Gripus, quelle nouvelle ?

TRACHALION, à Démonès.

Cet homme est ton esclave ?

GRIPUS.

Je n'en rougis pas.

TRACHALION.

Je n'ai pas affaire à toi.

GRIPUS.

Alors, va-t'en donc.

TRACHALION.

Réponds-moi, je te prie, vieillard, est-il ton esclave ?

DÉMONÈS.

Oui.

TRACHALIO.
Hem istuc optume, quando tuu'st. Iterum te saluto.

DÆMONES.
Et ego te : tune es, qui haud multo prius Abisti hinc herum arcessitum?

TRACHALIO.
Ego is sum.

DÆMONES.
Quid nunc vis tibi?

TRACHALIO.
Nempe hic tuos est?

DÆMONES.
Meus est.

TRACHALIO.
Istuc optume, quando tuo'st.

DÆMONES.
Quid negoti'st?

TRACHALIO.
Vir scelestus illic est.

DÆMONES.
Quid fecit tibi Vir scelestus?

TRACHALIO.
Homini ego isti talos subfringi volo.

DÆMONES.
Quid est, qua de re litigatis nunc inter vos?

TRACHALIO.
Eloquar.

TRACHALION.

Ah! je suis enchanté qu'il t'appartienne. Reçois de nouveau mes salutations.

DÉMONÈS.

Je te salue aussi. C'est toi qui es allé tout-à-l'heure chercher ton maître?

TRACHALION.

Moi-même.

DÉMONÈS.

Qu'est-ce que tu veux maintenant?

TRACHALION, montrant Gripus.

Il est ton esclave?

DÉMONÈS.

Oui.

TRACHALION.

Puisqu'il t'appartient, j'en suis ravi.

DÉMONÈS.

De quoi s'agit-il?

TRACHALION.

C'est un scélérat....

DÉMONÈS.

Ce scélérat, que t'a-t-il fait?

TRACHALION.

Il mérite d'avoir les jambes rompues.

DÉMONÈS.

Quel est le sujet de votre dispute?

TRACHALION.

Je vais te l'expliquer.

GRIPUS.

Imo ego eloquar.

TRACHALIO.

Ego, opinor, rem facesso.

GRIPUS.

Siquidem
Sis pudicus, hinc facessas.

DÆMONES.

Gripe, animum advorte, ac tace.

GRIPUS.

Utin' istic prius dicat?

DÆMONES.

Audi: loquere tu.

GRIPUS.

Alienon' prius,
Quam tuo dabis orationem?

TRACHALIO.

Ut nequitur conprimi!
Ita ut obcœpi dicere, illum quem dudum
Lenonem extrusisti, heic ejus vidulum, eccillum.

GRIPUS.

Non habeo.

TRACHALIO.

Negas, quod oculis video?

GRIPUS.

At ne videas, velim.
Habeo, non habeo : quid tu me curas, quid rerum geram?

TRACHALIO.

Quomodo habeas, illud refert, juren' anne injuria.

GRIPUS.

Non, c'est moi qui l'expliquerai.

TRACHALION.

C'est moi qui suis demandeur, je pense.

GRIPUS.

On te demande ailleurs, si tu avais un peu de vergogne.

DÉMONÈS.

Gripus, fais attention, et tais-toi.

GRIPUS.

Il aura le premier la parole!

DÉMONÈS.

Écoute. (*A Trachalion*) Toi, parle.

GRIPUS.

Tu permettras à l'esclave d'un autre de parler avant le tien!

TRACHALION, d'un air railleur en montrant Gripus.

Comme il est rétif! (*A Démonès*) Je disais donc que le prostitueur que tu as chassé tantôt,..... voici sa valise, là (*il indique le filet de Gripus*).

GRIPUS.

Ce n'est pas vrai.

TRACHALION.

Tu le nies, quand je la vois de mes yeux!

GRIPUS.

Que n'es-tu aveugle! Je l'ai, je ne l'ai pas; pourquoi te mêles-tu de ce que je fais?

TRACHALION.

Il importe de savoir comment tu la possèdes; si c'est de bon droit ou illégitimement.

GRIPUS.

Ni istum cepi, nulla causa est quin me condones cruci :
Si in mari reti adprehendi, qui tuom potiu'st quam meum?

TRACHALIO.

Verba dat : hoc modo res gesta est, ut ego dico.

GRIPUS.

Quid tu ais?

TRACHALIO.

Quoad primarius vir dicat, conprime hunc, sis, si tuos est.

GRIPUS.

Quid? tu idem mihi vis fieri, quod herus consuevit tibi?
Si ille te conprimere solitus, hic noster nos non solet.

DÆMONES.

Verbo illo modo ille vicit : quid nunc tu vis? dic mihi.

TRACHALIO.

Equidem neque ego partem posco mihi istinc de istoc vidulo,
Neque meum hodie esse unquam dixi : sed isteic inest cistellula
Hujus mulieris, quam dudum dixi fuisse liberam.

DÆMONES.

Nempe tu hanc dicis, quam esse aibas dudum popularem meam?

TRACHALIO.

Admodum : et ea quæ olim parva gestavit crepundia,

GRIPUS.

Je veux que tu fasses cadeau de mon corps au gibet, si je ne l'ai pas pêchée. Puisqu'elle a été prise dans la mer, avec mes filets, pourquoi t'appartient-elle plutôt qu'à moi?

TRACHALION.

Il te fait des contes. La chose est comme je le dis.

GRIPUS, l'interrompant.

Tu prétends?...

TRACHALION, à Démonès.

Il faut que le premier orateur s'explique; prends le dessus avec lui, s'il t'appartient.

GRIPUS.

Ah! tu voudrais que mon maître fasse ce que le tien a coutume de te faire. Si l'on prend le dessus avec toi, chez nous le maître ne se comporte pas ainsi.

DÉMONÈS, à Trachalion, en riant.

Pour ce propos, du moins, l'avantage est à lui. Que veux-tu? dis-le-moi.

TRACHALION.

Je ne demande point ma part de cette valise, et je ne prétends pas qu'elle m'appartienne. Mais elle renferme une petite cassette à la jeune fille qui a été libre autrefois, comme je te l'ai dit tantôt.

DÉMONÈS.

Ma compatriote, à ce que tu m'as assuré? C'est à elle?

TRACHALION.

Oui, sans doute. Et les jouets qu'elle avait autrefois

Isteic in ista cistula insunt, quæ isteic inest in vidulo.
Hoc neque isti usus est, et illi miseræ subpetias feret,
Si id dederit, quî suos parenteis quærat.

DÆMONES.

Faciam ut det; tace.

GRIPUS.

Nihil, hercle, ego sum isti daturus.

TRACHALIO.

Nihil peto, nisi cistulam,
Et crepundia.

GRIPUS.

Quid si ea sunt aurea?

TRACHALIO.

Quid isteic tua?
Aurum auro expendetur; argentum argento exæquabitur.

GRIPUS.

Fac, sis, aurum ut videam, post ego faciam videas cistulam.

DÆMONES.

Cave malo, ac tace tu : tu perge, ut obcœpisti dicere.

TRACHALIO.

Unum te obsecro, ut te hujus conmiscrescat mulicris;
Siquidem hic lenonis ejus est vidulus, quem subspicor.
Heic nisi de opinione certum nihil dico tibi.

GRIPUS.

Viden' scelestus ut aucupatur!

étant petite, sont dans la cassette, laquelle se trouve ici, dans cette valise. Cela n'est d'aucune utilité pour lui, et il rendra grand service à la pauvre fille, s'il lui donne les moyens de retrouver ses parens.

DÉMONÈS, avec autorité.

Il les lui donnera, sois tranquille.

GRIPUS.

Non, par Hercule, je ne veux rien lui donner.

TRACHALION.

Je ne demande que la cassette avec les jouets.

GRIPUS.

Et s'ils sont en or ?

TRACHALION.

Que t'importe ? On te rendra or pour or, argent pour argent, même poids, même valeur.

GRIPUS.

Montre-moi l'or, s'il te plaît ; alors je te montrerai la cassette.

DÉMONÈS, à Gripus, avec un geste menaçant.

Garde-toi de mal, et silence. (*A Trachalion*) Toi, continue à t'expliquer.

TRACHALION, à Démonès.

Je ne te demande qu'une grâce, c'est d'avoir pitié d'elle (*montrant Palestra*). Quant à cette valise, que je soupçonne être celle du prostitueur, je ne puis rien affirmer; je dis ce que je crois.

GRIPUS.

Voyez le scélérat, quel manège !

TRACHALIO

                     Sine me, ut obcœpi, loqui.
Si scelesti illius est hic, quojus dico, vidulus,
Hæ poterunt gnovisse: ostendere his jube.

GRIPUS.

                                Ain' ostendere?

DÆMONES.

Haud iniquom dicit, Gripe, ut ostendatur vidulus.

GRIPUS.

Imo, hercle, insignite inique.

DÆMONES.

                 Quîdum?

GRIPUS.

                          Quia si ostendero,
Continuo hunc gnovisse dicent scilicet.

TRACHALIO.

                         Scelerum caput,
Ut tute es, item omneis censes esse? perjuri caput!

GRIPUS.

Omnia istæc ego facile patior, dum hic hinc a me sentiat.

TRACHALIO.

Atqui nunc abs te stat; verum hinc ibit testimonium.

DÆMONES.

Gripe, advorte animum: tu paucis expedi, quid postulas?

TRACHALIO.

Dixi equidem: sed si parum intellexti, dicam denuo:

TRACHALION.

Laisse-moi parler, ne m'interromps pas. (*A Démonès*) Si cette valise appartient, comme je le dis, au prostitueur, elles la reconnaîtront; ordonne qu'il la leur montre.

GRIPUS.

Que je la montre? oui-da!

DÉMONÈS.

Il ne demande rien que de juste, Gripus.

GRIPUS.

Point du tout, par Hercule, c'est très-injuste.

DÉMONÈS.

Comment?

GRIPUS.

Parce que, si je la montre, elles diront tout de suite qu'elles la reconnaissent.

TRACHALION.

Maître larron, tu crois que tout le monde te ressemble? artisan de mensonges!

GRIPUS.

Ces mots-là ne me touchent pas, pourvu que le maître juge dans mon sens.

TRACHALION.

Oui, le juge est de ton côté; mais les témoignages sont pour nous.

DÉMONÈS.

Silence, Gripus. (*A Trachalion*) Toi, forme ta demande en deux mots.

TRACHALION.

J'ai dit. Mais si je ne me suis pas fait comprendre,

Hasce ambas, ut dudum dixi, ita esse oportet liberas.
Haec Athenis parva fuit virgo subrepta.

GRIPUS.

Dic mihi,
Quid ista ad vidulum pertinent, servae sint istae, an liberae?

TRACHALIO.

Omnia iterum vis memorari, scelus, ut defiat dies.

DÆMONES.

Abstine maledictis, et mihi, quod rogavi, dilue.

TRACHALIO.

Cistellam isteic inesse oportet caudeam in isto vidulo,
Ubi sunt signa, quî parenteis gnoscere haec possit suos,
Quibuscum parva Athenis periit, sicuti dixi prius.

GRIPUS.

Jupiter te dique perdant: quid ais, vir venefice?
Quid? istae mutae sunt, quae pro se fabulari non queant?

TRACHALIO.

Eo tacent, quia tacita bona 'st mulier semper quam loquens.

GRIPUS.

Tum, pol, tu pro oratione nec vir nec mulier mihi es.

je répéterai : Ces deux filles, comme je le disais, doivent être libres. Celle-ci (*désignant Palestra*) fut enlevée d'Athènes dès son bas-âge.

GRIPUS.

Dis-moi, qu'est-ce que cela fait à la valise, qu'elles soient libres ou esclaves?

TRACHALION.

Veux-tu, maraud, que je recommence mon récit tant que le jour n'y suffise pas.

DÉMONÈS, à Trachalion.

Épargne les injures, et réponds à la question que je t'ai posée.

TRACHALION, sur le ton d'un avocat qui prend ses conclusions.

Il doit y avoir dans la valise une petite cassette de bois, où se trouvent les indices qui serviront à cette jeune fille à reconnaître ses parens, plusieurs choses qu'elle avait quand elle fut ravie d'Athènes, dans sa première enfance, ainsi que je l'ai déjà dit.

GRIPUS.

Que Jupiter et tous les dieux t'exterminent! Ah çà, empoisonneur, est-ce qu'elles sont muettes et ne peuvent point parler pour ce qui les touche?

TRACHALION.

Elles se taisent, parce que la femme qui se tait vaut mieux que celle qui parle.

GRIPUS.

Alors, par Pollux, à ton compte tu n'es ni homme ni femme.

TRACHALIO.

Quídum?

GRIPUS.

Quia enim neque loquens es, neque tacens
unquam bonus.
Quæso, en unquam hodie licebit mihi loqui?

DÆMONES.

Si præterhac
Verbum faxis hodie, ego tibi conminuam caput.

TRACHALIO.

Ut id obcœpi dicere, senex, eam', te quæso, cistulam
Ut jubeas hunc reddere illis. Ob eam si quid postulat
Sibi mercedis, dabitur; aliud quidquid ibi est, habeat
sibi.

GRIPUS.

Nunc demum istuc dicis, quoniam jus meum esse in-
tellegis:
Dudum dimidiam petebas partem.

TRACHALIO.

Imo etiam nunc peto.

GRIPUS.

Vidi petere milvum, etiam quom nihil auferret tamen.

DÆMONES.

Non ego te conprimere possum sine malo?

GRIPUS.

Si istic tacet,
Ego tacebo: si iste loquitur, sine me meam partem
loqui.

DÆMONES.

Cedo modo mihi istum vidulum, Gripe.

TRACHALION.

Pourquoi?

GRIPUS.

Parce que, soit que tu te taises ou que tu parles, tu ne vaux rien. Me sera-t-il permis un moment de parler, je vous prie?

DÉMONÈS.

Si tu dis encore un seul mot, je te casserai la tête.

TRACHALION.

Je le répète, vieillard, ordonne-lui, je t'en supplie, de leur rendre la valise. S'il exige pour cela une récompense, il l'aura. Excepté les jouets, il peut garder tout ce qu'il y a dedans.

GRIPUS.

Tu y consens, à la fin, parce que tu vois que la justice est pour moi. Tu voulais prendre la moitié, tout-à-l'heure.

TRACHALION.

Et je le veux encore.

GRIPUS.

J'ai vu des étourneaux vouloir prendre ce qu'ils ne pouvaient pas attraper.

DÉMONÈS, à Gripus.

Il faut donc te battre, pour te forcer à te taire?

GRIPUS.

Qu'il se taise, je me tairai; s'il parle, laisse-moi parler à mon tour pour ma défense.

DÉMONÈS.

Donne-moi toujours cette valise, Gripus.

GRIPUS.

Concredam tibi.
At si istorum nihil sit, ut mihi reddas.

DÆMONES.

Reddetur.

GRIPUS.

Tene.

DÆMONES.

Audi nunc jam, Palæstra atque Ampelisca, hoc quod
    loquor.
Estne hic vidulus, ubi cistellam tuam inesse aibas?

PALÆSTRA.

Is est.

GRIPUS.

Perii, hercle, ego miser! ut, priusquam plane adspexit,
    inlico
Eum esse dixit!

PALÆSTRA.

Faciam ego hanc rem planam tibi:
Cistellam isteic inesse oportet caudeam in isto vidulo.
Ibi ego dicam quidquid inerit nominatim, tu mihi
Nullus ostenderis: si falsa dicam, frustra dixero;
Vos tamen istæc, quidquid illeic inerit, vobis habebitis.
Sed si erunt vera, tum obsecro te, ut mea mihi red-
    dantur.

DÆMONES.

Placet.
Jus merum oras, meo quidem animo.

GRIPUS.

At meo, hercle, meram injuriam.

GRIPUS.

C'est à toi que je la confie; à condition que s'il n'y a rien de ce qu'il dit, tu me la rendras.

DÉMONÈS.

Elle te sera rendue.

GRIPUS, lui présentant la valise.

Tiens.

DÉMONÈS.

Écoute, maintenant, Palestra, et toi, Ampélisque. (*Montrant la valise à Palestra*) Est-ce la valise où tu disais qu'était ta cassette?

PALESTRA.

Oui, c'est elle.

GRIPUS.

Tout est perdu, par Hercule. O misère! avant de l'avoir regardée seulement, elle l'a reconnue à l'instant.

PALESTRA.

Je prouverai ce que je dis. Il doit y avoir dans cette valise une petite cassette de bois. Je nommerai, l'un après l'autre, tous les objets qu'elle renferme, sans que tu me les aies montrés. Si mes déclarations ne sont pas exactes, j'aurai perdu; gardez tout ce qui sera dans la cassette. Mais si je dis vrai, alors, je t'en conjure, fais-moi rendre ce qui m'appartient.

DÉMONÈS.

C'est bien ma volonté; ta demande me paraît de toute justice.

GRIPUS.

Et à moi de toute injustice, par Hercule. Eh bien,

Quid si ista aut superstitiosa, aut ariola est, atque omnia
Quidquid insit vera dicet? anne habebit ariola?

DÆMONES.

Non feret, nisi vera dicet; nequidquam ariolabitur.
Solve vidulum ergo, ut, quidquid sit verum, quam primum sciam.

GRIPUS.

Hoc habet; solutum 'st. Ah, perii! video cistellam.

DÆMONES.

Hæccine est?

PALÆSTRA.

Istæc est: o mei parenteis, heic vos conclusos gero!
Huc opesque spesque vostrum congnoscendum condidi.

GRIPUS.

Tunc tibi, hercle, deos iratos esse oportet, quisquis es,
Quæ parenteis in tam angustum tuos locum conpegeris.

DÆMONES.

Gripe, adcede huc, tua res agitur. Tu, puella, istinc procul
Dicito, quid insit, et qua facie, memorato omnia.
Si, hercle, tantillum peccassis, quod posterius postules
Te ad verum convorti, nugas, mulier, magnas egeris.

si elle est sorcière ou devineresse, et qu'elle dise exactement tout ce qu'il y a, est-ce qu'elle l'obtiendra pour prix de sa sorcellerie ?

DÉMONÈS.

Elle n'obtiendra rien qu'autant qu'elle dira la vérité. La sorcellerie n'y fera rien. Ouvre donc la valise, pour que je sache au plus tôt ce qu'il y a de vrai dans tout ceci.

GRIPUS, en ouvrant, avant d'avoir regardé dedans.

Attrapée! la valise est ouverte. (*Après avoir regardé*) Ah! je suis mort! J'aperçois une cassette.

DÉMONÈS, prenant la cassette.

Est-ce la tienne ?

PALESTRA, prenant la cassette des mains de Démonès.

Oui, c'est elle. O mes parens, je vous tiens enfermés ici! C'est là que j'ai déposé toute ma fortune, tout mon espoir de vous reconnaître. (*Démonès lui reprend la cassette.*)

GRIPUS.

Tu dois, en ce cas-là, être maudite des dieux, par Hercule, pour avoir fourré tes parens dans une si étroite prison.

DÉMONÈS.

Gripus, approche; c'est ton affaire. Toi, jeune fille, tiens-toi à distance, et nomme et décris les objets que contient la cassette. Si tu te trompes le moins du monde, par Hercule, tu auras beau vouloir te reprendre ensuite, toutes tes paroles ne seront que des chansons.

GRIPUS.

Jus bonum oras.

TRACHALIO.

Edepol, haud orat te : nam tu injurius.

DÆMONES.

Loquere nunc jam, puella. Gripe animum advorte, ac tace.

PALÆSTRA.

Sunt crepundia.

DÆMONES.

Ecca video.

GRIPUS.

Perii in primo prœlio!
Mane, ne ostenderis.

DÆMONES.

Qua facie sunt? responde ex ordine.

PALÆSTRA.

Ensiculu'st aureolus primum literatus.

DÆMONES.

Dicedum :
In eo ensiculo literarum quid est?

PALÆSTRA.

Mei nomen patris.
Post, altrinsecus est securicula ancipes, item aurea,
Literata : ibi matris nomen in securicula 'st.

DÆMONES.

Mane.
Dic, in ensiculo quid nomen est paternum?

LE CORDAGE.

GRIPUS.

Ce discours est la justice même.

TRACHALION.

Il ne te ressemble donc pas, par Pollux; car tu es un grand coquin.

DÉMONÈS.

Parle maintenant, jeune fille. Gripus, attention; fais silence.

PALESTRA.

Il y a des jouets.

DÉMONÈS, regardant dans la cassette.

Les voici, je les vois.

GRIPUS.

Je suis mort dès le commencement du combat. (*A Démonès*) Un moment, ne montre pas.

DÉMONÈS.

Quels sont-ils? réponds catégoriquement.

PALESTRA.

Il y a d'abord une petite épée d'or avec une inscription.

DÉMONÈS.

Dis alors ce qui est écrit.

PALESTRA.

Le nom de mon père. Puis, à côté, il y a une petite hache à deux tranchans, en or aussi, et portant une inscription : c'est le nom de ma mère.

DÉMONÈS.

Attends. Dis-moi quel est le nom de ton père écrit sur l'épée?

PALÆSTRA.
Dæmones.

DÆMONES.
Di inmortaleis, ubi loci sunt spes meæ?

GRIPUS.
Imo, edepol, meæ?

DÆMONES.
Perge, te obsecro, continuo.

GRIPUS.
Placide; aut ite in malam crucem.

DÆMONES.
Loquere matris nomen heic in securicula quid siet.

PALÆSTRA.
Dædalis.

DÆMONES.
Di me servatum cupiunt.

GRIPUS.
At me perditum.

DÆMONES.
Filiam meam esse hanc oportet, Gripe.

GRIPUS.
Sit per me quidem.
Quî te di omneis perdant, qui me hodie oculis vidisti
 tuis,
Meque adeo scelestum, qui non circumspexi centies
Prius, me ne quis inspectaret, quam rete extraxi ex
 aqua.

PALÆSTRA.
Post, est sicilicula argenteola et duæ connexæ mani-
 culæ, et
Sucula.

PALESTRA.

Démonès.

DÉMONÈS.

O dieux immortels! quel espoir me luit!

GRIPUS.

Et moi, quel espoir me fuit!

DÉMONÈS, à Palestra.

Continue, je te prie, sans t'interrompre.

GRIPUS.

Doucement, ou.... (*à voix basse*) allez vous faire pendre.

DÉMONÈS, à Palestra.

Dis quel est le nom de ta mère, gravé sur la hache.

PALESTRA.

Dédalis.

DÉMONÈS.

Les dieux veulent mon bonheur.

GRIPUS.

Et ma perte.

DÉMONÈS.

Il faut que ce soit ma fille, Gripus.

GRIPUS.

Je ne l'en empêche pas. (*A Trachalion*) Que les dieux t'exterminent, toi, qui m'as aperçu aujourd'hui; et malédiction sur moi, de n'avoir pas regardé cent fois, tout à l'entour, avant de retirer mon filet, de peur des espions.

PALESTRIA, à Démonès.

Il y a de plus une faucille d'argent, et deux petites mains jointes, et une petite laie.

GRIPUS.

Quin tu i dierecta, cum sucula et cum porculis.

PALÆSTRA.

Et bulla aurea est, pater quam dedit mihi natali die.

DÆMONES.

Ea est profecto : contineri, quin conplectar, non queo.
Filia mea, salve; ego is sum, qui te produxi, pater :
Ego sum Dæmones, et mater tua ecca heic intus Dæ-
  dalis.

PALÆSTRA.

Salve, mi pater insperate.

DÆMONES.

Salve : ut te amplector lubens!

TRACHALIO.

Volupe 'st, quom istuc ex pietate vostra vobis contigit.

DÆMONES.

Capedum; hunc, si potes, fer intro vidulum, age Trachalio.

TRACHALIO.

Ecce Gripi scelera : quom istæc res male evenit tibi,
Gripe, gratulor.

DÆMONES.

Age, eamus, mea gnata, ad matrem tuam,
Quæ ex te poterit argumentis hanc rem magis exquæ-
  rere :
Quæ te magis tractavit, magisque signa pergnovit tua.

LE CORDAGE.

GRIPUS, à part.

Puisses-tu crever, avec ta laie et ses petits.

PALESTRA.

Il y a encore une bulle d'or, que mon père me donna pour l'anniversaire de ma naissance.

DÉMONÈS.

C'est elle, assurément. Je n'y tiens plus, il faut que je l'embrasse. Salut, ma fille, je suis ton père; c'est moi qui élevai ton enfance. Je m'appelle Démonès; ta mère, Dédalis, est ici à la maison.

PALESTRA.

Salut, mon père, que je n'espérais pas revoir.

DÉMONÈS.

Salut. Que j'ai de plaisir à t'embrasser!

TRACHALION.

Je suis charmé du bonheur qui vous arrive et que vous méritez si bien.

DÉMONÈS, à Trachalion.

Tiens, porte vite cette cassette à la maison, dépêche-toi, Trachalion.

TRACHALION, prenant d'un air triomphant la cassette.

Voilà donc le supplice de Gripus! (*D'un ton goguenard*) Le contre-temps qui t'arrive, Gripus, me cause beaucoup de joie.

DÉMONÈS.

Allons, ma fille, viens voir ta mère, qui pourra te demander encore d'autres preuves de la vérité. Elle t'a tenue entre ses mains plus que moi, elle sait mieux à quelles marques te reconnaître.

TRACHALIO.

Eamus intro omneis, quando omneis operam promiscam damus.

PALÆSTRA.

Sequere me, Ampelisca.

AMPELISCA.

Quom te di amant, voluptati 'st mihi.

GRIPUS.

Sumne ego scelestus, qui illunc hodie excepi vidulum?
Aut quom excepi, qui non alicubi in solo abstrusi loco?
Credebam, edepol, turbulentam prædam eventuram mihi,
Quia illa mihi tam turbulenta tempestate evenerat.
Credo, edepol, ego illeic inesse auri et argenti largiter.
Quid meliu'st, quam ut hinc intro abeam, et me suspendam clanculum?
Saltem tantisper, dum abscedat hæc a me ægrimonia.

DÆMONES*.

Pro di inmortaleis, quis me est fortunatior,
Qui ex inproviso filiam inveni meam?
Satin' si quoi homini di esse benefactum volunt,
Aliquo illud pacto obtingit optatum piis?
Ego hodie, qui neque speravi, neque credidi,
Is inproviso filiam inveni tamen:

---

* Actus IV. Scena v.

TRACHALION.

Entrons tous, puisque nous avons tous part à l'évènement.

PALESTRA.

Suis-moi, Ampélisque.

AMPÉLISQUE.

Que je suis contente du bien que t'ont fait les dieux! (*Ils entrent tous chez Démonès, excepté Gripus.*)

GRIPUS, seul.

N'est-ce pas une malédiction, d'avoir pêché cette valise? ou du moins, quand je l'avais pêchée, de n'avoir pas su la mettre en lieu de sûreté? Je me doutais bien, par Pollux, que je serais troublé dans la possession de mon butin, parce que je l'avais pris en eau trouble. Il y a là dedans, sans doute, de l'or et de l'argent à foison. Je n'ai pas d'autre parti à prendre que de rentrer et de me pendre sans qu'on me voie, un peu seulement pour faire passer mon chagrin. (Il sort.)

DÉMONÈS, seul[*].

Dieux immortels, y a-t-il un homme plus fortuné que moi? je retrouve ma fille au moment où je m'y attendais le moins. Voyez comme les dieux, lorsqu'ils veulent du bien à qui les honore, ont toujours moyen d'accomplir ses souhaits: voilà qu'aujourd'hui, contre tout espoir, contre toute attente, je retrouve inopinément ma

[*] Acte IV, Scène v.

Et eam de genere summo adulescenti dabo
Ingenuo, Atheniensi, et congnato meo.
Ego eum adeo arcessi huc ad me quam primum volo,
Jussique exire huc ejus servom, ut ad forum
Iret : nondum egressum esse eum, id miror tamen.
Adcedam opinor ad foreis : quid conspicor?
Uxor couplexa collo retinet filiam :
Nimis pæne inepta atque odiosa ejus amatio'st.

DÆMONES, TRACHALIO*.

DÆMONES.

Aliquando osculando meliu'st, uxor, pausam fieri.
Atque adorna, ut rem divinam faciam, quom intro ad-
  venero,
Laribus familiaribus, quom auxerunt nostram familiam.
Sunt domi agni et porci sacres : sed quid istum remo-
  ramini,
Mulieres, Trachalionem? atque optume, eccum, exit
  foras.

TRACHALIO.

Ubi ubi erit, tamen jam investigabo, et mecum ad te
  adducam simul
Pleusidippum.

DÆMONES.

  Eloquere ut hæc res obtigit de filia :
Eum rogato, ut relinquat alias res, et huc veniat.

* Actus IV, Scena VI.

fille, pourtant; et je la donnerai à un jeune homme de bonne naissance, à un Athénien, mon parent. Aussi, mon dessein est de le mander tout de suite; j'ai dit à son esclave de venir ici pour que je l'envoie au forum. Il tarde bien, cela m'étonne. Allons voir à la porte. (*Il regarde dans l'intérieur*) Qu'est-ce que j'aperçois? ma femme est pendue au cou de sa fille et la retient. Qu'elle est sotte et ennuyeuse dans ses épanchemens de tendresse!

DÉMONÈS, TRACHALION*.

DÉMONÈS, encore seul et parlant à sa femme que le spectateur ne voit pas.

Tu devrais, ma femme, faire trêve à tes embrassades. Prépare ce qu'il faut pour que j'offre en rentrant un sacrifice aux dieux Lares, protecteurs de notre famille, qu'ils viennent d'augmenter. Nous avons chez nous des porcs et des agneaux destinés aux dieux. Femmes, pourquoi retenir Trachalion auprès de vous?.... Le voici qui sort, heureusement.

TRACHALION, parlant à Palestra, dans l'intérieur.

En quelque lieu que soit Pleusidippe, je le déterrerai bien, et je l'amènerai avec moi.

DÉMONÈS.

Apprends-lui ce qui m'est arrivé au sujet de ma fille; dis-lui de tout quitter pour venir ici.

* Acte IV, Scène VI.

TRACHALIO.

Licet.

DÆMONES.

Dicito daturum meam illi filiam uxorem.

TRACHALIO.

Licet.

DÆMONES.

Et patrem ejus me gnovisse; et mihi esse congnatum.

TRACHALIO.

Licet.

DÆMONES.

Sed propera.

TRACHALIO.

Licet.

DÆMONES.

Jam heic fac sit, coena ut curetur.

TRACHALIO.

Licet.

DÆMONES.

Omnian' licet?

TRACHALIO.

Licet, sed scin' quid est, quod te volo?
Quod promisisti ut memineris, hodie ut liber sim.

DÆMONES.

Licet.

TRACHALIO.

Fac ut exores Pleusidippum, ut me emittat manu.

TRACHALION.

C'est bon.

DÉMONÈS.

Ajoute que je lui donnerai ma fille en mariage.

TRACHALION.

C'est bon.

DÉMONÈS.

Et que je connais son père; que nous sommes parens.

TRACHALION.

C'est bon.

DÉMONÈS.

Mais il faut te hâter.

TRACHALION.

C'est bon.

DÉMONÈS.

Fais en sorte qu'il ne tarde pas, pour qu'on prépare le souper.

TRACHALION.

C'est bon.

DÉMONÈS, impatienté.

C'est bon! quoi? toujours?

TRACHALION.

C'est bon. Mais, sais-tu? il y a une chose que je désire de toi : c'est que tu te souviennes de ta promesse, et que tu me procures ma liberté.

DÉMONÈS.

C'est bon.

TRACHALION.

Obtiens de Pleusidippe qu'il m'affranchisse.

DÆMONES.

   Licet.

TRACHALIO.

Et tua filia facito oret; facile exorabit.

DÆMONES.

   Licet.

TRACHALIO.

Atque ut mihi Ampelisca nubat, ubi ego sim liber.

DÆMONES.

   Licet.

TRACHALIO.

Atque ut gratum mihi beneficium factis experiar.

DÆMONES.

   Licet.

TRACHALIO.

Omnian' licet?

DÆMONES.

Licet : tibi rursum refero gratiam.
Sed propera ire in urbem actutum, et recipe te huc rursum.

TRACHALIO.

   Licet.

Jam heic ero : tu interibi adorna cæterum, quod opu'st.

DÆMONES.

   Licet.

TRACHALIO.

Hercules istum infelicet cum sua licentia,
Ita meas replevit aureis, quidquid memorabam, licet.

DÉMONÈS.

C'est bon.

TRACHALION.

Engage ta fille à le demander; elle l'obtiendra sans peine.

DÉMONÈS.

C'est bon.

TRACHALION.

Et qu'Ampélisque devienne ma femme, quand j'aurai ma liberté.

DÉMONÈS.

C'est bon.

TRACHALION.

Que les effets me prouvent que je n'ai pas servi des ingrats.

DÉMONÈS.

C'est bon.

TRACHALION, impatienté.

Toujours c'est bon!

DÉMONÈS.

C'est bon. Je te rends la monnaie de ta pièce. Mais dépêche-toi d'aller à la ville, et de revenir ici.

TRACHALION.

C'est bon; je serai revenu dans un moment. En attendant, fais tous les préparatifs nécessaires.

DÉMONÈS.

C'est bon.

TRACHALION, à part.

Qu'il soit maudit d'Hercule avec toutes ses bontés. M'a-t-il assez corné aux oreilles son *c'est bon* pour toute réponse.

(Il sort.)

GRIPUS, DÆMONES*.

GRIPUS.

Quam mox licet te conpellare, Dæmones?

DÆMONES.

Quid est negoti, Gripe?

GRIPUS.

    De illo vidulo,
Si sapias, sapias; habeas quod di dant boni.

DÆMONES.

Æquom videtur tibi, ut ego, alienum quod est,
Meum esse dicam?

GRIPUS.

    Quodne ego inveni in mari?

DÆMONES.

Tanto melius illi obtigit, qui perdidit:
Tuum esse nihilo magis oportet vidulum.

GRIPUS.

Isto tu pauper es, quom nimis sancte pius.

DÆMONES.

O Gripe, Gripe, in ætate hominum plurimæ
Fiunt transennæ, ubi decipiuntur dolis.
Atque, edepol, in eas plerumque esca inponitur:
Quam si quis avidus poscit escam avariter,
Decipitur in transenna avaritia sua.
Ille qui consulte, docte, atque astute cavet,
Diutine uti bene licet partum bene:

---

* Actus IV, Scena vii.

GRIPUS, DÉMONÈS[*].

GRIPUS.

Serais-tu assez bon pour m'entendre, Démonès?

DÉMONÈS.

De quoi s'agit-il, Gripus?

GRIPUS.

De la valise. Si tu es sage, tu te comporteras sagement; tu garderas le bien que les dieux t'envoient.

DÉMONÈS.

Te semble-t-il juste que je m'approprie le bien d'autrui?

GRIPUS.

Ce que j'ai trouvé dans la mer?

DÉMONÈS.

Tant mieux pour celui qui l'avait perdu. La valise ne doit pas, pour cela, t'appartenir.

GRIPUS.

Voilà comme tu es pauvre, tu as trop de scrupule et de délicatesse.

DÉMONÈS.

O Gripus, Gripus, les hommes rencontrent dans la vie beaucoup de pièges trompeurs, où ils se prennent le plus souvent, par Pollux. Il y a une amorce qui tente; si l'on se jette dessus trop avidement, l'avidité fait tomber l'avare dans le piège. Mais l'homme circonspect, éclairé, prudent, qui sait se conduire, jouit long-temps du bien qu'il a bien acquis. Ce butin doit

[*] Acte IV, Scène vii.

Mihi istæc videtur præda prædatum irier,
Ut cum majore dote abeat quam advenerit.
Egone ut quod ad me adlatum esse alienum sciam,
Celem? minume istuc faciet noster Dæmones.
Semper cavere hoc sapienteis æquissumum 'st,
Ne conscii sint ipsi maleficiis suis.
Ego mihi quom lusi, nihil moror ullum lucrum.

GRIPUS.

Spectavi ego pridem comicos ad istum modum
Sapienter dicta dicere, atque iis plaudier,
Quom illos sapienteis mores monstrabant poplo:
Sed quom inde suam quisque ibant diversi domum,
Nullus erat illo pacto, ut illi jusserant.

DÆMONES.

Abi intro, ne molestus; linguæ tempera.
Ego daturus tibi nihil sum, ne tu frustra sis.

GRIPUS.

At ego deos quæso, ut quidquid in illo vidulo 'st,
Si aurum, si argentum 'st, omne id ut fiat cinis.

DÆMONES.

Illuc est, quod nos nequam servis utimur.
Nam illic cum servo si quo congressus foret,
Et ipsum sese et illum furti adstringeret;
Dum prædam habere se censeret, interim
Præda ipsus esset; præda prædam duceret.
Nunc hinc introibo, et sacruficabo; postibi
Jubebo nobis cœnam continuo coqui.

nous être enlevé; mais nous trouverons, je pense, plus de profit à le perdre qu'à l'avoir pris. Quoi! lorsqu'on m'apporte une chose que je sais appartenir à autrui, je la recèlerais? non, Démonès n'agira point ainsi. Un homme sage doit toujours se garder de charger sa conscience d'une mauvaise action. J'ai trouvé plaisir au jeu, je ne tiens pas au gain.

GRIPUS.

J'ai vu souvent débiter au théâtre de ces belles maximes, et le public applaudissait les leçons de sagesse qu'on lui donnait. Mais ensuite, quand on s'en retournait chacun chez soi, personne ne s'était approprié les vertus que les acteurs avaient enseignées.

DÉMONÈS.

Rentre, et cesse de m'ennuyer; modère ta langue. Je ne te donnerai rien, afin que tu ne te leurres point.

GRIPUS.

Et moi, je demande aux dieux que tout ce qui est renfermé dans cette valise, or ou argent, se change en poussière. (Il sort.)

DÉMONÈS.

Voilà ce que c'est que d'avoir de méchans garnemens d'esclaves. Car si ce drôle avait rencontré un drôle de son espèce, et qu'il se fût rendu coupable de larcin avec son complice, au lieu de faire la capture qu'il espérait, il serait capturé lui-même. La capture entraînerait une autre capture. Je vais rentrer chez moi pour sacrifier, et je ferai tout aussitôt préparer le souper. (Il sort.)

PLEUSIDIPPUS, TRACHALIO.*

PLEUSIDIPPUS.

Iterum mihi istæc omnia itera, mi anime, mi Trachalio,
Mi liberte, mi patrone, imo potius, mi pater.
Reperit patrem Palæstra suom atque matrem?

TRACHALIO.

Reperit.

PLEUSIDIPPUS.

Et popularis est?

TRACHALIO.

Opino.

PLEUSIDIPPUS.

Et nubtura 'st mihi?

TRACHALIO.

Suspicor.

PLEUSIDIPPUS.

Censen', hodie despondebit eam mihi, quæso?

TRACHALIO.

Censeo.

PLEUSIDIPPUS.

Quid, patri etiam gratulabor, quom illam invenit?

TRACHALIO.

Censeo.

PLEUSIDIPPUS.

Quid, matri ejus?

* Actus IV, Scena VIII.

PLEUSIDIPPE, TRACHALION*.

PLEUSIDIPPE, avec des transports de joie.

Dis-moi encore et redis-moi tout cela, mon cœur, mon cher Trachalion, mon affranchi, mon patron, ou, pour mieux dire, mon père. Palestra vient de retrouver son père et sa mère?

TRACHALION.

Oui.

PLEUSIDIPPE.

Et elle est ma compatriote?

TRACHALION.

Je le présume.

PLEUSIDIPPE.

Et elle m'épousera?

TRACHALION.

Je le soupçonne.

PLEUSIDIPPE.

Estimes-tu, je te prie, que son père conclue aujourd'hui le mariage?

TRACHALION.

Je l'estime ainsi.

PLEUSIDIPPE.

Et que je doive le féliciter d'avoir retrouvé sa fille?

TRACHALION.

Je l'estime ainsi.

PLEUSIDIPPE.

Et la mère ensuite?

* Acte IV, Scène VIII.

TRACHALIO.

Censeo.

PLEUSIDIPPUS.

Quid ergo censes?

TRACHALIO.

Quod rogas,
Censeo.

PLEUSIDIPPUS.

Dic ergo quanti censes.

TRACHALIO.

Egone? censeo.

PLEUSIDIPPUS.

At sume quidem, ne censionem semper facias.

TRACHALIO.

Censeo.

PLEUSIDIPPUS.

Quid si curram?

TRACHALIO.

Censeo.

PLEUSIDIPPUS.

An sic potius placide?

TRACHALIO.

Censeo.

PLEUSIDIPPUS.

Etiamne eam adveniens salutem?

TRACHALIO.

Censeo.

PLEUSIDIPPUS.

Etiamne, ejus patrem?

TRACHALION.

Je l'estime ainsi..

PLEUSIDIPPE.

Tu estimes ?... Quoi?

TRACHALION.

J'estime que ce que tu me demandes....

PLEUSIDIPPE.

Dis donc, enfin, combien tu estimes.

TRACHALION.

Moi? j'estime.....

PLEUSIDIPPE.

Rends-toi du moins adjudicataire, pour n'en pas rester toujours à l'estimation.

TRACHALION.

C'est ce que j'estime.

PLEUSIDIPPE.

Et si je courais?

TRACHALION.

J'admets la proposition.

PLEUSIDIPPE.

Ou si j'allais plutôt doucement, comme cela?

TRACHALION.

J'admets.

PLEUSIDIPPE.

La saluerai-je aussi en arrivant?

TRACHALION.

J'admets.

PLEUSIDIPPE.

Et son père aussi?

TRACHALIO.

Censeo.

PLEUSIDIPPUS.

Post ejus matrem?

TRACHALIO.

Censeo.

PLEUSIDIPPUS.

Quid postea?
Etiamne adveniens conplectar ejus patrem?

TRACHALIO.

Non censeo.

PLEUSIDIPPUS.

Quid, matrem?

TRACHALIO.

Non censeo.

PLEUSIDIPPUS.

Quid eampse illam?

TRACHALIO.

Non censeo.

PLEUSIDIPPUS.

Perii! delectum dimisit: nunc non censet, quom volo.

TRACHALIO.

Sanus non es; sequere.

PLEUSIDIPPUS.

Duc me, mi patrone, quo lubet.

TRACHALION.
J'admets.
PLEUSIDIPPE.
Et ensuite sa mère?
TRACHALION.
J'admets.
PLEUSIDIPPE.
Et en arrivant, embrasserai-je le père?

TRACHALION.
Je n'admets pas.
PLEUSIDIPPE.
Et la mère?
TRACHALION.
Je n'admets pas.
PLEUSIDIPPE.
Et enfin, elle-même?
TRACHALION.
Je n'admets pas.
PLEUSIDIPPE.
Désolation! Il a fermé les contrôles, et n'admet plus, quand je voudrais qu'il admît.
TRACHALION.
Tu es fou. Suis-moi.
PLEUSIDIPPE.
Conduis-moi où il te plaira, mon cher patron.

(Ils sortent.)

LABRAX*.

Quis me est mortalium miserior, qui vivat alter hodie,
Quem ad recuperatores modo damnavit Pleusidippus?
Abjudicata a me modo est Palæstra: perditus sum!
Nam lenones ex gaudio credo esse procreatos,
Ita omneis mortaleis, si quid est mali lenoni, gaudent.
Nunc alteram illam, quæ mea est, visam huc in Veneris
　fanum,
Saltem ut eam abducam, de bonis quod restat reliquia-
　rum.

GRIPUS, LABRAX**.

GRIPUS.

Nunquam, edepol, hodie ad vesperam Gripum inspi-
　cietis vivom,
Nisi vidulus mihi redditur.

LABRAX.

　　　　　Perii, quom mentionem
Fieri audio usquam viduli, quasi palo pectus tundar.

GRIPUS.

Illic scelestus liber est; ego qui in mari prehendi
Rete atque excepi vidulum, dare ei negatis quidquam.

* Actus V, Scena i.　　** Actus V, Scena ii.

LABRAX, seul[*].

Y a-t-il sur la terre un mortel plus infortuné que moi aujourd'hui? Pleusidippe a obtenu sentence de condamnation contre moi; les juges m'enlèvent Palestra; je suis perdu. Vraiment, on dirait que c'est la joie elle-même qui a mis au jour les prostitueurs, tant ils réjouissent tout le monde, pour peu qu'il leur arrive mal. Je vais chercher, dans le temple de Vénus, l'autre qui m'appartient; que je l'emmène du moins : car, des débris de ma fortune, elle est tout ce qui me reste.

GRIPUS, sortant de chez Démonès; LABRAX[**].

GRIPUS, parlant aux gens de la maison, sans voir Labrax.
Non, par Pollux, vous ne verrez pas Gripus en vie ce soir, si la valise ne m'est rendue.

LABRAX.
C'est ma mort, quand j'entends parler de valise; il semble qu'on me donne sur la poitrine un coup de massue.

GRIPUS, toujours de même.
Ce coquin est affranchi, et moi qui ai tiré la valise de la mer avec mes filets, vous ne voulez rien me donner!

[*] Acte V, Scène I.   [**] Acte V, Scène II.

LABRAX.

Pro di inmortaleis, suo mihi hic sermone adrexit aureis.

GRIPUS.

Cubitum, hercle, longis literis signabo jam usquequaque:
Si quis perdiderit vidulum cum auro atque argento
multo,
Ad Gripum ut veniat. Non feretis istum, ut postulatis.

LABRAX.

Meum, hercle, illic homo vidulum scit, qui habet, ut
ego opinor.
Adeundus mihi illic est homo. Di, quæso, subvenite.

GRIPUS.

Quid me intro revocas? Hoc volo heic ante ostium exter-
gere;
Nam hoc quidem, pol, e robigine, non e ferro factum 'st;
Ita quanto magis extergeo, rutilum atque tenuius fiat:
Nam quidem hoc vere gnatum'st verum: ita in mani-
bus consenescit.

LABRAX.

Adulescens, salve.

GRIPUS.

Di te ament cum inraso capite.

LABRAX.

Quid fit?

GRIPUS.

Verum extergetur.

LABRAX.

Ut vales?

LE CORDAGE.

LABRAX, à part.

O dieux immortels! son discours me fait dresser les oreilles.

GRIPUS.

Je vais afficher partout, en lettres longues d'une coudée, par Hercule : « Si quelqu'un a perdu une valise remplie d'or et d'argent, qu'il s'adresse à Gripus. » Vous ne l'aurez pas, détrompez-vous.

LABRAX, à part.

Oui-da, il sait celui qui a ma valise, à ce que je vois. Allons lui parler. O dieux! secourez-moi.

GRIPUS, à quelqu'un qui l'appelle dans la maison.

Qu'est-ce que tu me veux? je suis occupé ici, devant la porte, à nettoyer cette broche; elle est de rouille, par Pollux, et non de fer. Plus je l'écure, et plus elle rougit, et devient d'un mince!... Cette broche-là est une rose de printemps, on ne peut pas la toucher qu'elle ne passe.

LABRAX.

Bonjour, l'ami.

GRIPUS.

Que les dieux te protègent, avec ta tête chevelue.

LABRAX.

Quelle nouvelle?

GRIPUS.

Une broche qu'on nettoie.

LABRAX.

Comment va ta santé?

GRIPUS.

Quid tu? num medicus, quæso, es?

LABRAX.

Imo, edepol, una litera plus sum, quam medicus.

GRIPUS.

Tum tu Mendicus es?

LABRAX.

Tetigisti acu.

GRIPUS.

Videtur digna forma. Sed quid tibi est?

LABRAX.

Hac proxuma nocte in mari elavi. Confracta 'st navis, perdidi, quidquid erat, miser ibi omne.

GRIPUS.

Quid perdidisti?

LABRAX.

Vidulum cum auro atque argento multo.

GRIPUS.

Ecquid meministi in vidulo, qui perit, quid infuerit ibi?

LABRAX.

Quid refert, qui periit?

GRIPUS.

Tamen si non hoc, aliud fabulemur. Quid si ego sciam qui invenerit? volo ex te scire signa.

GRIPUS.

Pourquoi cela? est-ce que tu es médecin, je te prie?

LABRAX.

Non, par Pollux; mais le nom de mon état commence aussi par un *m*.

GRIPUS.

Tu es mendiant?

LABRAX.

Tu as mis le doigt dessus.

GRIPUS.

Ta mine ne te dément pas. Mais que t'est-il arrivé?

LABRAX.

J'ai été rincé cette nuit dans la mer; mon vaisseau a fait naufrage, hélas! et j'y ai perdu tout ce que je possédais.

GRIPUS.

Qu'est-ce que tu as perdu?

LABRAX.

Une valise pleine d'or et d'argent.

GRIPUS.

Cette valise que tu as perdue, te souviens-tu de ce qu'elle contenait?

LABRAX.

Qu'importe, à présent qu'elle est perdue?

GRIPUS.

Autant parler de cela que d'autre chose. Et si je savais qui l'a trouvée? Donne-moi des indices.

LABRAX.

Numi octingenti aurei in marsupio infuerunt.
Præterea centum denaria philippea in pasceolo seorsus.

GRIPUS.

Magna, hercle, præda'st! largiter mercedis indipiscar.
Di homines respiciunt: bene ego hinc prædatus ibo.
Profecto hujus est vidulus. Perge alia tu expedire.

LABRAX.

Talentum argenti conmodum magnum inerat in cru-
  mina,
Præterea sinus, epichysis, cantharus, gaulus, cyathus-
  que.

GRIPUS.

Papæ! divitias tu quidem habuisti luculentas.

LABRAX.

Miserum istuc verbum et pessumum'st, Habuisse, et
  nihil habere.

GRIPUS.

Quid dare velis, qui istæc tibi investiget indicetque?
Eloquere propere celeriter.

LABRAX.

Numos trecentos.

GRIPUS.

Tricas.

LABRAX.

Quadringentos.

GRIPUS.

Tramas putridas.

LABRAX.

Il y avait huit cents pièces d'or dans une sacoche; et de plus, cent philippes dans une bourse de peau, à part.

GRIPUS, en se détournant.

Quel butin, par Hercule! j'aurai une belle récompense. Les dieux prennent en pitié les pauvres gens : cette aventure finira par m'enrichir. Assurément la valise est à lui. (*Haut*) Continue ton inventaire.

LABRAX.

Il y avait dans un sac un grand talent d'argent bien compté, et avec cela un pot, un entonnoir, une coupe, une jatte et une mesure à boire.

GRIPUS.

Oh! oh! tu avais une fortune brillante.

LABRAX.

« J'avais! » Triste et cruelle parole! et n'avoir plus rien!

GRIPUS.

Que donnerais-tu à celui qui découvrirait le trésor, et qui t'en donnerait des nouvelles? Dis vite, promptement.

LABRAX.

Trois cents didrachmes.

GRIPUS, avec dédain.

Sornettes!

LABRAX.

Quatre cents.

GRIPUS.

Bagatelles!

LABRAX.

Quingentos.

GRIPUS.

Cassam glandem.

LABRAX.

Sexcentos.

GRIPUS.

Curculiunculos minutos fabulare.

LABRAX.

Dabo septingentos.

GRIPUS.

Os calet tibi; nunc id frigidefactas?

LABRAX.

Mille dabo numos.

GRIPUS.

Somnias.

LABRAX.

Nihil addo; abi.

GRIPUS.

Igitur audi:
Si, hercle, abiero hinc, heic non ero.

LABRAX.

Vin' centum et mille?

GRIPUS.

Dormis.

LABRAX.

Eloquere quantum postules.

GRIPUS.

Quo nihil invitus addas;

####### LABRAX.

Cinq cents.

####### GRIPUS.

Babioles !

####### LABRAX.

Six cents.

####### GRIPUS.

C'est comme si tu me proposais de petits vers de terre.

####### LABRAX.

Eh bien ! sept cents.

####### GRIPUS.

Il paraît que la bouche te brûle ; tu veux la refroidir avec tes plaisanteries.

####### LABRAX.

Je te donnerai mille drachmes.

####### GRIPUS.

Tu rêves.

####### LABRAX.

Je n'ajouterai rien, va-t'en.

####### GRIPUS.

Alors, écoute. Si je m'en vais.... je ne serai plus ici.

####### LABRAX.

Veux-tu onze cents ?

####### GRIPUS.

Tu dors.

####### LABRAX.

Dis-moi combien tu demandes.

####### GRIPUS.

Pour ne plus marchander ni disputer davantage, un

Talentum magnum : non potest triobolum hinc abesse.
Proin tu vel aias, vel neges.

LABRAX.

Quid isteic? necessum' st, video :
Dabitur talentum.

GRIPUS.

Adcededum huc : Venus hæc volo adroget te.

LABRAX.

Quod tibi lubet, id mihi inpera.

GRIPUS.

Tange aram hanc Veneris.

LABRAX.

Tango.

GRIPUS.

Per Venerem hanc jurandum 'st tibi.

LABRAX.

Quid jurem?

GRIPUS.

Quod jubebo.

LABRAX.

Præi verbis quid vis : id quod domi 'st, nunquam ulli
subplicabo.

GRIPUS.

Tene aram hanc.

LABRAX.

Teneo.

GRIPUS.

Dejura, te mihi argentum daturum,
Eodem die, viduli ubi sis potitus.

grand talent; pas une obole de moins. Réponds oui, ou non.

LABRAX.

Eh bien donc, je le vois, il y a force majeure; tu auras un talent.

GRIPUS, le menant auprès de l'autel.

Approche; il faut que Vénus préside au traité.

LABRAX.

Ordonne, j'obéirai.

GRIPUS.

Mets la main sur cet autel de Vénus.

LABRAX, touchant l'autel.

L'y voici.

GRIPUS.

Jure maintenant par Vénus....

LABRAX.

Que faut-il jurer?

GRIPUS.

Ce que je vais te dire.

LABRAX.

Dicte-moi les paroles que tu voudras. (*A part, d'un air de malice*) Il y a des choses pour lesquelles je suis en fonds, et n'ai besoin de recourir à personne.

GRIPUS.

N'ôte pas la main de cet autel.

LABRAX.

Elle y est.

GRIPUS.

Jure que tu me donneras l'argent le jour même que tu seras en possession de ta valise.

LABRAX.

Fiat.

GRIPUS, LABRAX.

Venus Cyrenensis, testem te testor mihi,
Si vidulum illum, quem ego in navi perdidi,
Cum auro atque argento salvom investigavero,
Isque in potestatem meam pervenerit.

GRIPUS.

Tum ego huic Gripo dico, inquito, et me tangito.

LABRAX.

Tum ego huic Gripo dico, Venus, ut tu audias.

GRIPUS, LABRAX.

Talentum argenti magnum continuo dabo.

GRIPUS.

Si fraudassis, dicito, uti te in quæstu tuo
Venus eradicet caput atque ætatem tuam.
Tecum hoc habeto tamen, ubi juraveris.

LABRAX.

Et illum ego advorsum, si quid peccasso, Venus,
Veneror te, ut omneis miseri lenones sient.

GRIPUS.

Tamen fiet, etsi tu fidem servaveris.
Tu heic operire, jam ego faxo exibit senex:
Eum tu continuo vidulum reposcito.

LABRAX.

Si maxume mihi illum reddiderit vidulum,
Non illi ego hodie debeo triobolum.

LABRAX.

Soit.

GRIPUS, en même temps LABRAX répétant les paroles de Gripus.

Vénus Cyrénéenne, je te prends à témoin que, si la valise que j'ai perdue dans mon naufrage, se retrouve et revient saine et sauve en ma possession, avec mon or et mon argent....

GRIPUS.

Alors, je promets à Gripus, ici présent. Répète en me touchant.

LABRAX, touchant Gripus.

Alors, je promets à Gripus, ici présent ; tu m'entends, Vénus.

GRIPUS et LABRAX, ensemble.

De lui donner, sur l'heure, un grand talent d'argent.

GRIPUS.

Et si tu manques à ta parole, ajoute que tu veux que Vénus te ruine dans ton commerce et te perde à jamais. Dans tous les cas, que l'imprécation reste sur ta tête, une fois que tu l'auras prononcée.

LABRAX, reprenant d'un ton solennel.

Et si je lui fais tort, Vénus, je t'en supplie, que tous les prostitueurs aient un sort misérable.

GRIPUS.

C'est ce qui arrivera toujours, quand même tu ne violerais pas ta foi. Attends-moi ici, je t'amènerai le vieillard. Réclame tout de suite ta valise.   (Il sort.)

LABRAX, seul, regardant Gripus qui s'en va.

Qu'il me rende ma valise tant qu'il voudra, je ne lui dois pas un triobole ; c'est moi qui suis juge de ce que

Meus arbitratu'st, lingua quod juret mea.
Sed conticescam : eccum exit, et ducit senem.

GRIPUS, DÆMONES, LABRAX*.

GRIPUS.

Sequere hac.

DÆMONES.

Ubi istic leno est?

GRIPUS.

Heus tu, hem tibi, hic habet vidulum.

DÆMONES.

Habeo, et fateor esse apud me : et, si tuus est, habeas tibi.
Omnia ut quidquid infuere, ita salva sistentur tibi.
Tene, si tuos est.

LABRAX.

Di inmortaleis! meus est. Salve, vidule.

DÆMONES.

Tuosne est?

LABRAX.

Rogitas? siquidem, hercle, Jovis fuit, meus est tamen.

DÆMONES.

Omnia insunt salva : una istinc cistella excepta est modo
Cum crepundiis, quibuscum hodie filiam inveni meam.

* Actus V, Scena III.

ma langue a juré. Mais, silence; le voici qui revient avec le vieillard.

GRIPUS, portant la valise; DÉMONÈS, LABRAX*.

GRIPUS, à Démonès.

Viens avec moi.

DÉMONÈS.

Où est ce prostitueur ?

GRIPUS, à Labrax.

Holà ! hé ! voici l'homme qui a ta valise.

DÉMONÈS.

C'est vrai, je reconnais qu'elle est en mon pouvoir ; et si elle t'appartient, tu l'auras. Tous les objets qu'elle contenait te seront remis tels qu'ils étaient. (*Montrant la valise*) Prends-la, si elle est à toi.

LABRAX.

O dieux immortels ! oui, c'est elle-même. Salut, chère valise !

DÉMONÈS.

T'appartient-elle ?

LABRAX.

Tu le demandes ? Quand Jupiter l'aurait prise, par Hercule, elle serait bien à moi toujours.

DÉMONÈS.

Tout y est, rien n'y manque, excepté une cassette avec des jouets qui m'ont fait reconnaître tout-à-l'heure ma fille.

*. Acte V, Scène III.

LABRAX.

Quam?

DÆMONES.

Tua quæ fuit Palæstra, ea filia inventa est mea.

LABRAX.

Bene, mehercle, factum 'st; quom istæc res tibi ex sententia
Polchre evenit, gaudeo.

DÆMONES.

Istuc facile non credo tibi.

LABRAX.

Imo, hercle, ut scias gaudere me, mihi triobolum
Ob eam ne duis; condono te.

DÆMONES.

Benigne, edepol, facis.

LABRAX.

Imo tu quidem, hercle, vero.

GRIPUS.

Heus tu, jamne habes vidulum?

LABRAX.

Habeo.

GRIPUS.

Propera.

LABRAX.

Quid properabo?

GRIPUS.

Reddere argentum mihi.

LABRAX.

Qui?

DÉMONÈS.

Palestra, qui fut ton esclave, et en qui j'ai reconnu ma fille.

LABRAX.

Tant mieux, par Hercule, je me réjouis du bonheur qui a comblé tes vœux.

DÉMONÈS.

J'ai peine à t'en croire.

LABRAX.

Eh bien, pour te prouver la sincérité de ma joie, par Hercule, je ne te demanderai pas une obole pour elle, je te fais remise de tout.

DÉMONÈS.

Je te remercie, par Pollux.

LABRAX, montrant la valise, qu'il a reçue des mains de Gripus.

C'est moi, par Hercule, qui te dois des remercîmens.

GRIPUS, à Labrax.

Ah çà, tu as ta valise maintenant?

LABRAX.

Oui.

GRIPUS.

Dépêche-toi.

LABRAX.

De quoi faire?

GRIPUS.

De me payer.

LABRAX.

Neque, edepol, tibi do, neque quidquam debeo.

GRIPUS.

Quæ hæc factio'st?
Non debes?

LABRAX.

Non, hercle, vero.

GRIPUS.

Non tu juratus mihi es?

LABRAX.

Juratus sum; et nunc jurabo, si quid voluptati est mihi.
Jusjurandum rei servandæ, non perdundæ, conditum'st.

GRIPUS.

Cedo, sis, mihi talentum magnum argenti, perjurissume.

DÆMONES.

Gripe, quod tu istum talentum poscis?

GRIPUS.

Juratu'st mihi
Dare.

LABRAX.

Lubet jurare : tun' meo pontifex perjurio es?

DÆMONES.

Qua pro re argentum promisit hic tibi?

GRIPUS.

Si vidulum
Istum redegissem in potestatem ejus, juratus dare
Mihi talentum magnum argenti.

LABRAX.

Je ne te paierai pas, par Pollux, je ne te dois rien.

GRIPUS.

Qu'est-ce que c'est que ce ton-là? tu ne me dois rien?

LABRAX.

Non, par Hercule, rien.

GRIPUS.

Tu ne m'as pas juré?...

LABRAX.

J'ai juré, je jurerai encore, si cela te fait plaisir. Les sermens sont institués pour la conservation, non pour la perte des biens.

GRIPUS.

Vite, qu'on me donne un grand talent d'argent, triple menteur.

DÉMONÈS.

Gripus, quel talent réclames-tu?

GRIPUS.

Celui qu'il a juré de me donner.

LABRAX.

Il me plaît à moi de jurer. Es-tu grand pontife, pour me déclarer parjure?

DÉMONÈS, à Gripus.

Pourquoi t'a-t-il promis cet argent?

GRIPUS.

Il m'a juré que, si je remettais la valise en son pouvoir, il me donnerait un grand talent d'argent.

LABRAX.

Cedo quicum habeam judicem,
Ni dolo malo instipulatus sis, nive etiamdum siem
Quinque et viginti gnatus annos.

GRIPUS.

Habe cum hoc.

LABRAX.

Alio 'st opus.

DÆMONES.

Jam ab isto auferre haud sinam, nisi istum condemna-
vero.
Promisisti huic argentum?

LABRAX.

Fateor.

DÆMONES.

Quod servo meo
Promisisti, meum esse oportet; ne tu leno postules
Te heic fide lenonia uti; non potes.

GRIPUS.

Jam te ratus
Nanctum hominem quem defrudares: dandum huc argentum'st probum;
Id ego continuo huic dabo, adeo me ut hic emittat manu.

DÆMONES.

Quando ergo erga te benignus fui, atque opera mea
Hæc tibi sunt servata.

GRIPUS.

Imo, hercle, mea, ne tu dicas tua.

DÆMONES.

Si sapies, tacebis. Tum te mihi benigne itidem addecet,

LE CORDAGE.

LABRAX.

Présente quelqu'un avec qui je puisse plaider; je soutiens que ta stipulation est de mauvaise foi, et que je n'ai pas encore vingt-cinq ans.

GRIPUS, montrant Démonès.

Plaide avec lui.

LABRAX.

Je ne veux pas plaider avec lui.

DÉMONÈS, à Labrax.

Je ne souffrirai pas que tu la lui reprennes, avant que j'aie jugé qu'il a tort. Lui as-tu promis de l'argent?

LABRAX.

C'est vrai.

DÉMONÈS.

Ce que tu as promis à mon esclave, doit m'appartenir. Prostitueur, ne cherche pas à nous faire ici des tours de ton métier; tu ne réussiras pas.

GRIPUS.

Tu croyais avoir trouvé ta dupe. Il faudra me payer en bonnes espèces; et je les lui donnerai à l'instant pour qu'il m'affranchisse.

DÉMONÈS, à Labrax.

Puisque j'ai été généreux envers toi, et que tu me dois la conservation de ton bien....

GRIPUS.

A moi, par Hercule; ne dis pas à toi.

DÉMONÈS, à Gripus, d'un air menaçant.

Tu feras sagement de te taire. (*A Labrax*) Tu dois

Benemerenti bene referre gratiam.

LABRAX.

Nempe pro tuo
Jure oras.

DÆMONES.

Mirum, quin tuom jus meo periculo abs te expetam.

GRIPUS.

Salvos sum; leno labascit; libertas portenditur.

DÆMONES.

Vidulum istunc ille invenit; illud mancipium meum'st.
Ego tibi hunc porro servavi cum magna pecunia.

LABRAX.

Gratiam habeo, et de talento nulla causa est quin feras,
Quod isti sum juratus.

GRIPUS.

Heus tu! mihi dato ergo, si sapis.

DÆMONES.

Tacen' an non?

GRIPUS.

Tu meam rem simulas agere, tibi *muneras*.
Non, hercle, istoc me intervortes, si aliam prædam perdidi.

DÆMONES.

Vapulabis, verbum si addes istuc unum.

te montrer généreux à ton tour, et me témoigner ta reconnaissance pour le service que je t'ai rendu.

LABRAX.

En effet, tu réclames pour toi ce qui est juste.

DÉMONÈS, ironiquement.

C'est étonnant que je ne te demande pas justice pour toi-même, à mes risques et périls ?

GRIPUS, à part.

J'ai gagné. Le prostitueur faiblit; bon augure pour ma liberté.

DÉMONÈS, montrant Gripus.

C'est lui qui a trouvé la valise, et il est mon esclave; et c'est moi ensuite qui te l'ai conservée avec tout l'argent qu'elle renfermait.

LABRAX.

Je te suis obligé; et quant à ce talent que je lui ai promis, nulle difficulté, tu l'auras.

GRIPUS, en colère, à Labrax.

Dis-donc; c'est à moi, par conséquent, qu'il faut le donner, entends-tu ?

DÉMONÈS.

Te tairas-tu, à la fin ?

GRIPUS, à Démonès.

Tu fais semblant de prendre mes intérêts, et tu es généreux pour toi. Par Hercule, tu ne me frustreras pas de cet argent, si je perds le reste du butin.

DÉMONÈS.

Tu auras des coups, si tu ajoutes une seule parole.

GRIPUS.

Vel, hercle, enica,
Non tacebo unquam alio pacto, nisi talento conprimor.
LABRAX.
Tibi operam hic quidem dat; taceto.
DÆMONES.
Concede hoc tu, leno.
LABRAX.
Licet.
GRIPUS.
Palam age, nolo murmur ullum, neque susurrum fieri.

DÆMONES.
Dic mihi, quanti illam emisti tuam alteram mulierculam
Ampeliscam?
LABRAX.
Mille numos denumeravi.
DÆMONES.
Vin tibi
Conditionem luculentam ferre me?
LABRAX.
Sane volo.
DÆMONES.
Dividuom talentum faciam.
LABRAX.
Bene facias.
DÆMONES.
Pro illa altera,
Liberta ut sit, dimidium tibi sume, dimidium huic cedo.

LE CORDAGE.

GRIPUS.

Tue-moi, si tu veux, par Hercule; mais je ne me tairai pas, à moins d'un talent pour ma soumission.

LABRAX, à Gripus, d'un air moqueur.

Ce qu'il en fait, c'est pour ton bien. Tais-toi.

DÉMONÈS, tirant Labrax à l'écart.

Prostitueur, viens ici.

LABRAX.

Je le veux bien.

GRIPUS.

Parle sans mystère; point de chuchoteries, ni de mots à l'oreille.

DÉMONÈS, parlant à distance de Gripus et assez bas pour n'être pas entendu par lui.

Dis-moi combien t'a coûté l'autre jeune fille, nommée Ampélisque.

LABRAX.

Deux mille drachmes, tout autant.

DÉMONÈS.

Veux-tu que je te propose un marché d'or?

LABRAX.

Si je le veux?

DÉMONÈS.

Je partagerai en deux le talent.

LABRAX.

Ce serait bien fait.

DÉMONÈS.

Tu en recevras une moitié pour qu'Ampélisque soit affranchie, tu donneras l'autre moitié à Gripus.

LABRAX.

Maxume.

DÆMONES.

Pro illo dimidio ego Gripum emittam manu,
Quem propter tu vidulum, et ego gnatam inveni.

LABRAX.

Bene facis:
Gratiam habeo magnam.

GRIPUS.

Quam mox mihi argentum ergo redditur?

DÆMONES.

Res soluta 'st, Gripe: ego habeo.

GRIPUS.

Hercle, at ego me mavolo.

DÆMONES.

Nihil, hercle, heic tibi est, ne tu speres; jurisjurandi
volo
Gratiam facias.

GRIPUS.

Perii, hercle! nisi me suspendo; obcidi.
Nunquam, hercle, iterum defrudabis me quidem post
hunc diem.

DÆMONES.

Heic hodie coenato, leno.

LABRAX.

Fiat! conditio placet.

DÆMONES.

Sequimini intro: spectatores, vos quoque ad coenam
vocem,

LE CORDAGE.

LABRAX.

Très-volontiers.

DÉMONÈS.

Et je prendrai cette moitié pour affranchir Gripus, qui est cause que nous avons retrouvé, toi, ta valise, moi, ma fille.

LABRAX.

Merci, je te suis bien reconnaissant.

GRIPUS, s'approchant des deux interlocuteurs.

Me paiera-t-on bientôt?

DÉMONÈS.

C'est payé, Gripus; j'ai l'argent.

GRIPUS.

Mais, par Hercule, j'aime mieux l'avoir moi-même.

DÉMONÈS.

Il n'y a rien là pour toi, par Hercule, ne l'espère pas. Remets-lui son serment, je l'ordonne.

GRIPUS.

O dieux, je suis mort; il faut que je me pende. (*A Démonès*) Dorénavant, tu ne me joueras plus de tour pareil.

DÉMONÈS.

Tu souperas ici aujourd'hui, prostitueur.

LABRAX.

De grand cœur; l'offre me plaît.

DÉMONÈS, à Labrax et à Gripus.

Venez, rentrons. (*Au public*) Spectateurs, je vous inviterais aussi à souper; mais je n'ai rien à vous don-

Ni daturus nihil sim, neque sit quidquam pollucti domi,
Nive adeo vocatos credam vos esse ad cœnam foras.
Verum, si voletis plausum fabulæ huic clarum dare,
Comisatum omneis venitote ad me ad annos sedecim.
Vos heic hodie cœnatote ambo.

LABRAX.

Fiat.

DÆMONES.

Plausum date.

ner; je n'ai point de festin d'Hercule à la maison, et puis je crois que vous êtes invités ailleurs. Mais, si vous voulez applaudir bien fort cette comédie, venez chez moi faire une partie d'après-souper dans seize ans. (*Aux deux autres personnages*) Vous deux, vous souperez ici.

LABRAX.

Je le veux bien.

DÉMONÈS, aux spectateurs.

Applaudissez.

NOTES
DE PSEUDOLUS.

PSEUDOLUS. « Les noms d'esclaves de comédie ont rapport ou au pays, comme *Mysis*, *Syrus*, ou à quelque circonstance, comme *Lesbia*, c'est-à-dire ivrognesse, ou au caractère, comme *Pseudolus*, ou à l'intrigue de la pièce, comme *Chrysale*. » (DONAT., Comm. de *l'Andrienne*, acte I, sc. 3, v. 21; *voyez* aussi le Comm. des *Adelphes*, acte I, sc. 1, v. 1.)

ARGUMENTUM. *Symbolum* (v. 2). On donna le nom de *symbolum* d'abord à tous les instrumens et gages de conventions et de contrats; les *tessères* d'hospitalité étaient aussi des *symbola*. Dans un temps où l'on écrivait peu, on dut se servir de pièces de métal, ou de morceaux de bois, que les parties contractantes brisaient au moment de passer l'accord, et dont elles gardaient chacune un fragment pour faire la confrontation quand besoin serait, et pour justifier de leurs prétentions réciproques. On substitua ensuite des empreintes de cachet aux fragmens de pièces de crédit; c'est pour cela que, selon le témoignage de Pline (*Hist. Nat.*, liv. XIII, ch. 4), on appela les anneaux servant de cachet, *symbola*.

PROLOGUS. Ce prologue est d'une autre main que celle de Plaute, excepté les deux derniers vers; ce sont les seuls qui se trouvent dans les manuscrits anciennement connus, et même dans le palimpseste de M. Ang. Mai. Niebuhr croit que les vingt-trois premiers vers sont de l'invention de Bernardus Saracenus, éditeur vénitien de 1499.

Mordebunt famelici (Prol., v. 14). Ces mots m'ont rappelé un beau vers de l'*Odyssée* (liv. 1, v. 382):

Ὣς ἔφαθ᾽· οἱ δ᾽ ἄρα πάντες ὀδὰξ ἐν χείλεσι φύντες,
Τηλέμαχον θαύμαζον.

Si ex te tacente, etc. (v. 1). *L'Héritière*, de Turpilius, commençait par un dialogue à peu près pareil :

STÉPHANION.

Dis-moi donc, par Pollux, je t'en prie, mon maître, où tu cours ainsi avant l'aurore, suivi d'un seul domestique ?

PHILOCRATE.

Je ne peux pas rester à la maison.

STÉPHANION.

Pourquoi ?

PHILOCRATE.

Mes tourmens ordinaires ne laissent pas approcher de moi le sommeil, et me chassent hors de la maison pendant le silence de la nuit.

Peut-être une réminiscence de ce passage et de la scène de Plaute avait-elle inspiré à Muret les vers comiques auxquels Scaliger fut pris pour dupe. (SCHOELL, *Hist. de la litt. lat.*, t. 1, p. 139.)

Juvabo aut re (v. 17). Chrémès dit à peu près de même à son voisin :

Aut consolando, aut consilio, aut re juvero.
(*Heautont.*, act. 1, sc. 1, v. 34.)

Quantus es.... (v. 35). M. Bothe a proposé de corriger ainsi : *quantum est*, et il s'autorise de Plaute lui-même (*la Marmite*, v. 742) et de Catulle (poëme 3ᵉ). Il aurait pu ajouter encore beaucoup d'autres exemples, même d'auteurs en prose. Mais la leçon vulgaire ne m'a pas paru aussi insolite qu'elle le lui semble. Virgile a dit aussi : *hiemem*, QUAM LONGA, pour *totam*.

Misces (v. 61). Nous avons eu déjà lieu d'observer (*la Marmite*, v. 235) que le verbe *miscere* correspond à l'idée de préparer un breuvage.

Supercilium salit (v. 105). C'était apparemment le sourcil droit ; car le tressaillement de ce côté était de bon augure, comme le remarque un chevrier galant dans Théocrite (idylle III, v. 35). Les démangeaisons de la mâchoire ou du dos fournissaient aussi des pronostics, mais moins favorables (*Amphitryon*, v. 139 ; *l'Asinaire*, v. 299 ; *le Persan.*, v. 32).

Mea si conmovi sacra (v. 107). En expliquant ce vers de l'*Énéide* : *Commotis excita sacris* (lib. IV, v. 301), Servius dit que Virgile a employé une expression antique ; il ajoute que lorsque, dans les grandes fêtes, on ouvrait les temples pour apprêter le sacrifice, cela s'appelait *remuer les choses saintes*. En effet, on mettait dehors les vases, les cassolettes et tout l'attirail de la sacrificature. Heyne cite des passages de Valerius Flaccus, dans lesquels cette expression consacrée se trouve reproduite (*Argon*., liv. III, v. 232-539) : *motis ululantia Dindyma sacris*.

Oculum utrum, anne, etc. (v. 122). Pseudolus avait tort en effet, et Calidore s'est là justement récrié. Térence le prouverait bien (*Heaut*., acte II, sc. 2, v. 101) :

In aurem utramvis otiose ut dormias.

Crura mavellem (v. 128). Il souhaite au prostitueur un supplice digne de lui, un supplice d'esclaves, *crurifragium*. Voyez le *Militaire fanfaron*, v. 156-164; *l'Asinaire*, v. 458.

Exite, agite, etc. (v. 130). Ce long *canticum*, si favorable à l'action comique, était sans doute la partie du rôle dans laquelle Roscius faisait le plus briller son talent; *nosti Roscium, meministi canticum*.

Male conciliati (v. 130). Une mauvaise marchandise est toujours payée trop cher ; c'est une malheureuse acquisition. On adressait souvent de pareils complimens aux esclaves (TÉRENCE, *l'Eunuque*, acte IV, sc. 4, v. 2; *voyez* aussi, pour la signification de *conciliare*, *reconciliare*, le v. 33 du Prologue des *Captifs*).

Rape, clepe, etc. (v. 135). Cette forme d'une prosopopée hardie et familière se rencontrera encore dans le *Trinumus*, v. 250.

Faciem quom adspicias eorum, etc. (v. 138). Térence aurait-il imité le vers de Plaute dans ce passage de *l'Andrienne* (acte V, sc. 2, v. 15) :

Quum faciem videas, videtur esse quantivis preti ?

Peut-être pas plus que Racine dans l'invective de Thésée contre Hippolyte (acte IV, sc. 2).

Peristromata..... tapetia (v. 142, 143). C'est parce que les spectateurs étaient trop en état de comprendre cette comparaison, que l'ancien Caton frappa d'un impôt énorme les objets de luxe pendant sa censure, l'année de la mort de Plaute (TITE-LIVE, liv. XXXIX, ch. 44). Un de ses amis lui légua un tapis précieux, de ces tapis de haute-lice qu'on appelait babyloniens. Un tel présent paraissait indigne de lui; mais, comme il était homme d'ordre, il l'accepta et le vendit (PLUTARQUE, *Vie de Caton*).

Conchyliata tapetia (v. 143). Voyez la note du vers 377 de *Stichus*.

Terginum hoc meum (v. 150). « Depuis quand son estat et son bien furent augmentez, si d'adventure il festoyoit ses amys ou ses compaignons, incontinent après le souper, *il punissoit et fouëttoit avecques une escorgée* ceulx qui avoyent failli de servir à table, ou d'apprester quelque chose que ce feust. »

C'est du vieux Caton que Plutarque parle ici. Ne ressemblait-il pas un peu alors à Ballion?

Frumentariis (v. 183). Tous ces négocians en vins, en huile, en blé, étaient des hommes fort riches, de hauts personnages. Caton lui-même s'associait à des compagnies de commerce, leur prêtait de l'argent, et prenait part aux entreprises et aux expéditions par l'entremise d'un affranchi (PLUTARQUE, *Vie de Caton*). Le nom de *frumentarii* appartint aussi à des officiers de l'administration préposés au recouvrement des tributs en nature, et il finit, au temps des empereurs, par désigner une agence de police, la cohorte des espions sous les ordres des préfets du prétoire. Singulier exemple des vicissitudes que subissent les noms, aussi bien que les choses et les hommes!

Gnati Jovis (v. 195). Il fallait que la pauvre Eschrodore connût les légendes mythologiques des fils d'Antiope, Amphion et Zethus; elle était peut-être plus savante que les spectateurs de Plaute, qui n'avaient pas encore pu lire les mythologues latins, et qui pouvaient se vanter, comme Marius le fit plus tard, d'ignorer les lettres grecques.

Male morigerus (v. 203). Ces mots sont omis dans le palimpseste de M. Ang. Mai.

Culleis (v. 207). L'huile et le vin se transportaient dans des vaisseaux de cuir, comme cela se pratique aujourd'hui encore en

Espagne et en plusieurs autres pays. On sait que le sac de cuir appelé *culleus* était aussi un instrument de supplice. Cicéron a fait une belle, mais trop pompeuse déclamation sur ce funeste appareil, discours *pour S. Roscius*, ch. XXVI.

Deportatum erit (v. 207). Cette leçon est celle du palimpseste de M. Ang. Mai.

Ad languorem (v. 210). Cette réticence, qui pourrait donner lieu à de vilaines équivoques, est heureusement expliquée par un passage de *l'Asinaire* (v. 554) :

Ubi sæpe ad languorem tua duritia dederis octo
Validos lictores, ulmeis adfectos lentis virgis.

Phœnicio corio (v. 221). Dicéopolis menace pareillement l'ambassadeur dans *les Acharniens* (v. 111) : « Allons vite, parlemoi sans détour, si tu ne veux que je te fasse couvrir la peau d'une teinture de Sardes. »

Nihil curassis (v. 224). Cette leçon du palimpseste de M. Ang. Mai est de beaucoup préférable à la leçon vulgaire *bene curassis*.

Mane, mane, etc. (v. 232). Toute cette partie de la scène ressemble beaucoup à celle de Dorine et Mariane dans *Tartufe* (acte II, sc. 3).

Te volo (v. 242). On a vu dans Épidique (v. 21) un semblable jeu de mots.

Si sacruficem, etc. (v. 252). Cet homme n'aurait pas été aussi imperturbable qu'Horatius Pulvillus, à qui on voulut en vain dérober l'honneur de faire la dédicace du Capitole. Pendant qu'il prononçait la formule sacrée, on vint lui dire : « Votre fils est mort ; » il répondit sans se déranger : « Qu'on l'enterre ; » s'il faut en croire Valerius Flaccus.

Nimio id quod pudet, etc. (v. 268). Il y a une sentence d'une tournure pareille dans le *Trinumus* (v. 302).

A mensa surgunt saturi (v. 283). L'auteur s'amuse à jouer sur le double sens du mot *mensa*, qui signifiait aussi les bureaux des banquiers, *argentarii, trapezitœ*. C'étaient en effet des *tables* auxquelles on s'engraissait promptement, à ce qu'il paraît. La tradition antique ne s'est pas perdue chez les modernes.

Postilla omneis, etc. (v. 285). J'ai remplacé par cette leçon du palimpseste celle des éditions imprimées : *Ab alienis cautiores sunt.*

Eme die cœca, etc. (v. 288). L'avenir échappe à la vue, on ne voit bien que le présent, surtout en matière de commerce et d'argent, selon la pensée de Ballion. C'est pour cela que la vieille Cléérète, dans *l'Asinaire* (v. 187), dit qu'elle a des yeux aux mains, et que ses mains ne croient que ce qu'elles voient : faire crédit, selon elle, c'est ne pas voir ce qu'on fait.

Semper oculatæ manus sunt nostræ; credunt, quod vident.

Lex..... quina vicenaria (v. 290). C'était la loi *Lætoria*, dont l'auteur fut M. Létorius Plancianus, tribun du peuple l'an 490 de Rome. Elle annulait tous les contrats acceptés par des hommes qui n'avaient pas vingt-cinq ans accomplis, et poursuivait criminellement ceux qui avaient profité de leur inexpérience. Elle fut renouvelée plus d'une fois, et dans le temps de la république, et sous le règne des empereurs. *Voir* les notes de Godefroy sur le *Code Théodosien*, liv. VIII, tit. 12, loi 2e.

Justus (v. 293). Il ne s'agit point ici du sentiment de justice, mais de la qualité de ce qui est complet et parfait en soi, comme dans ces expressions : *justus exercitus, justa forma.* Un vieil auteur français a dit en ce sens : « ..... légères notes adjoutées aux occasions, non à dessein d'en faire un *juste* commentaire. » (CLEIRAC, *Us et coustumes de la mer,* collection de M. Pardessus.)

Dicta non sonant (v. 295). *Voyez* une scène pareille dans Térence (*Phormion,* acte III, sc. 2, v. 36-49).

Di melius faciant (v. 302). Le palimpseste donne : *Di meliora faxint.*

Agninis lactibus (v. 306). Dans le *Dit d'aventures,* que M. Tributien a publié en 1835, le héros est pris par des voleurs et enchaîné *avec de grands nerfs de mouton.* Heureusement pour le captif, une louve accourt accompagnée de ses louveteaux; ils dévorent les nerfs de mouton, et le délivrent miraculeusement (*Journal des Savans,* mai 1835, page 277).

Hostias, Victimas (v. 313, 314). Les grammairiens se sont évertués à définir les significations différentes des mots *hostia, victima*. La diversité des étymologies supposées fait voir que la question n'était pas parfaitement résolue ; et l'usage, plus puissant que les grammairiens, prêtait souvent aux deux mots une même valeur. Il paraît cependant que le purisme les distinguait, et que, s'ils étaient employés, comme ici, de manière qu'il fallût attribuer à chacun une idée plus précise, *victima* exprimait les grandes victimes, *hostia* les petites : il y avait deux sortes de classement, 1° par l'espèce, *hostiœ bovilis, ovilli generis*; 2° par l'âge, *majores, lactentes*. Dans le passage de Plaute, la distinction est fondée sur l'âge : Ballion dira tout-à-l'heure qu'il se contente d'agneaux.

Agninis (v. 316). Cette leçon est reçue dans toutes les éditions. Cependant Scaliger, que M. Bothe approuve, y a substitué *minimis*. Sa correction est autorisée, dit-il, par des manuscrits, et il la trouve d'autant meilleure qu'elle prête à une allusion au mot *minis*. L'argent est en effet la seule offrande qui touche Ballion ; si ce n'est toutefois un bon repas, qu'il accepterait sans conséquence, et dont le mot *agninis* peut donner l'idée.

Portam Metiam..... Lanios..... cum tintinnabulis (v. 318, 319). Nous avons déjà parlé de la porte Métia (*Casine*, v. 246, et *le Militaire*, v. 361). Quant aux victimaires, ou aux bouchers apprêteurs de victimes (voyez *la Marmite*, v. 523), Pseudolus, tout en plaisantant, nous montre assez par leurs attributs de quelle espèce il les choisira. A leurs *troupeaux* de verges, à leurs *sonnettes*, on les reconnaît aisément. Pourquoi ces sonnettes que les bourreaux attachaient aux patients ? Les uns prétendent que c'était pour avertir les passans de se ranger, de peur qu'ils ne vinssent à toucher les criminels et à se souiller par cette rencontre. Les autres disent que le bruit servait au contraire de signal pour appeler les curieux. On peut choisir entre ces deux interprétations, on peut les adopter toutes deux à la fois. Mais on ne croira pas certainement que le nom de *tintinnabulum* signifie une sorte de chariot, comme plusieurs commentateurs l'ont assuré. Il y avait dans le moyen âge une pratique analogue à cet usage de Rome : les lépreux portaient des cliquettes pour avertir les passans d'éviter leur abord contagieux (*Journal des Savans*, mai 1835, p. 282).

Cum intestinis (v. 330). Comme on stipule qu'une maison, une terre seront vendues avec ou sans mobilier et dépendances, de même, dans les marchés d'esclaves, il était dit qu'on livrait la personne nue ou avec tous ses vêtemens, *cum* ou *sine ornamentis* (voyez *le Persan*, v. 661). Ici le prostitueur bel esprit mentionne plaisamment cette circonstance de son traité par une périphrase épigrammatique.

Bustirape (v. 348). L'usage était d'offrir des repas aux morts, soit sur le bûcher des funérailles, soit plus tard auprès des tombeaux; mais, avant que l'offrande fût consumée, souvent des misérables venaient dérober les débris, quand on s'était retiré; d'autres voleurs plus coupables enlevaient les bijoux, les objets précieux qu'on avait enterrés avec le corps ou avec les cendres. Ces attentats, qui décelaient ou un excès d'indigence et d'avilissement, ou une audacieuse impiété, avaient fait naître une sorte d'injure qu'on proférait assez communément, dans les querelles, contre les gens méprisables ou odieux. C'est ce que Plaute a traduit dans le nom de *bustirapus;* c'est ce que Térence exprime par ces mots :

> E flamma petere te cibum posse arbitror ;
> (*Eun.*, act. III, sc. 2, v. 38.)

ce qu'a répété Catulle dans une épigramme (LIX) :

> Uxor Meneni, sæpe quam in sepulchretis,
> Vidistis ipso rapere de rogo cœnam.

Parricida (v. 349). C'est encore un de ces propos outrageux qu'on se jetait à la tête en se disputant, sans vouloir en faire une imputation positive (*voyez* cinq vers plus bas). Horace (*Épît.*, liv. I, ép. 16) donne un échantillon de ce genre d'éloquence :

> Idem si clamet furem, neget esse pudicum,
> Contendat laqueo collum pressisse paternum.

Cum illo perdiderim fidem (v. 363). *Voyez*, pour cette forme grammaticale, *les Captifs*, v. 864; *Charançon*, v. 144; *le Marchand*, v. 619.

Sat sic longæ fiunt fabulæ (v. 375). *Voyez* les notes du *Carthaginois*, p. 437.

Dictator..... Athenis (v. 403). Toujours les idées romaines mêlées aux drames grecs, comme dans le discours de ce prostitueur d'Épidaure qui parlait du Capitole (*Charançon*, v. 277).

Sed dissimulabam, etc. (v. 409). Vers ajoutés aux éditions anciennes par le secours de M. Ang. Mai.

Ut nunc mos est, etc. (v. 420). Plaute, en justifiant Calidore, faisait la satire des mœurs publiques; il n'était pas le seul.

.... At etiam ineptus meus mi est iratus pater,
Qui se talento argenti tetigi, veteri exemplo amantium.
(TURPILIUS, *Demetrio*.)

Alter amat, potat, prodigit, patrem suppilat semper.
(POMPON., *Sarcular.*)

Quodnam ob facinus? quid ego tantum sceleris admisi miser?
Volgo id faciunt.
(TERENT., *Heaut.*, act. v, sc. 2, v. 3.)

Nos poëtes comiques pourraient aussi fournir des citations pareilles; par exemple, l'auteur de *l'Avocat patelin* (acte I, sc. 2): « Oh! madame, quand les pères ne donnent rien aux enfans, les enfans les volent: cela est dans l'ordre. Et Valère fait comme les autres, c'est la règle. »

Il faut convenir que la règle est changée de notre temps.

Populo viritim, etc. (v. 428). Les distributions publiques étaient ou générales, comme les banquets, ou individuelles, comme les *congiarium*. Chacun obtenait soit une portion d'huile ou de froment, soit une petite somme d'argent (voyez *la Marmite*, v. 69). Quelque peu qu'on donnât par tête, les largesses coûtaient cher à ceux qui les faisaient. Il paraît que Simon eût été en fonds pour faire les siennes, d'une espèce nouvelle.

Tamen ero frugi bonæ (v. 455). Ne serait-on pas tenté de se laisser prendre à ce semblant d'indignation du maraud, comme aux belles paroles de Sinon:

........Nec, si miserum Fortuna Sinonem
Finxit, vanum etiam mendacemque improba finget.

Haudque alio (v. 461). Les éditions vulgaires donnent *atque alio*, ce qu'il est difficile d'expliquer d'une manière satisfaisante: « Tu me frapperas avec tes ruses; moi je te frappe d'une autre manière. » Il est plus naturel de penser que les copistes auront changé *haudque* en *hautque*, puis en *autque*, puis *atque*, comme le conjecture très-bien M. Bothe.

Juberes (v. 481). M. Bothe propose *juberen'*, changement inutile. C'est la forme ordinaire d'une proposition générale; cela ne s'adresse pas à l'interlocuteur.

Ætatem (v. 502). Cette expression, chez les Latins, correspond à nos expressions *toujours*, ou *un siècle*.

> ....Anne abiit, jam a milite?
> Jam dudum, ætatem.
> (TERENT., *Eun.*, act. IV, sc. 6, v. 7.)

> Nam neque ille hoc animo erit ætatem.
> (*Hecyra*, act. V, sc. 1, v. 21.)

Nam nunc non meu'st (v. 508). M. Bothe condamne cette leçon, et il y substitue: *nam nunc jam meu'st;* de plus il coupe autrement le dialogue. J'ai cru que sans tous ces changemens la phrase pouvait s'expliquer.

Pugnam (v. 513). Nous avons eu lieu d'observer plusieurs fois que les Latins affectionnaient cette métaphore pour exprimer des traits d'audace ou de fourberie. *Voyez* aussi TÉRENCE, dans *l'Eunuque* (acte V, sc. 2, v. 60).

Consutis dolis (v. 528). Cette locution vulgaire a donné lieu à une assez froide plaisanterie dans *Amphitryon*, v. 212.

Stilis..... ulmeis conscribito (v. 534). Un coquin de même trempe s'attendait aussi à être coloré par des Zeuxis et des Apelles, armés de pinceaux d'orme (*Épidique*, v. 601).

Flagitabere (v. 545). *Voyez* la note du vers 402 de *la Marmite*.

Nisi quia (v. 557). Cette locution a bien la physionomie grecque πλὴν ὅτι.

Tibicen vos interea, etc. (v. 562). Il n'y avait pas d'entr'actes comme nous l'entendons, par la raison qu'il n'y avait pas encore de divisions d'actes. Mais la scène restait vide quelquefois, et alors le joueur de flûte, placé sur le proscenium, occupait le public avec ses chants. Plus tard, on imagina des intermèdes de mimes et d'autres farceurs, *embolia*. Ces divertissemens intercalés furent souvent étrangers à l'action et même au caractère de la pièce. Qu'on ne s'étonne pas de cette bizarrerie; Louis XIV et sa cour s'amusaient des jeux grotesques de Polichinelle et de Scaramouche dans les entr'actes de *l'Alceste* de Quinaut. (VOLTAIRE, *Dict. phil.*, article ART DRAM., § *de l'Opéra*.)

Malorum meorum, etc. (v. 568). Il est très-probable que, pour prêter davantage à l'équivoque bouffonne, l'acteur prononçait le mot *malorum* d'une manière un peu confuse, s'approchant le plus possible du sens emphatique de la formule *virtute majorum*.

Hoc ego oppidum, etc. (v. 572 sqq.). Toujours des allusions aux pratiques militaires; il fallait se conformer au génie de ce public guerrier.—Voyez *l'Asinaire*, v. 527-537; *Épidique*, v. 360; *le Persan*, v. 744-748.

Patronus foribus (v. 593). Les esclaves de Plaute aiment à se déclarer tuteurs ou camarades des portes dont ils ont la garde (*Asinaire*, v. 370; *le Bourru*, v. 226).

Dum tu strenuas, etc. (v. 615). Cette leçon est fort controversée. Je n'ose affirmer que ce soit la véritable; mais, dans l'embarras où me jetaient l'altération du texte et les conjectures infinies des savans, j'ai tâché de faire le choix le plus convenable au dialogue et au génie de Plaute.

Furcilles (v. 617). Encore une leçon douteuse, mais qui m'a paru préférable à *suggilles*, *forioles*, et autres corrections.

Syrus sum. — Syrus? etc. (v. 623). Cette pièce paraît avoir été jouée, comme celle du *Trinumus* (*voyez* v. 499), dans un temps où l'on maltraitait les Syriens sur le théâtre de Rome. L'origine syrienne était une mauvaise recommandation alors.

Hoc (v. 628). Ce mot est plutôt à l'ablatif l'antécédent de *quia*, *eo quod*, qu'à l'accusatif complément de *scio*.

Res agitur apud judicem (v. 631). *Voyez* la note du vers 475 des *Ménechmes*, p. 408 du t. v.

Harpax (v. 639). Plaute explique lui-même dans le vers suivant l'étymologie de ce nom; il l'avait expliquée déjà dans *la Marmite* (v. 158) et ailleurs.

Vasa ahena (v. 642). Les vases d'airain étaient déjà précieux à Rome. Cependant on n'avait pas encore pillé Corinthe; mais Corinthe avait enrichi de ses ouvrages des villes que les Romains avaient visitées du vivant de Plaute.

DE PSEUDOLUS.

Aurichalco, etc. (v. 674). Voyez *Charançon*, v. 211.

Herum (v. 677). Souvenons-nous que Pseudolus a deux maîtres, *herus major, herus minor* (voyez *l'Asinaire*, v. 313). Il ne voulait pas d'ailleurs donner l'exemple d'un esclave dénonçant son maître à son maître (v. 480).

Dulcia atque amara, etc. (v. 680). Ce discours ressemble beaucoup au commencement d'une scène d'*Épidique* (v. 94).

Quom hæc tibi, etc. (v. 683). J'ai risqué d'intercaler le monosyllable *tum* pour faire le vers et la syntaxe.

Te, te, te, tyranne (v. 691). Le palimpseste ne répète que deux fois *te*.

Matrem (v. 698). Le jeune homme n'est pas plus téméraire pour le changement de sexe et de genre, que, dans *le Trinumus*, Stasime, qui appelle un champ la nourrice des propriétaires, *agrum nostram nutricem*.

Os sublevi (v. 708). Voyez *la Marmite*, v. 624.

Horum causa hæc agitur, etc. (v. 709). Voyez la note du vers 547 du *Carthaginois*.

Quid sapit (v. 726). *Sapere* s'appliquait également au sens moral et au sens physique. Plaute profite misérablement de cette double signification pour faire un quolibet digne d'un bateleur, et non d'un poète. Ceux qui suivent sont de même force. Il fallait amuser le populaire, comme on disait autrefois.

Murrhinam, passum, etc. (v. 730). Pline a vanté le vin de myrrhe, quoiqu'il cite à faux *le Persan* (*Hist. Nat.*, liv. XIV, ch. 15). Le *defrutum* était un vin doux qu'on avait fait réduire au tiers par ébullition. Columelle enseigne (liv. XII, ch. 39) comment se composait le *passum*, de raisins séchés au soleil, puis humectés de vin nouveau, et pressés ensuite. Toutes ces boissons attiraient les gourmands dans les *thermopolium*, qui ressemblaient assez à nos cafés, plutôt à nos cabarets, parce qu'ils n'avaient guère que les petites gens pour habitués, comme ces Grecs soi-disant philosophes dont se moque si bien Charançon. Les riches s'enivraient chez eux.

Turbo (v. 734). Est-ce un tourbillon, comme le *ventus turbo* de *Charançon* (v. 651)? est-ce un jouet d'enfant, *torto volitans sub verbere* (*Æneidos* lib. VII, v. 378)? Ce dernier sens m'a paru préférable.

Ecquid argutu'si (v. 735)? Un homme fin, délié, parleur habile, pouvait être désigné par l'épithète *argutus*. Mais le participe d'*arguo* signifie convaincu, condamné; et M. Lhomond dit qu'alors on peut mettre également *furti* ou *furto*. Je crois qu'il aurait donné des férules à Charin pour son coq-à-l'âne, *malorum facinorum*, malgré l'observation de la règle.

Plebiscitum non est scitino (v. 738). *Ohe! jam satis est.* Plus d'un spectateur dut faire cette exclamation. On était sans doute effrayé, non-seulement de la multiplicité des turlupinades, mais de la gradation qu'elles avaient suivie; car elles devenaient de plus en plus mauvaises.

Omneis ordines, etc. (v. 750). M. Bothe a déclaré que tous les éditeurs sont ineptes de donner cette leçon, et il écrit avec Langius, *legionis meæ*. Boxhornius proposait *ordine* au lieu de *ordines*. La leçon vulgaire ne m'a pas semblé inexplicable.

Interminatus est, etc. (v. 765). *Phormion* commence par un monologue sur le même sujet.

Potandus fructus est fullonius (v. 771). Les foulons, pour nettoyer les étoffes, les battaient avec leurs pieds en trépignant dessus.

Terra hæc, non aqua, est, ubi tu solitus argutarier
Pedibus, cretam dum compescis, vestimenta qua lavas.
(TITINIUS, *Fullonibus*.)

Exsilui de nocte ad molam, FULLONE FESTINANTIUS.
(POMPONIUS, *Asinaria*.)

De là cette expression *fullonius saltus*, la danse des foulons. Mais que veut dire l'enfant par ces mots *fullonius fructus*? Les commentateurs et les auteurs de dictionnaires les interprètent dans le sens de coups de pied, de toutes sortes de coups. Je ne cherche pas à pénétrer plus avant, je craindrais d'y découvrir quelque chose de plus répugnant que l'urine avec laquelle les foulons faisaient disparaître les taches.

Numo (v. 798). Comme on voit par la comparaison avec le vers précédent, *numus* est un didrachme. Un autre calcul le prouve dans *le Bourru*, v. 490.

Olus (v. 803). « Cordus et Gesner nomment ainsi (*olusatrum*) l'*hipposelinum* de Théophraste, ou *smyrnium* de Dioscoride, *smyrnium olusatrum* de Linnæus, espèce de maceron. » (*Dictionnaire des Sciences médicales.* — *Voyez* PLINE, *Hist. Nat.*, liv. XIX, ch. 48.)

Strigibus (v. 809). Il n'y avait point un seul conte de sorcière, de magicienne, d'empoisonneuse, où il ne fût question de cet oiseau funeste. Les poètes en parlent beaucoup; mais on n'en trouve point la description dans les livres d'histoire naturelle.

Sipolindrum, etc. (v. 821, 825). On voit que le cuisinier compose en ce moment une nouvelle nomenclature de botanique dont il aurait eu peine à montrer les échantillons.

Demissis pedibus....., manibus (v. 832, 833). C'était une locution vulgaire, de dire « courir les bras pendans, » pour exprimer une course rapide (*Épidique*, v. 426). Le cuisinier se trompe à dessein pour faire un jeu de mots; il aurait mieux valu qu'il l'eût laissé d'où il venait.

Nisi miluinis, etc. (v. 841). On laisse dire ces choses-là aux autres, on ne les dit pas de soi-même. Olympion était plus dans les convenances quand il comparait les cuisiniers à des buissons d'épines (*Casine*, v. 577).

Venenis (v. 860). Le nom *venenum* était une expression d'un sens mixte, qui signifiait très-souvent, comme ici, non pas un poison qui tue, mais un remède salutaire, quelquefois merveilleux. La médecine moderne a employé des dénominations différentes, de peur qu'on ne s'y trompât. Chez les Romains, on devait ajouter *malum* à *venenum*, pour faire la distinction (*Digeste*, liv. L, tit. 16, loi 236. — CIC., *pour Cluentius*, ch. LIV).

Te amo et metuo (v. 926). Le successeur de Philopœmen disait dans le sénat : « Nous vous révérons, pères conscrits, et, si vous voulez même, nous vous craignons. » La crainte et l'amour réunis composent le sentiment qu'on a pour les êtres qu'on honore le plus. Dans la pensée de Pseudolus, c'était, je crois, la crainte qui dominait. *Voyez* v. 999.

Carnufex me abcipito (v. 932). Ce verbe pouvait se prendre à la deuxième ou à la troisième personne, selon qu'il plaisait au poète, et selon que l'acteur détachait le mot *carnufex* comme vocatif, ou le joignait au verbe comme sujet; probablement la manière de prononcer laissait la chose dans l'incertitude.

Quasi cancer solet (v. 937). *Voyez* le vers 335 de *Casine*.

Angiportum (v. 943). Le prostitueur devait en effet demeurer dans une ruelle, une petite rue de traverse, sur laquelle ne donnaient que des jardins ou les derrières des habitations. — Voyez *le Persan*, v. 670.

Philosophatur (v. 955). Lorsque Carnéade vint en ambassade à Rome, il attirait à lui toute la jeunesse romaine, qui ne voulait plus faire autre chose que *vacquer à la philosophie....* Caton s'en effraya, et voulut qu'on renvoyât ces ambassadeurs grecs, *attendu mesmement que c'estoyent hommes qui pouvoyent facilement persuader et faire accroire tout ce qu'ils vouloyent*. Alors les vieux Latins, les vieux Sabins ne prononçaient qu'avec horreur ou avec mépris le nom de la philosophie; pour eux, philosopher, c'était faire le métier d'un bavard oisif et d'un subtil intrigant. Les plébéiens surtout, dont les enfans n'allaient pas apprendre les lettres grecques avec les fils des patriciens, s'acharnaient contre ces discoureurs suspects; et Plaute ici, comme dans la pièce des *Captifs* (v. 217), était l'écho des plébéiens.

Ut vestitus est (v. 962). Les gens de cette espèce avaient soin de se vêtir d'une manière brillante, pour attirer les voluptueux et les libertins par un air d'opulence : on a entendu Ballion lui-même annoncer tout-à-l'heure l'intention d'en imposer par un étalage de luxe (v. 163). Le costume convenu pour ces sortes de rôles était éclatant et chamarré de diverses couleurs (χιτῶνι βαπτῷ καὶ ἀνθεινῷ περιβολαίῳ; JUL. POLL., *Onom.*, lib. IV, c. 18. — DONAT., *Fragm. de trag. et com.*).

Ite hac triumphi, etc. (v. 1027). Le génitif peut être le complément de *via* ou de *cantharum*. Si ce nom était mis entre deux virgules, il deviendrait un vocatif, une expression hardie et poétique au lieu de *triumphalis cohors*.

Cedo fortunatam manum (v. 1041). Quand on voulait affirmer quelque chose à quelqu'un, lui donner sa parole ou un témoignage d'intérêt et de bienveillance, on lui prenait la main. — Voyez *la Marmite*, v. 96; *le Cordage*, v. 199, et particulièrement la note sur le vers 792 des *Captifs*.

Roga.... promittere (v. 1046-1049). On reconnaît toujours le désir de plaire au peuple romain en reproduisant dans le dialogue ses formules habituelles de contrats.

Molarum coloniam (v. 1076). C'est probablement la même colonie que celle où Sagaristion avait servi comme tribun à verges (*le Persan*, v. 22), et dans laquelle Léonidas habitait (*l'Asinaire*, v. 282).

Malus et nequam, etc. (v. 1079). Cet honnête serviteur raisonne comme Phanisque du *Revenant* (v. 875). Les Romains, dans ces momens-là, auraient eu envie de faire venir leurs esclaves au spectacle.

Hic homo meu'st (1100). Cela ressemble beaucoup à la convoitise de Lycus du *Carthaginois* (v. 658).

Dum recens est, etc. (v. 1103). Cléérète savait fricasser aussi les amoureux (*l'Asinaire*, v. 163).

Populi (v. 1106). L'emploi de ce mot ici est remarquable; c'est le même que celui du mot *gentes* dans la basse latinité, pour dire *les gens*. L'anglais *people* a beaucoup de rapport avec cette locution.

Curio infortunio (v. 1122). L'adjectif *curius* est dérivé, dit-on, de *cura*. Je crois plutôt que c'est une transcription du grec κύριος, signifiant principal, dominant, essentiel, qu'Horace a traduit en latin, quand il a dit *dominantia nomina*. Plaute sera lui-même son commentateur, si l'on se rappelle le vers 21ᵉ du Prologue du *Marchand* : « *Solido multat infortunio.* »

Intende digitum (v. 1123). Il y avait une grande différence entre l'action de montrer quelqu'un du doigt et celle de lui montrer le doigt; l'une était honorable et flattait l'amour-propre, l'autre le blessait, comme marque de mépris. Horace (*Odes*, liv. IV, ode 3) et Perse (sat. I, v. 28) aimaient à se voir l'objet de la première en passant dans les rues. Martial (liv. VI, épigr. 70) et Juvénal (sat. X, v. 53) réservaient la seconde pour les méchans, les infâmes. Dans les deux cas, on allongeait un doigt du côté de la personne à qui on en voulait. Mais quel doigt? c'était là ce qu'il fallait bien distinguer. On montrait Horace et Perse avec l'index; Harpax doit montrer à Ballion le doigt du milieu, entre l'index et l'annulaire.

Die multum (v. 1137).

Libra *die* somnique pares ubi fecerit horas.
(VIRG., *Georg.*, lib. 1, v. 208.)

Quid, malum (v. 1147)? Cette exclamation va donner lieu à une plaisanterie de l'interlocuteur, qui répond comme si on lui avait fait la question : *Quid malum?* ce qui, au temps de Plaute, n'était pas un solécisme.

Meo peculio (v. 1170). *Voyez* la note sur le vers 191 du *Persan*.

Uncti hi.... senes (v. 1171). Un des grands plaisirs du bain était de se faire asperger d'huile et de se faire frotter avec l'étrille (*strigilis*). Mais ce n'est pas pour leur plus grand plaisir, qu'Harpax, dans ce moment, voudrait frotter les vieillards.

Præceptor (v. 1174). Il ne s'agit point ici d'école, mais de théâtre. Le maître est celui qu'on suppose avoir enseigné aux autres à jouer leur rôle. *Voyez* la note du vers 551 du *Carthaginois*.

Rufus quidam, etc. (v. 1195). On croit trouver encore ici un portrait de Plaute; et la preuve qu'on allègue, c'est que les Latins donnaient l'épithète de *ploti* aux Ombriens, parce qu'ils avaient les pieds plats, et que l'auteur comique s'est nommé *Plautus*, étant né dans l'Ombrie.

Præmium (v. 1201). Dans cette latinité, *præmiator* signifiait brigand, ravisseur (NÆVIUS, *Agrypn.*); *præmiosus*, riche (FESTUS, *hac voc.*); parce que *præmium* exprimait l'idée d'un bien possédé sans idée de récompense (*Amphitr.*, v. 495; LUCRÈCE, liv. v, v. 25).

Modicis (v. 1205). *Modicus* est l'opposé de *ingens*. Ici l'épithète exprime plutôt l'idée relative à la somme que la qualité des mines considérées en elles-mêmes.

Centuriata.... capitis comitia (v. 1209). Les opinions aristocratiques étaient encore en pleine vigueur. L'assemblée suprême du peuple romain, où se rendent les jugemens les plus solennels, est celle des comices par centuries.

Quam in aliis comœdiis, etc. (v. 1217). Simon est vraiment trop bonhomme, et les spectateurs, tant soit peu critiques, ne lui sauront pas gré de cette douceur, qui prépare un dénoûment trop facile à Pseudolus. Dans la comparaison avec les autres comédies, la différence n'est pas à l'avantage de Simon, du moins sous le rapport de l'art.

Dolum (v. 1221). S'agit-il de Dolon le Troyen? ou le poète voulait-il exprimer seulement l'idée de ruse? J'ai préféré avec beaucoup de savans la première interprétation, quoique Dolon, qui se laissa prendre comme un sot, n'ait pas été un héros de malice. Mais le poète s'est attaché principalement à la paronomasie *Dolus*, *Pseudolus*.

Ubi (v. 1235). M. Bothe change *ubi* en *ibi*, et la construction devient alors régulière, la phrase marche bien. J'ai mieux aimé laisser l'embarras, l'incohérence qui règnent dans les discours de Pseudolus, et ne pas faire marcher sa langue mieux que ses jambes.

Quis nuntiate (v. 1259). Il n'y a point ici de désordre grammatical causé par l'ivresse : c'est une forme reçue. L'esprit considère un des gens de la maison qui doit ouvrir ou annoncer, tandis qu'on les appelle tous (*Épidique*, v. 378; *les Ménechmes*, v. 585; *le Marchand*, v. 130).

Adflictas (v. 1265). Il y a dans toutes les éditions *afflicter* ou *afflictor*, qu'il m'a paru bien difficile d'expliquer.

Cum corolla (v. 1267). *Voyez* la note du vers 838 d'*Amphitryon*.

Hiberna (v. 1270). Le jour civil se divisait en douze parties égales, de minuit à minuit. Mais, la durée du jour naturel étant plus courte en hiver qu'en été, les divisions ou heures devenaient plus petites alors.

Istum (v. 1277). De même que Pseudolus vient de dire *hunc hominem* au lieu de *me*, Simon dit *istum* pour *te*.

NOTES DU CORDAGE.

RUDENS. Madame Dacier, dans sa traduction si souvent heureuse, et toujours estimable, a substitué un titre épigrammatique (*l'Heureux naufrage*) au titre beaucoup plus simple et même un peu insignifiant de l'original. Plaute n'attachait qu'une très-médiocre importance à cette partie de ses pièces; il ne s'appliquait nullement à y renfermer une idée sommaire du drame, ou à la tourner d'une manière spirituelle et piquante. Ici c'est une allusion à un incident peu remarquable d'une scène fort gaie (v. 845).

Noms des personnages. — Scéparnion, qui, pour son début, s'occupe de dégâts à réparer et de terre à extraire pour composer du mortier (v. 1-14), a bien pu tirer son nom du mot grec σκεπάρνιον, cognée, hoyau. L'honnête vieillard, récompensé par les dieux, nous rappelle cette épithète homérique Δαιμόνιος. Les rudes épreuves auxquelles le destin a mis Palestra ne justifient que trop son nom, qui donne lieu à un jeu de mots dans le cours de la pièce (v. 723, 724). Un loup de mer s'appelait λάβραξ; l'auteur a choisi ce nom dans une intention pareille à celle qui lui avait fait nommer *Lycus* un autre prostitueur (voyez *le Carthaginois*). Un parasite, un plaisant de profession, pouvait très-bien être appelé d'un nom dérivé de χαρμή.

Arcturo. Étoile primaire, une des plus brillantes du ciel, appartenant à la constellation du *Bouvier* qui est à la queue de la *Grande-Ourse*. « L'Arcture, dit Servius (*Géorg.*, liv. 1, v. 67), se lève le 17 septembre, et les pluies commencent.... Plaute fait connaître assez que ce signe amène la pluie et les tempêtes, lorsque, dans *le Cordage* (v. 69), il lui prête ce discours : *Increpui hibernum*, etc. »

Qui genteis omneis, etc. (Prol., v. 1). Dans ces deux premiers vers, admirables comme tout le début du Prologue, l'influence des institutions et des habitudes sociales sur le langage se fait sentir d'une manière digne de remarque, surtout si l'on compare les traductions. Certainement madame Dacier comprenait très-bien la signification et les rapports du mot *civis*, car elle renvoie, pour mieux l'expliquer, au vers 42; mais, de son temps, elle a dû traduire : « Je suis un des *sujets* du grand dieu, etc., » et plus bas (v. 8), *inperator*, « ce monarque. »

L'inversion m'a paru nécessaire à conserver pour remplir l'intention de l'auteur, qui passe tout à coup du ton épique ou tragique à la familiarité de la comédie.

Stella (Prol., v. 3). Madame Dacier a enrichi sa traduction de notes excellentes; j'en emprunterai plusieurs sans déguisement, et j'aurai soin de les signer de l'initiale de son nom.

Plaute met ici *stella*, étoile, pour *signum*, constellation. Car c'est l'Arcture qui parle, et non pas une de ses étoiles. D.

Heic atque in cœlo (Prol., v. 5). Les génies, les *Daimones*, habitaient les astres; ils devenaient les astres mêmes. Ils obéissaient au souverain maître de l'univers, et portaient ses messages, exécutaient ses ordres. Castor et Pollux, qui brillaient dans le ciel pour ranimer l'espoir du navigateur, ne furent-ils pas envoyés sur la terre pour soutenir les légions romaines dans la guerre contre les Latins, et pour annoncer la victoire dans Rome? Les génies et les héros ne peuplaient-ils pas la voie Lactée, au dire de Manilius?

Nomina exscribta, etc. (Prol., v. 15). C'est le sentiment de toute l'antiquité païenne, qu'il y avait des divinités qui écrivaient les bonnes et les mauvaises actions; c'est ainsi que Callimaque, après avoir décrit la manière insolente dont Erésichthon parle à Cérès, ajoute :

Νέμεσις δὲ κακὰν ἐγράψατο φωνάν.   D.

Donis, hostiis (Prol., v. 23). *Dona* sont proprement les offrandes que l'on faisait aux dieux, et qui restaient dans leurs temples. Les lieux où on les plaçait étaient appelés *donaria*. D.

Post factum ut lœtemini (Prol., v. 30). Parmi les fragmens attribués à Ménandre, on lit celui-ci (*Théâtre des Grecs*, édit. de M. Raoul-Rochette, tome XVII, p. 166) : « O mon cher maître! gardez-vous de rien convoiter du bien d'autrui, pas même une aiguille; car il est un dieu qui se complaît aux bonnes œuvres et qui réprouve les mauvaises : c'est aussi lui qui comble de ses dons l'homme laborieux, qui remue la terre jour et nuit. Offrez donc sans cesse vos vœux à ce dieu, et pratiquez la justice; efforcez-vous de briller par vos sentimens plus que par vos habits. Gardez-vous aussi de fuir effrayé quand le tonnerre éclate à vos côtés, si votre conscience ne vous reproche rien; car dieu vous voit et vous protège. »

Civis hujus (Prol., v. 42). Madame Dacier suppose que ce pronom *hujus* remplace le mot *lenonis*. Mais le prostitueur est venu s'établir à Cyrène; il y est seulement domicilié, et non citoyen, non plus que Pleusidippe. D'ailleurs le poète dirait-il que Pleusidippe est concitoyen de cet infâme? Mais on insiste à plusieurs reprises dans le cours de l'action sur les rapports de commune patrie qui existent entre Palestra et Pleusidippe, comme entre eux et Démonès.

Ludo fidicino (Prol., v. 43). Les trafiquans de ce genre avaient soin de faire apprendre la musique à leurs filles esclaves. C'était une autre spéculation du maître; on louait des joueuses de lyre pour les sacrifices (*Épidique*, note du vers 297). Le jeune Phédria, dans *Phormion* (acte I, sc. 2, v. 30-36), devient aussi amoureux d'une belle qui fréquentait une école de musique.

Ut hosteis vostri diffidant (Prol., v. 82). Le temps n'était pas encore venu où le poète pouvait féliciter les Romains de leurs victoires, comme dans *la Cassette* et dans *le Bourru*. On joua peut-être cette comédie pendant que Fabius Maximus s'efforçait d'arrêter Annibal, et que Rome se trouvait heureuse de se tenir avec fermeté sur la défensive.

Alcumena Euripidi (v. 4). Euripide avait fait *l'Alcmène*, et il y a beaucoup d'apparence que Plaute s'était servi de cette pièce pour son *Amphitryon*. Euripide y avait si bien décrit l'orage qui se fit pendant qu'Alcmène accoucha, qu'il semble que, depuis ce temps-là, pour dire une tempête furieuse et des tonnerres épouvantables, on ait dit comme en proverbe, *c'était l'Alcmène d'Euripide*. Un savant interprète voulait lire *Alcmœon Euripidi*, comme si Plaute avait voulu faire allusion à l'histoire d'Alcméon, qui était devenu furieux pour avoir tué sa mère, et qui, dans sa fureur, avait brisé toutes les tuiles de sa maison. La première remarque est mieux fondée et plus vraisemblable. D.

Inlustriores fecit (v. 6). Madame Dacier dit que les commentateurs trouvaient dans le rapport de *illustriores* avec *tegulas* une espèce d'absurdité, et que Meursius lisait *illustrior is fecit*, en sous-entendant *tectum* du vers précédent; car les anciens faisaient neutres les noms en *or*. Mais elle aime mieux sous-entendre *œdes*, un peu trop arbitrairement, ce me semble. Pourquoi tourmenter la phrase, et ne pas la laisser telle que le poète l'avait conçue, attachant *illustriores* par la construction grammaticale à *tegulas*, et par l'ordre logique à l'idée de *toiture*, que représente à l'esprit ce pluriel collectif ?

Mactat (v. 14). Il ne faut rien changer en cet endroit. *Mactare* est ici pour fatiguer, comme nous disons *tuer*, dans le même sens. D.

Pater, salveto (v. 21). Lorsque les jeunes gens saluaient des personnes âgées, ils leur donnaient le nom de père si c'était un homme, et celui de mère si c'était une femme. Les Grecs disaient de même ἄττα γέρον. D.

Di dabunt (v. 25). On a déjà vu souvent le futur mis à la place du présent du subjonctif, dans les phrases optatives (*les Captifs*, v. 810).

Peculiosum esse, etc. (v. 30). Pleusidippe parle ainsi, parce que les bons valets et ceux qui ont gagné quelque chose sont d'ordinaire plus insolens, à cause qu'ils se croient nécessaires. C'est le véritable sens de ce passage. C'est pourquoi il n'est pas besoin de lire *et inprobum*. — *Decet* pour *oportet*, *opus est*. D.

Gripus expliquera la véritable cause de l'insolence des esclaves enrichis, v. 824 et suiv.

Prætereat oratio (v. 31). Les interprètes n'ont pas entendu ce passage, parce qu'ils n'ont pas pris garde qu'il est purement grec, et que Plaute dit *illum præteriit oratio*, comme Homère σ'ἔπος ἔκφυγεν. D.

Jam hos dies multos fuit (v. 55). *Voyez* le Prologue de *la Marmite*, v. 4.

Fana ventris causa circumis (v. 58). Scéparnion accuse Pleusidippe de faire le métier de certains coquins qui rôdaient toujours autour des temples et des autels pour attraper quelques restes des sacrifices. Les Grecs appelaient ces gens βωμολόχους. D.

Comme il y avait presque toujours un repas à la suite du sacrifice, les parasites, et ce que nous nommons les *pique-assiette*, devaient être assidus aux cérémonies saintes.

Nullum 'st periclum, etc. (v. 62). Nous disons dans le même sens : *Il n'y a point de danger que vous fassiez cela*, pour dire, *vous pouvez faire cela, vous ferez bien de faire cela*. D.

Cette explication très-naturelle résout toute difficulté, s'il y en a. Je ne vois pas pourquoi M. Bothe a vu ici dans le texte une absurdité qui l'obligeait de changer toute la construction de la phrase et du dialogue.

Amori (v. 64). Scioppius a corrigé très-bien la leçon vulgaire *amore.* Plaute l'y autorisait lui-même dans cette même scène (v. 98).

Propter viam (v. 68). Lambin, et madame Dacier après lui, ont interprété ingénieusement et savamment ce passage; mais se sont-ils bien garantis de l'erreur où la science peut entraîner l'esprit par le plaisir de se montrer et de deviner?

« Lorsque les anciens voulaient entreprendre un voyage, ils faisaient un sacrifice à Hercule avant de partir (FESTUS, *propter viam*). La coutume était de faire brûler tous les restes, tout ce qui n'avait pu être mangé. C'est sur cela qu'est fondé un bon mot de Caton sur un homme qui, après avoir mangé tout son bien, avait perdu par un embrasement la seule maison qui lui restait : « Il a fait, dit-il, le sacrifice de voyage, » *propter viam fecit*. C'est dans une intention analogue au bon mot de Caton, que Scéparnion, voyant des hommes qui ont fait naufrage, et à qui il ne reste plus rien, dit qu'ils ont fait le sacrifice où l'on ne se réserve rien. »

N'y a-t-il pas ici quelque confusion de pensées? D'abord, y aurait-il une similitude bien juste entre l'homme dont les biens périssent par un naufrage et celui dont le repas est consumé par le feu? Je comprends l'épigramme de Caton; l'homme dont il se moque vient d'être ruiné par un incendie. Mais ici l'analogie des idées manquerait à la plaisanterie.

De plus, madame Dacier et Lambin n'observent pas que Scéparnion n'a point dit que les hommes dont il parle eussent fait un sacrifice; il dit tout le contraire, ou du moins tout autre chose : *Vocati sunt*, « ils sont invités, ils se rendent à une invitation. » Ce ne sont donc point eux qui traitent; ils n'ont donc pas fait le sacrifice, et le repas n'est pas fini, et l'on n'en a pas détruit les restes.

Mais, en voyant ces hommes dans l'eau, le mauvais rieur peut supposer qu'un de leurs amis les a invités à un dîner, c'est-à-dire à un repas du matin, qui doit suivre un sacrifice à l'occasion d'un départ, ou le leur, ou le sien; et que le bain qu'ils achèvent de prendre en ce moment, n'est que la préparation d'usage au repas.

Le vers suivant, par lequel il explique sa pensée, aurait dû, je crois, ouvrir les yeux aux doctes interprètes; il a été le sujet d'une seconde erreur. *Post cœnam laverunt heri.* Au lieu de voir là tout simplement l'idée d'un bain qu'on a pris la veille après le souper pour être prêt le jour de bonne heure, ils ont voulu prêter au verbe *laverunt* le double sens de « se défaire de tout, perdre tout; » comme Plaute a dit dans *l'Asinaire* : *Heic elavi bonis*, et dans cette même comédie-ci : *Eho! an te pœnitet in mari quod elavi?*

Mais ils n'ont point remarqué que c'est le composé seul *elavi* qui a cette signification métaphorique, et non pas le simple *lavi*, lequel ne se trouve employé en ce sens ni dans Plaute, ni ailleurs que je sache. Ils n'ont pas réfléchi à une chose encore plus frappante, à l'incohérence d'idées qu'il y aurait dans un pareil propos : « Ces gens me semblent invités à un repas, à un sacrifice de départ, où l'on brûle tous les restes. — Sur quoi se fonde cette opinion? — C'est qu'ils ont tout perdu dans l'eau. »

Palæmon (v. 77). Mélicerte, fils d'Athamas et d'Ino, s'étant jeté dans la mer, fut changé en un dieu marin que les Latins appellent *Portumnus*, et les Grecs *Palæmon*. D.

Dextrovorsum (v. 93). J'ai oublié ce mot dans la traduction; il fallait écrire : « Mais quel détour prend-elle sur la droite! »

Vesperi (v. 97). Voyez *le Militaire fanfaron*, note du vers 988.

Præcipuam (v. 106). Il ne faut pas joindre le mot *præcipuam* avec *pietatem*, mais avec *partem*. — *Pars præcipua* est proprement une portion prise sur le tout, et que l'on donne de surplus à celui que l'on veut avantager. Palestra trouve que sa misère est plus grande qu'elle ne devrait être; c'est pourquoi elle demande si *ce trop* lui a été donné pour récompense de sa piété. D.

J'ai eu tort d'ajouter l'épithète *si pure* pour éviter de dire *ma vertu;* on pourrait la prendre pour une mauvaise traduction du mot *præcipuam*.

Conpotita (v. 122). Madame Dacier blâme *conpotita* et préfère *composita* : on dit bien *potitus malis*, *morte*.

Heic saxa, etc... *Algor, error, pavor*, etc. (v. 123-133). L'éloquence d'Ariadne, tant et si justement admirée (CATULLE, *carm.* LXIV, v. 184-188), est-elle plus vraie, plus forte que celle de Palestra ?

Neque quidquam unquam iis, etc. (v. 138). Elle dit que l'avantage d'être née libre lui est inutile, puisqu'elle est esclave, et qu'elle n'a pu même payer à ses parens le prix de son éducation, que les Grecs appelaient θρεπτήρια.

Οὐδὲ μὲν οἵγε γηρώντεσσι τοκοῦσι ἀπὸ θρεπτήρια δοῖεν.
(HESIODUS.)

..........................Οὐδὲ τοκεῦσι
Θρέπτρα φίλοις ἀπέδωκε......
(HOMERUS.) D.

Lepidu'st (v. 175). Comme l'aspect des lieux change selon les différentes dispositions de l'âme! Ce désert, tout-à-l'heure si affreux à ses regards, à présent qu'elle a retrouvé son amie, est un séjour charmant.

Quisquis est (v. 175). Lorsque les anciens ne savaient pas le nom du dieu auquel ils demandaient quelque chose, ils ne manquaient jamais d'ajouter *quisquis es*, « quel que tu sois, » de peur de se tromper et de fâcher le dieu en prenant un autre pour lui. D.

Preces... expetessunt (v. 178). Pareus (*Lexico Plaut.*) cite un passage de la lettre de Cornélie à C. Gracchus (CORNELIUS NEPOS, *Fragm.*), par lequel il prouve que *preces expetere* ou *expetessere* est synonyme de *invocare*; de même que l'allemand *eine bitt begehren*.

Equo ligneo (v. 187). Je ne doute point que celui qui avait fait cette pièce grecque n'eût emprunté ce vers de quelque tragique. Homère a appelé de même les vaisseaux les chevaux de la mer : Αἲ δ'ἁλὸς ἵπποι ἀνδράσι πέλονται. Eschyle et Euripide, par la même raison, les appellent des chariots marins. Un ancien poète latin a dit : *Dum copia tanta durateorum equitum volitant per tethyos æquor*. D.

Candidatas venire hostiatasque (v. 189). On ne se présentait devant les dieux, pour la prière ou pour le sacrifice, qu'après avoir purifié son corps de toute souillure par des ablutions. La blancheur des vêtemens était à la fois une manifestation de ce soin de propreté, et un emblème de la pureté des sentimens.

Manus mihi date (v. 199). *Voyez* notes de *Pseudolus*, v. 1041.

Cibo meo (v. 202). Voyez *Pseudolus*, v. 654.

Clueo (v. 204). Ce verbe est souvent employé pour *sum*. D.

Omnibus modis, etc. (v. 208). Cette scène est tout-à-fait superflue dans la composition de la pièce. Ce n'est qu'un de ces intermèdes qui divertissaient les Romains quand l'action était un moment suspendue. Un chef du chœur chantait le *canticum*, dont quelques vers étaient probablement répétés par la troupe des choristes. Le choix des personnages n'est pas fait sans dessein; c'est une préparation indirecte à l'incident qui amènera le dénoûment de la pièce. La boîte contenant les preuves de l'origine de Palestra, est retrouvée dans la mer par un pêcheur esclave de Démonès.

Hice hami, atque hæ arundines, etc. (v. 212). Madame Dacier indique des rapprochemens curieux entre plusieurs vers de ce chœur et quelques passages de l'idylle de Théocrite intitulée *les Pêcheurs*.

Pabulatum (v. 213). *Pabulari* est proprement un mot de guerre, il signifie aller au fourrage. Plaute l'emploie pour la pêche, et la métaphore est fort juste. D.

Exercitu gymnastico (v. 214). *Voyez* la note du vers 85 des *Captifs*. Madame Dacier compare très-justement cette expression à celle de Théocrite, τᾶν χεροῖν ἀθλήματα.

Echinos, etc. (v. 215, 216). Pour la traduction de ces deux vers, j'ai consulté mon savant ami, Fr. Cuvier. Elle sera exacte, si je n'ai rien brouillé dans les renseignemens qu'il m'a donnés. Quant aux derniers noms, il m'a livré à la conduite de madame Dacier, qui affirme que *plagusia striata* n'est qu'un même poisson nommé *plagusia*, du grec πλακόεσσα, πλακούσα, à cause de sa largeur, et *striata*, parce qu'il est rayé. C'est pourquoi Aristote l'appelle ῥαβδωτὸν, *virgatum*, et Pline *striatam concham*.

Piscatum hamatilem et saxatilem (v. 217). La pêche à la ligne et la pêche dans les rochers. Pour la dernière il faut être nu, et plonger pour aller prendre à la main les poissons qui se retirent dans le creux des rochers. D.

Salsi lautique pure (v. 219). Madame Dacier pense avec raison qu'il y a là un jeu de mots; mais l'auteur, selon elle, donne à entendre pour un des deux sens de l'équivoque, cette idée : *Après avoir mangé des viandes bien assaisonnées et fait grande chère*. La signification de *salsi* et de *lauti* ne semblera-t-elle pas ainsi un peu trop tirée? On sait ce que signifie *homo salsus et lautus*, « un homme spirituel et élégant; » on sait que *lautus* veut dire encore celui qui a pris un bain; on dirait plaisamment d'un homme trempé dans l'eau de la mer, qu'il est bien salé. On n'ignore pas non plus que tout convive de bonne compagnie prenait le bain un peu avant de se mettre à table : toutes ces idées pouvaient être amenées dans l'esprit du spectateur par les deux mots de Plaute; et la dernière surtout préparait un contraste risible et inattendu avec le vers suivant *incœnati*.

Conchitæ, atque hamiotæ (v. 228). Ce vers correspond à *piscatum saxatilem, hamatilem.*— *Fures maritumi* est une dénomination générique, et ne fait point allusion, comme le croit madame Dacier, à une espèce particulière de pêche.

Ut peritis (v. 229)? Au lieu de dire *ut valetis?* Car il n'est pas facile que des gens toujours affamés se portent bien. D.

Hariolus sum (v. 243). *Voyez* vers 292.

Calator (v. 252). Ce nom n'a pas ici précisément le sens étymologique *nomenclator*, que lui attribue madame Dacier. C'était en général un valet qui faisait les commissions, un suivant; dans un sens particulier, un appariteur des prêtres, qui marchait devant eux pour faire ôter de leur vue les choses profanes.

Neque ullus (v. 257). Madame Dacier traduit : *Et personne, etc.* Je crois qu'il ne s'agit point ici d'un autre sujet que celui de la proposition précédente *neque est*, « il n'y est point, il n'est point venu, » comme dans cet exemple : *Philotimus non modo nullus venit, sed....*, et dans les vingt autres que cite Forcellini.

Jecisti bolum (v. 277). *Jacere bolum* se dit également des pêcheurs et des joueurs de dés; c'est pourquoi cet endroit est fort plaisant. Trachalion dit à Neptune qu'il a fait un bon coup d'abîmer le marchand. Toute la beauté de ce passage roule sur l'équivoque du mot *perdere*, qui signifie *faire périr;* et qui se prend simplement pour *evertere*, comme nous disons *il m'a abîmé*, pour dire, il m'a ruiné, il m'a gagné tout mon argent. D.

Anancœo (v. 280). Plaute ne fait point ici allusion à la ciguë, ni à la boisson fatale du Léthé (comme le croit Casaubon); mais il a égard à la coutume que l'on pratiquait dans les festins, où sur la fin on faisait venir des coupes beaucoup plus grandes que les premières, et on les remplissait de vin, qu'il fallait boire sans en laisser perdre une goutte. Cette dernière coupe était appelée *anan cœum poculum*, « la coupe de nécessité, » c'est-à-dire la coupe la plus violente et la plus terrible. S'il était nécessaire de changer quelque chose à un passage si clair, je trouverais fort vraisemblable la conjecture de Meursius, qui lisait :

Credo, herclean, Ancæi datum quod biberet.

Herclean tout en un mot, comme *fortean*. *Ancæi*, la coupe d'Ancéus, qui mourut ayant à la main une coupe qu'on lui avait prédit qu'il ne pourrait boire. D.

Quamvis (v. 289). Voyez *Épidique*, v. 14.

Ædilis (v. 290). Les édiles, que les Grecs nommaient ἀγορανόμους, réglaient tout ce qui se vendait au marché. Ils jetaient toutes les mauvaises marchandises qu'ils trouvaient lorsqu'ils faisaient leur visite. Ils rompaient les fausses mesures, ils châtiaient ceux qui survendaient, etc. D.

Tuo (v. 291). Cela peut s'entendre de deux manières : *Væ.... tuo*, ou *tuo scivi hoc lenonem facere*.

Capillum promittam (v. 293). Les devins avaient de grands cheveux qu'ils laissaient pendre et flotter aux vents lorsqu'ils rendaient leurs oracles, et c'est ce qu'ils appelaient *jactare comam*. Il y a sur cela un beau passage dans Florus (liv. III, ch. 12): « Syrus quidam, nomine Eunus, fanatico errore simulato, dum Syriæ deæ comas jactat, ad libertatem et arma servos quasi numinum imperio concitavit. » D.

In balineas, etc. (v. 299). Ce vers et les suivans prouvent que les bains publics étaient pleins de voleurs. Cela paraît par mille passages de l'antiquité. Ces voleurs étaient appelés *fures balnearii*, et ils étaient punis plus sévèrement que les autres. *Voyez* VOLPI, *Commentaire sur Catulle*, épigr. XXXIII; BURMANN, *sur Pétrone*, ch. XXX; *Digeste*, liv. XLVII, tit. 17, *de Furibus balneariis*.

Sedentem flentemque, etc. (v. 303). La posture ordinaire de ceux qui adoraient les dieux et qui s'étaient réfugiés à leurs autels ou à leurs statues, était d'être assis. D.

Cistulam, etc. (v. 305). Le poète insiste à dessein là-dessus dans les vers suivans pour fixer l'attention du spectateur, et motiver la reconnaissance qui dénouera la fable.

Quemquam (v. 322). Il est bon de remarquer *quemquam* au féminin. D.

Item ut adfecta : nam, etc. (v. 334). Je ne me flatte pas d'avoir traduit ce vers d'une manière satisfaisante : je n'en suis pas satisfait moi-même. Le texte est trop incertain et trop mal rétabli au milieu de toutes les conjectures des éditeurs. On peut aisément critiquer leurs inventions ; mais l'impossible, pour moi du moins, est de faire une leçon dont le sens ne laisse plus aucun embarras. Madame Dacier n'a pas mieux réussi que les autres, en lisant *affectatam* sur l'autorité de Festus, qui donne *assectata*, et sans indiquer nullement qu'il ait en vue le passage de Plaute.

Corpus quojusmodi (v. 337). Le mot corps, selon madame Dacier, se prend souvent chez les Grecs et chez les Romains, et même en notre langue, pour embonpoint. Je crois qu'il signifie ici plutôt la couleur, le teint, comme dans *le Carthaginois*, v. 1107, *corpore aquilo*.

Subvolturium..... subaquilum (v. 338). Ce sont là de ces erreurs préméditées qui faisaient beaucoup rire la foule, comme dans *Pseudolus*, v. 832 : *Demissis pedibus..... manibus*.

Indoles (v. 339). C'est le naturel, la qualité.

Pollucta pago (v. 340). Ampélisque voyant l'insolence de Scéparnion qui la touchait, veut lui dire qu'elle n'est pas de ces coureuses qui sont à tous venans, et, pour cela, elle se sert d'une figure empruntée des sacrifices que l'on faisait à Hercule, où, après avoir fait brûler sur l'autel une petite partie de ce que l'on offrait, ce qui s'appelait proprement *porricere* et *porrectum*, l'on exposait tout le reste au peuple, qui avait la liberté de le manger, et c'est ce qui s'appelait *pollucere, polluctum*. M. Dacier explique cela fort au long et fort nettement dans ses remarques sur Festus. D.

Meus quoque hic.... ornatus (v. 345). Le drôle se contentait-il de lui montrer son vêtement? je ne le crois pas. Sans doute il n'avait aucun instrument de travail à la main; et ce n'est pas une occupation sérieuse qu'il désirait. Les spectateurs romains qui voyaient le geste de l'acteur, en savaient plus long que nous là-dessus.

Præfiscine (v. 369). *Voyez* la note du v. 474 (472) de l'*Asinaire*.

Satis nequam sum (v. 370). Madame Dacier pense que Scéparnion se blâme sincèrement de n'avoir commencé à aimer que de ce jour. Mais la précaution du *præfiscine* ne serait plus motivée; car « on s'en servait pour détourner, comme elle le dit elle-même, l'effet de l'envie, lorsqu'on voulait dire quelque chose à son avantage. » Nous savons d'ailleurs que ces mots *malus*, *nequam* n'étaient pas pris toujours au sérieux, non plus que les mots « fripon, coquin, mauvais, » dans notre langue. Enfin la lecture seule de sa phrase n'aurait-elle pas dû avertir la traductrice de se défier de son interprétation : « Soit dit *sans me vanter*, je suis un *sot coquin* de n'avoir commencé que d'aujourd'hui à aimer? »

Delicata (v. 373). *Voyez* la note du vers 977 du *Militaire fanfaron*.

Delituit mala (v. 374). *Voyez* THÉOCRITE, idylle V, v. 88; VIRGILE, *Bucol.*, égl. III, v. 64.

Conmodule melius (v. 376). Très-souvent on voit *melius est* pour *oportet*, comme dans *le Revenant*, v. 1043. Il faut donc sous-entendre ici *agere te*.

Literata 'st (v. 386). Les vases fabriqués pour des établissemens publics portaient des inscriptions, soit gravées sur le métal, soit empreintes sur l'argile; comme nous voyons communément des bouteilles et de la poterie porter les noms des marchands ou des traiteurs qui vendent le contenu de ces vases. *Voyez* la note du vers 836 du *Carthaginois*.

Edepol, Libertas, etc. (v. 397). Le savant Meursius a cru qu'il n'était point ici question d'Hercule, et qu'il fallait lire :

Edepol, Libertas, lepida es, quæ nunquam pedem
Voluisti in navem *mecum, hercle*, una inponere.

Ce marchand raille sur sa misère, et dit qu'il a perdu tout son bien, excepté la liberté, qui n'a pas voulu le suivre [sur le vaisseau, et qui par conséquent a évité le naufrage]. Il veut faire entendre qu'il était esclave ; mais comme cela ne paraît point[1], et qu'au contraire il agit toujours en homme libre, je ne crois pas qu'on puisse être de ce sentiment. La première leçon est assurément la meilleure, et je m'étonne que tant de savans hommes n'aient point vu que, comme Hercule n'avait point entrepris ses voyages de son bon gré, mais par le commandement d'Eurysthée, les anciens ont eu raison de dire que la liberté n'était jamais montée sur mer avec ce héros. D.

L'explication, si elle n'est vraie, est du moins ingénieuse. On ne peut pas savoir à quel trait de la mythologie le poète fait allusion. Toutefois l'allégorie avait un grand sens.

Plus boni quam mihi fuit (v. 412). Il dit qu'il avait perdu sur mer plus de bien qu'il n'en avait, parce qu'il avait perdu Palestra et Ampélisque, par le moyen desquelles il espérait de gagner beaucoup de bien en Sicile. D.

Eas quidem, etc. (v. 427). La leçon vulgaire est *eas, easque res*, etc. De toutes les conjectures des savans pour accommoder le texte, celle d'Acidalius m'a paru la meilleure. Car il n'est guère probable que le poète ait écrit deux fois de suite le même mot en deux acceptions différentes ; il aime mieux, dans les occasions pareilles, se servir d'une seule expression qui ait une signification double et ambiguë. *Eas* est le modificatif de *res*; mais il pouvait d'abord être entendu comme un temps du verbe *ire*. La répétition aurait l'air plutôt d'une glose que de la plaisanterie même.

Me ad velitationem, etc. (v. 433). *Velitatio* est proprement une escarmouche, un combat que faisaient les *velites*, c'est-à-dire les soldats armés à la légère, avant que le gros de l'armée en vînt aux mains. Cette escarmouche se passait à coups de traits, et,

---

[1] De quelques vers de la pièce (646, 662) madame Dacier déduira plus tard une opinion différente de celle-ci. Mais l'interprétation de Meursius, si elle était bonne, pourrait se soutenir sans que Labrax voulût faire entendre qu'il est esclave ; il dirait seulement que la liberté est tout ce qui lui reste.

de cette manière, on voyait incessamment les pointes de ces traits reluire de tous côtés, tantôt en haut, tantôt en bas. C'est pourquoi Charmide, qui tremble de froid et qui ne parle qu'à paroles entrecoupées, se compare fort bien lui-même à ces soldats qui escarmouchent, et qui ne sont pas un moment en même endroit; et il compare ses paroles aux traits qu'ils lancent tantôt d'un côté, tantôt d'un autre, à coups redoublés. D.

C'est plutôt à l'éclat scintillant, interrompu, tremblotant du fer agité au soleil, *tremulum lumen*, que le poète compare le bredouillement de Charmide. Virgile emploie presque toujours les mots *coruscus*, *coruscare*, lorsqu'il veut donner l'idée d'une lumière qui étincelle, qui brille par jets fugitifs et réitérés (*Énéide*, liv. I, v. 164; liv. II, v. 470, 552; liv. X, v. 651; liv. XII, v. 701, 887, 919).

Thermopolium (v. 437). Voyez *Pseudolus*, v. 731.

Pro manduco (v. 443). Les anciens faisaient marcher devant toutes leurs pompes et devant leurs triomphes même, des figures grotesques, comme un homme qu'ils appelaient *manducum*, qui ouvrait une grande gueule, qui grinçait les dents, et un autre appelé *citeria*, qui raillait les spectateurs et disait des bons mots. C'est de ce dernier que parlait Caton lorsque, écrivant contre Cécilius, il dit : « Qu'ai-je à faire de disputer plus long-temps avec un homme qui ira bientôt se louer pour servir de *citeria* à la pompe d'un triomphe, et pour s'entretenir avec le peuple. » D.

Movisti mare, etc. (v. 447). Horace ne voulait pas non plus monter sur le même vaisseau qu'un parjure (*Odes*, lib. III, ode 2, v. 29).

Corruere (v. 450). *Corruere* est mettre ensemble, entasser. Varron : *Spica corruuntur in corbem*. D.

Sacciperio (v. 456). *Sacciperium*, un grand sac de cuir. D.

Amplexæ (v. 468). On embrassait ordinairement les statues des dieux lorsqu'on était en grand danger. Virgile (*Énéide*, liv. II, v. 517) dit d'Hécube et des princesses troyennes :

.....Et divum amplexæ simulacra sedebant.

Eschyle a dit de même, dans la tragédie des *Sept chefs contre Thèbes* :

Ἀμπάζει βρετέων ἔχεσθαι.   D.

Eccillud (v. 484). Le palimpseste de M. Ang. Mai porte *eccillum*.

Ciccum (v. 488). *Ciccum* était proprement ῥοᾶς ὑμὴν, la petite peau qui sépare les cellules des grains de grenade, et les anciens disaient qu'ils ne donneraient pas cette peau, pour dire qu'ils ne donneraient pas la chose de la moindre valeur, et qu'ils ne se souciaient pas de quelque chose. Les Grecs disaient de même οὐ μάλα κίκκος. *Voyez* HESYCHIUS. D.

Barbarum (v. 491). Ici le mot *barbarus* ne doit pas désigner un Romain, mais un homme qui n'est pas Grec; ce serait, en parlant de Labrax, un Africain.

Sat litium 'st (v. 491). Il lui fait entendre qu'il le prend pour un voleur, et qu'il ne veut point s'exposer à le poursuivre en justice après qu'il aurait volé quelque chose dans le logis. D.

Jamne abis (v. 492)? Cette locution exprime ici, non pas le regret de voir quelqu'un s'en aller, mais l'indignation qui fait qu'on le chasse. — Voyez *le Persan*, v. 51.

Edormiscam hanc crapulam (v. 494). *Voyez* le vers 1096 du *Revenant*. Toutefois, la *crapula* de Callidamate avait été bien différente de celle de Charmide.

Sententiam (v. 495). M. Bothe a composé une syntaxe plus régulière, en mettant *sententiæ* au datif.

Quasi vinis græcis, etc. (v. 496). Car les anciens avaient accoutumé de mettre de l'eau de mer aux vins de Grèce lorsqu'ils les transportaient. Le seul vin de Chio en était exempt; c'est pourquoi Horace l'appelle *Chium maris expers*. D.

Prodisperavit (v. 497). Gulielmus et d'autres interprètes séparent ce mot en deux, *prodi speravit*. « Neptune a espéré tromper notre ventre avec sa boisson salée; c'est-à-dire, qu'il a cru que le goût que nous prendrions à sa boisson nous exciterait à boire beaucoup plus que nous n'en pourrions porter. » Car c'est ce que signifie proprement *prodi*, comme *decipi*, dont s'est servi Cicéron dans la lettre 26 du livre VII: *A beta etiam et malva deceptus sum*. Il dit que ces herbes l'avaient trompé, parce qu'il en avait trop mangé. Cela est fort ingénieux; mais je ne sais si l'on peut bien accorder ce sens avec la suite. Pour moi, je crois que Plaute avait écrit *prodisparavit*. — *Disparare* est séparer en deux.

Charmidès dit que cette boisson salée les avait pensé faire crever. D.

Forcellini cite *prodisperare.*

Miris modis, etc. (v. 501). Voyez *le Marchand,* v. 222, et la note.

Inscitum (v. 505). Madame Dacier pense, à tort, je crois, que ce mot signifie ici « inouï, dont on n'a point d'exemple. » Forcellini est d'une opinion différente.

Pro Cyrenenseis, etc. (v. 523). Ces deux premiers vers expriment ce que les anciens appelaient *quiritare* et *jubilare.* — *Quiritare* était appeler les citoyens à son secours, *jubilare* appeler les villageois et les paysans. D.

Victo vivere (v. 529). J'ai suivi la leçon vulgaire, quoiqu'elle donne quelque embarras, et je l'explique ainsi : *Liceat homini vivere victo potius lege quam vi,* i. e., *obnoxio legitimæ potestati magistratuum potius quam vi improborum.* Acidalius a beaucoup éclairci la phrase par une correction, mais purement conjecturale, *vitam vivere,* que M. Bothe a reçue dans son texte.

Prætorquete..... collum (v. 534). Quand on voulait mener un coupable en justice, on lui faisait un nœud autour du cou avec un pan de sa robe, *rapiebatur obtorto collo* (voyez v. 750). C'est probablement cet usage que Trachalion a dans sa pensée : il veut qu'on prévienne l'injustice et qu'on l'arrête, *prætorquete.* — *Injuria* est personnifiée, comme ἄτη dans Homère (*Iliade,* liv. IX, v. 500), et ὕϐρις dans Sophocle (*Œdip. Tyr.,* v. 892).

Sirpe et laserpitium (v. 538). *Sirpe* est le σίλφιον des Grecs, une espèce de benjoin dont la tige ressemble à notre apy, mais dont les feuilles sont différentes. Le terroir de Cyrène était le plus propre pour cette plante; aussi cette ville était-elle appelée *laserpitiferæ Cyrenæ.* — *Laserpitium* est ὀπὸς σιλφίου, le suc du silphium, *lac serpitium.* Ce suc était excellent et fort estimé. D. Pline dit que, de son temps, il n'y avait plus de *laserpitium* dans les champs de Cyrène, parce que les tiges en étaient dévorées par les troupeaux des *pecuarii.*

Exagogam Capuam (v. 539). Capoue était célèbre par ses fabriques de parfums, par son essence de rose en particulier. Pline (*Hist. Nat.,* liv. XVIII, ch. 29) cite le proverbe : « On fait plus d'essence chez les Campaniens, que d'huile chez les autres peuples. »

Magudarim (v. 541). C'est proprement la graine de benjoin, *semen silphii.* Pollux : Τὸ δὲ σιλφίου σπέρμα καλεῖται μαγυδάρις. « La graine de benjoin est appelée *magudaris.* » D.

Per crura et talos (v. 543). Voyez le *Militaire fanfaron*, v. 155.

Virgidemiam (v. 544). C'est un mot forgé sur le modèle de *vindemia.* Varron s'en est servi : *Ideo scapulæ metuunt virgidemiam.* D.

Bene... dico (v. 548). L'expression est encore prise ici en un sens détourné, car *bene dicere* peut signifier « dire bien, parler convenablement, » comme il signifie « dire des paroles de bon augure, souhaiter du bonheur. »

Turbalio, Sparax (v. 565). Ces noms conviennent au ministère dont les deux esclaves devront s'acquitter ; ils porteront le *trouble* et l'épouvante dans l'âme du scélérat, et le *déchireraient* au besoin.

Nunc id est, etc. (v. 572-574). Le discours de Palestra jette quelque confusion dans l'esprit du lecteur ; peut-être la vue des objets et des actions prévenait-elle pour le spectateur tout embarras et toute idée d'invraisemblance. Il se pouvait que les deux femmes sortissent par une autre issue que la porte où s'était précipité Démonès avec ses gens. Alors on s'expliquait comment le vieillard avait pu saisir Labrax lorsqu'il tenait la prêtresse à la gorge, et lorsque les deux jeunes filles s'étaient enfuies déjà. Ainsi elles n'auraient entendu que le bruit, et elles pourraient ignorer quel secours leur était arrivé. Ou bien a-t-on perdu quelques vers qui rendaient la suite des idées claire et naturelle ?

Specula (v. 574). Madame Dacier fait la première syllabe brève, et attribue à ce mot la signification de « lieu élevé où l'on est en observation. » Les autres commentateurs l'ont mieux entendu en le dérivant de *spes.* Voyez *Casine*, v. 198.

Signo intimo (v. 581). Du fond de la statue, c'est-à-dire du sein de la statue, parce qu'elles l'embrassaient. D. N'est-il pas plus naturel d'expliquer *intimo* par une hypallage, *quod est in fani intima parte?* — Voyez le vers 598.

Adsidite heic in ara (v. 597). L'autel n'était point dans le même lieu que la statue ; il était ordinairement devant le temple dans la cour, afin que l'on pût se nettoyer et se purifier avant que d'entrer dans le temple [1], au milieu duquel était la statue. Près de l'autel il y avait aussi une fontaine où l'on se lavait avant que de rien commencer. D.

Mœnia... defensabo (v. 601). Je puis dire que les interprètes n'ont point entendu ce passage. L'autel était dans la cour du temple (l'*hiéron*); cette cour était formée de murailles à hauteur d'appui, ou même plus basses. C'est pourquoi Trachalion dit à ces filles qu'elles se mettent près de l'autel, comme dans un camp dont il défendra les retranchemens ou les murailles. D.

Si quidquam 'st minus, etc. (v. 610). *Voyez* vers 188.

Conchas spernas (v. 613). Madame Dacier trouve ce passage très-joli, parce qu'elle pense qu'il y est fait allusion aux coquillages que les deux naufragées offriront à Vénus. « C'est tout ce qu'elles peuvent donner, tout ce qu'elles peuvent avoir, après leur infortune, sur ce rivage. » Madame Dacier prétend que les autres interprètes, pour avoir cherché trop de finesse dans ce passage, ne l'ont pas entendu. Je crois que c'est elle qui a tort, ou plutôt que les interprètes ont eu raison, et qu'on ne peut pas blâmer mademoiselle Lefèvre de n'avoir pas compris ou de n'avoir pas voulu comprendre les malices du bel esprit Trachalion.

Ubi sunt (v. 616)? Madame Dacier pense que Démonès, par ces mots, demande où sont ses deux esclaves, et non où sont les deux femmes, parce qu'il ne peut pas les chercher quand il leur dit de s'asseoir sur l'autel. Mais ses deux esclaves ont exécuté sous ses yeux les ordres qu'il donnait; ils ont tiré le prostitueur hors du temple devant lui. Pendant ce temps-là, les femmes s'étaient enfuies, il les a perdues de vue un moment, et, quand il revient sur la scène, il s'adresse à elles sans les regarder, bien sûr qu'elles sont là, et ne sachant pas qu'elles ont pris place déjà sur l'autel.

Tune legirupionem, etc. (v. 618). Ce passage est fort embarrassant et fort tourmenté. Madame Dacier, avec Gruter et d'au-

---

[1] Madame Dacier indique très-bien la différence de l'*hiéron* et du *naos*, en latin *cella*. — *Voyez* la note du vers 601.

tres commentateurs, veut lire *legirupio*, et elle traduit : « Comment, coquin, etc., » en adressant la parole à Labrax. M. Bothe, adoptant une partie des conjectures d'Acidalius, achève de réformer ainsi le texte :

LORARII.
                Jube modo adcedat prope
Legirupionem hunc.
                DÆMONES.
                Tun' nobiscum, etc.

J'ai tâché d'interpréter la leçon généralement admise, plutôt que de changer le texte. Il m'a semblé que cette réponse ironique du vieillard à l'esclave était assez en situation.

Dato (v. 621). Niebuhr (*Hist. rom.*, tome IV, p. 84 de la traduction) a fait sur ce mot une note critique dans laquelle il s'est évidemment trompé, en soutenant que *dato* n'est point adressé au *leno*, et que ce mot signifie en général *que l'on nous donne*, parce que le *leno* ne pouvait pas nommer un arbitre. *Voyez* les vers 910-944.

Quemvis opulentum arbitrum (v. 622). Les deux parties s'accordaient à nommer un arbitre, ou, si elles ne s'accordaient pas, le préteur en nommait un, *dabat judicem*. Trachalion propose un des plus considérables de la ville, parce qu'il est persuadé de la noblesse de sa cliente.

Carcerem contriveris (v. 625). On jetait les coupables qu'on voulait supplicier dans une partie basse de la prison, qu'on appelait *robustus carcer, robur*. *Voyez* le vers 694 de *Charançon*, et le *Dictionnaire* de Forcellini, à ces mots. Mais voyez aussi le v. 795.

Non hodie isti rei auspicavi, etc. (v. 626). C'est-à-dire : « Je n'ai pas résolu, » parce qu'ils consultaient les auspices avant d'entreprendre la moindre chose. D.

Voyez *les Captifs*, v. 699 ; *le Persan*, v. 681.

Cum vostris legibus (v. 633). Il ne s'agit pas d'une coutume singulière ; c'est au contraire une loi commune à tous les peuples de l'antiquité, le droit d'asile. Mais le prostitueur n'entend rien à toutes les lois de piété, de religion.

Educam foras (v. 634). Non pas hors de la *cella*, mais hors de l'enclos. Madame Dacier remarque donc fort justement ici que la correction *uvidas* pour *foras* ne peut être proposée que par oubli de cette distinction. *Voyez* la note du vers 597.

Arido argento (v. 635). Madame Dacier cite le commentaire de Saumaise sur J. Capitolin, qui montre que *siccis vehiculis* signifie des chariots seuls, sans escorte, comme Hérodien avait dit μόνοις ὀχήμασι : elle cite encore de Servius, *murum sicco lapide structum*, un mur tout de pierre; elle conclut que le marchand dit au vieillard qu'il n'a pas besoin de tant de discours, mais seulement de bon argent. Comme on dit du *pain sec* pour du *pain seul*. Je m'en suis tenu à l'interprétation toute simple de Turnèbe.

Si ne ei, etc. (v. 640). *Si ne* pour *ne si*, c'est-à-dire *nisi*. D. Très-souvent l'ancienne latinité employait *ne* et *nec* pour *non* (*Trinumus*, v. 321; *les Bacchis*, v. 85).

Murteta juncis (v. 641). Madame Dacier, dans ses notes, cherche une interprétation trop fine à ce passage. Démonès veut dire qu'il leur donnera des coups de fouet qui feront le tour du corps.

Atque heras tuas (v. 646). Je crois qu'il lui reproche d'avoir été esclave chez le père de ces pauvres malheureuses, et de s'en être fui après les avoir enlevées. Il paraît assez, par le vers 662, qu'il le traite d'esclave. D.

Ce serait prendre le mot dans une signification trop rigoureuse. D'ailleurs, les deux filles sont de deux familles différentes, et l'on ignore celle d'Ampélisque (v. 659). Mais on peut dire que Labrax est un coquin qui devrait être esclave, et que ses deux esclaves devraient être ses maîtresses.

Germana Græcia (v. 646). La Grèce proprement dite, le continent, particulièrement l'Attique, par opposition aux colonies d'Asie, d'Italie, de Sicile. *Le Persan* disait aussi : « Des bons-mots tous attiques, pas un seul sicilien » (v. 392).

Feles virginalis (v. 657). Comme il a dit dans *le Persan* (v. 742), *feles virginaria*. Ausone a dit de même, *feles pullaria*, un voleur de garçons; car les anciens se servaient du mot *feles* pour dire un voleur, parce que cet animal l'est fort. D.

Tuæ istæ sunt (v. 661)? Madame Dacier a changé ces mots en *Verane istæc sunt?* M. Bothe y a substitué : *Tua istæc sunt*, ces injures conviennent à toi. Tous deux pensent qu'il n'est pas vraisemblable qu'on dise à un esclave *tuæ*, parce que ces femmes ne sont ni ses esclaves ni ses filles. Mais c'est presser trop strictement le sens de cette boutade. Labrax impatienté ne peut-il pas s'écrier : « Est-ce qu'elles sont à toi, pour soutenir avec tant de véhémence qu'elles ne m'appartiennent pas? » D'ailleurs ne disait-on pas à un esclave *tua domus*, quoique ce ne fût certes pas chez lui qu'il habitât? A la rigueur, on pourrait interpréter ces mots *tuæ sunt* comme une ellipse pour *heri tui sunt*.

Obferumentas (v. 662). *Obferumenta* est un mot de religion; il signifie proprement des offrandes. Trachalion appelle ainsi fort plaisamment les cicatrices qui étaient sur le dos du marchand, comme autant de marques des offrandes ou des présens qu'on lui avait faits. Mais cela ne peut être exprimé dans la traduction. D.

Volcanum adducam (v. 670). Voyez *Amphitryon*, v. 185.

Mergis (v. 672). *Mergæ* sont proprement les fourches dont on se sert pour faire des monceaux de gerbes. Démonès dit donc au marchand que, comme l'on se sert de fourches pour entasser les gerbes dans l'aire, il se servira de même de ses poings pour entasser sur son visage une moisson de coups. D.

Siquidem in capite tuo, etc. (v. 674). Voyez *les Captifs*, v. 531.

Ignem magnum, etc. (v. 676). Voyez *le Revenant*, note des vers 1068-1088.

Humanum (v. 676). Festus explique ainsi ce mot : « C'était le sacrifice qu'on faisait pour un mort. » Il n'y a donc rien à changer ici dans le texte.

Obceptassit (v. 685). Lambin avait trouvé *occentarit* dans un manuscrit. D'après lui, Douza, madame Dacier, M. Bothe remplacent *obceptassit* par *ocsentassit*, « s'il fait vacarme. » Cependant la leçon ordinaire n'est pas dépourvue de sens, comme le pense M. Bothe.

Quempiam (v. 720). Voyez v. 322.

Amplectitote (v. 723). M. Bothe approuve et admet dans son texte la conjecture d'Acidalius *ampectitote*, parce que *amplecti crura fustibus* lui paraît impossible; mais peut-on dire *pectere crura*?

Controversia 'st (v. 733). Toute la plaisanterie roule sur l'équivoque du mot Palestre, qui est le nom propre de la fille, et qui signifie en même temps un lieu d'exercice, sur la porte duquel on mettait ordinairement une statue d'Hercule, qui servait comme d'enseigne, avec cette inscription au bas : PALÆSTRA. Et c'est pourquoi le marchand donne fort plaisamment ce même nom au valet qui avait répondu, et qui, avec sa massue, ressemblait parfaitement à cette statue, qui servait d'enseigne, comme nous voyons aujourd'hui, sur la porte des salles d'armes, des bras qui tiennent des fleurets. D.

Il y a peut-être un peu trop de subtilité dans ce rapprochement de la statue et de l'esclave armé ; et c'est une affirmation trop générale et hasardée, que de dire que toutes les palestres avaient la même enseigne. Plaute a voulu seulement jouer sur le nom en faisant entendre que l'esclave s'apprêtait à exercer rudement Labrax. On trouve des idées analogues à celles-là dans *l'Asinaire*, v. 281, dans *la Marmite*, v. 366.

Adire... Adeas... Abscedam (v. 741-743). Il y a au contraire dans tous les textes imprimés *Abire... Abeas... Adcedam*, ce qui est en contradiction avec les scènes précédentes et avec ce qui se passe à l'instant même. Trachalion a recommandé au vieillard de garder à vue Labrax (v. 686) ; Démonès a ordonné à ses esclaves de ne pas laisser partir ce misérable (v. 722), et celui-ci est encore là quand arrive Pleusidippe, dont il redoutait si fort la vue (v. 464, 752). Je dois cette restitution à M. Bothe, qui la tenait d'Acidalius.

Inlico (v. 743). Sur la place, sans bouger. *Voyez* le vers 785.

Converret (v. 752). Labrax va être balayé de manière à ne pas laisser trace de sa personne. *Cum pulvisculo* était une locution familière et proverbiale pour dire qu'on enlevait quelque chose entièrement, jusqu'au moindre grain de poussière (*voyez* le Prologue du *Bourru*, v. 19). On disait dans le même sens, par une autre métaphore, *cum ramento* (*les Bacchis*, v. 633).

Rapi te obtorto collo, etc. (v. 760). L'alternative ne roule point sur la circonstance *obtorto collo*, mais sur la différence de *rapi* et de *trahi*. Car *obtorto collo* est joint tantôt à *trahor* (*le Carthaginois*, v. 789), tantôt à *rapior* (ici même quinze vers plus bas). *Voyez* la note du vers 534.

Ad carnuficem (v. 764). *Ad carnuficem tradere* était fort souvent la même chose que *in carcerem*, parce que *custos carceris*, le geôlier, était lui-même l'exécuteur. D.

Exsulem (v. 766). Quand un homme arrêté refusait de marcher, des esclaves l'enlevaient sur leurs épaules et le transportaient de force. Plaute exprime souvent cette idée par les mots *sublimem rapere* (*l'Asinaire*, v. 845; *le Militaire fanfaron*, v. 385; *les Ménechmes*, v. 903). Ici Plaute joue sur l'étymologie d'*exsulem*, *extra solum*. Madame Dacier entend autrement : « *Scelestum exsulem*, ce maudit bandi. »

Audes (v. 777). *Audere* est pris ici dans le sens de *velle*, comme dans cette locution si vulgaire *sodes*, comme dans plusieurs passages de Plaute (*l'Asinaire*, v. 460; *le Bourru*, v. 393).

Semel bibo (v. 791). Il lui dit qu'il n'a plus soif, c'est-à-dire qu'il ne veut pas s'exposer à un second danger aussi grand que celui qu'il a déjà couru. Le peuple a retenu dans notre langue cette même façon de parler; car il dit dans le même sens qu'il n'a plus soif, ou qu'il n'en veut plus tâter. D.

Columbari (v. 795). L'ambiguïté du mot *columbar* a donné lieu à cette plaisanterie; car il signifie un pigeonnier et un carcan. D.

Addici (v. 798). Si je n'avais pas craint d'être inintelligible, j'aurais mis : « La sentence d'addiction. » La traduction de madame Dacier serait ce qu'il faudrait pour l'explication de la pensée, si elle n'était pas un peu trop longue : « Et voir si, par mon moyen, il ne pourrait point être adjugé plutôt à Pleusidippe. » Labrax doit être condamné à l'amende; et, comme il n'a pas de quoi payer, il sera livré en toute propriété à la partie adverse par le préteur, *addictus*, comme débiteur insolvable, pouvant être réduit en servitude ou vendu au delà du Tibre, selon la loi des Douze-Tables. Seulement, comme il n'a qu'un seul créancier, il ne craint pas d'être coupé en morceaux, *secari in partes*. Cela soit dit, quoique l'action se passe à Cyrène.

Obplebit aureis, etc. (v. 812). Le vieux Simon, dans *le Revenant* (v. 679-702), n'est pas plus charmé de la société de sa femme.

Templis (v. 816). *Templum* ne signifie proprement qu'un espace, *templa œtherea*, les espaces de l'air, *templa Neptuni*, les espaces de la mer. D.

Salute horiæ (v. 817). Voyez la note du vers 815 du *Marchand*.

Ex populo (v. 834). C'est la leçon généralement adoptée, quoique *liberare ex populo* semble être une ellipse un peu forcée pour dire « affranchir quelqu'un qui sera hors de la *foule* même des hommes libres, » et que le mot *populo* ne soit pas aussi juste ici que le serait *plebe*. Ceux qui voulaient écrire *extempulo* faisaient une phrase plus naturelle.

Pro capite (v. 836). Voyez *le Carthaginois*, v. 24 du Prologue.

Stratonicum (v. 839). Ce Stratonicus était un trésorier du roi Philippe : il était si riche qu'il avait passé en proverbe chez les Grecs, comme Crassus chez les Romains. D.

Cum aceto, etc. (v. 844). Voyez *Stichus*, v. 59-670, et *Casine*, v. 430, avec les notes.

Horace (*Sat.*, liv. I, sat. 3, v. 137) a ménagé une chute pareille à celle-ci, mais moins vive et moins comique.

..........Dum tu quadrante lavatum
Rex ibis.

Furtum ego vidi (v. 859). Ces formes d'apologue ou de parabole sont employées quelquefois par Plaute (*la Marmite*, v. 186; *Stichus*, v. 525-551).

Philosophe (v. 892)! Pour traduire l'intention de la phrase, il faudrait dire : « O le subtil sophiste ! » Mais il y aurait une infidélité historique dans cette traduction, qui serait un commentaire. — Voyez *Pseudolus*, v. 957.

Fiet.... puniceum, etc. (v. 906). Cette plaisanterie est analogue à celle de *Pseudolus*, v. 219.

Thales (v. 909). Voyez *les Captifs*, v. 208.

Sequestrum (v. 910). Le séquestre est celui entre les mains duquel, d'un commun accord, on remet la chose dont on est en différend, et il la garde jusqu'à ce que le procès soit jugé. D.

Si tu proreta isti navi, etc. (v. 920). *Proreta* est celui qui est à la proue, *et gubernator* celui qui est à la poupe et qui tient le gouvernail. « Si tu es à la proue je serai à la poupe, » était un proverbe chez les anciens; l'on s'en servait pour dire que l'on ne voulait pas céder à quelqu'un. D.

Ramenta (v. 922). Les anciens disaient *ramentum* et *ramenta* de la limure. Il a dit de même dans *les Bacchis* « *ramenta plumbea propensior*, » plus pesant d'une limure de plomb. D.

Socius non sum, et fur sum (v. 929-932)? La personne qui ne dénonçait pas le voleur, le connaissant, était punie comme lui, d'abord ; plus tard, on adoucit la peine ; au lieu du double, l'amende simple.

Esse jus meum, etc. (v. 947). Je crois que les vers 620 et 1028 prouvent assez que l'on ne peut pas entendre, comme l'a fait madame Dacier, *istuc jus meum*, dans le sens du droit de choisir un arbitre, usurpé par Trachalion. Elle rapporte trop exclusivement le mot *istuc* à la phrase précédente.

Quamquam volo vobis quœ, etc. (v. 951). C'est une locution du langage usuel et familier : *Cupio omnia quœ vis* (HORAT., *Sat.*, lib. I, sat. 9, v. 5).

Haud pudet (v. 959). Lambin, approuvé en cela par M. Bothe, qui change d'ailleurs toute la coupe du dialogue, met un point d'interrogation après *haud pudet*, ce qui produit un sens tout différent. Alors Gripus interpelle Trachalion, et sa phrase demeure suspendue par une réticence. L'interprétation ordinaire semble dépourvue de raison à M. Bothe ; car comment Gripus peut-il dire qu'il ne rougit pas d'être esclave de Démonès ? Cela n'est pas inexplicable, cependant. Trachalion croyait tout-à-l'heure que Gripus était un homme du peuple, pauvre, mais libre, de même que les pêcheurs qu'il avait rencontrés chantant leur *canticum*. La sommation qu'il lui faisait de nommer un arbitre est la preuve de son erreur. Maintenant Gripus a déclaré sa condition par ces mots, *O here*, et il soutient son dire par ceux-ci : *Haud pudet*. Madame Dacier donne une autre version, qui est ingénieuse ; elle sous-entend *hunc Dœmonem*. L'usage nous autorise néanmoins à penser qu'il y a plutôt ellipse de *me*.

Facesso.... facessas (v. 967, 968). Gripus joue sur la double signification de ce verbe synonyme de *facere* et de *fugere*.

Ita ut obcœpi dicere (v. 971). Madame Dacier n'a pas bien compris ces mots lorsqu'elle traduit : « Vous savez que j'ai tantôt commencé à vous dire. » Trachalion renverrait ainsi à une scène précédente. Mais c'est ici une locution commune pour reprendre un propos interrompu (*voyez* v. 999; *Charançon*, v. 43; *le Carthaginois*, v. 469; *Stichus*, v. 379). Si Trachalion avait voulu dire ce que madame Dacier suppose, il aurait parlé autrement. *Voyez* v. 985.

Primarius vir (v. 979). Cette expression a un double sens : « Le premier à parler, » et « personnage du premier rang. »

Conprime (v. 979). Voyez *Amphitryon*, v. 192; *l'Asinaire*, v. 276.

Abs te (v. 1007). Madame Dacier voudrait que *abs* eût un autre sens que *ab* : *A me* pour moi, *abs te* contre toi, dit-elle. Cela n'est pas vraisemblable. D'ailleurs *stare ab aliquo* a une signification bien déterminée : *Eventus belli, velut æquus judex,* UNDE *jus stabat, ei victoriam dedit.* (TITUS-LIVIUS, lib. XXI, c. 10). La différence entre *ab* et *abs* est d'euphonie et nullement de signification.

Caudeam (v. 1015). « On appelle *caudecæ* des boîtes en osier tressé comme des crins de cheval. » (FESTUS.)

Tacita bona 'st, etc. (v. 1020). Ce que Plaute dit ici du silence des femmes semble imité d'un passage de Sophocle : Γυναιξὶ κόσμον ἡ σιγὴ φέρει. D.

Faciam ego hanc rem planam (v. 1038). Madame Dacier traduit *ex proclivi planam*, de douteux clair. Mais *proclivi* a plutôt le sens de « facile » dans l'acception métaphorique. J'aimerais mieux prendre *ex proclivi* comme une locution adverbiale. L'exemple du *Militaire fanfaron* (v. 411), dont elle s'autorise, serait fort contestable, et peut s'interpréter autrement qu'elle ne fait.

At meo, hercle, etc. (v. 1044). Les mots entre deux crochets sont ajoutés par conjecture; mais la conjecture est celle de Camerarius, de Lambin, de M. Bothe; le sens et la mesure s'accordent pour la justifier. Dans les éditions, le vers s'arrête à *hercle;* la phrase *ac meo,* etc., est attribuée à Trachalion.

Superstitiosa (v. 1045). Voyez *Amphitryon*, v. 167.

Hoc habet (v. 1049). C'est une façon de parler empruntée des gladiateurs, qui, lorsqu'ils ont blessé leur adversaire, disent *hoc habet* « il en tient, » c'est-à-dire il est blessé. D.

Primo prœlio (v. 1060). *Primus* exprime la première partie d'un seul tout, comme le premier objet entre plusieurs. *Primo actu* dans Térence (*la Belle-mère*, Prol. II, v. 39), ne signifie pas « au premier acte, » il n'y avait point d'acte; mais « au commencement de la représentation. »

Ubi loci sunt (v. 1067)?

Quo res summa *loco* Pantheu.

Dierecta (v. 1076). *Voyez* tome II, page 409.

Sucula (v. 1076). Madame Dacier, et tous les commentateurs après Turnèbe, s'accordent à voir ici un sens métaphorique pour préparer un calembourg dans le vers suivant. Un arbre de pressoir avait un nom commun avec une laie, *sucula*, et certains anneaux qui l'entouraient se nommaient en conséquence *porculi*. On suppose que le jouet désigné par Palestra était une machine de ce genre, comme les petits moulins qu'on donne chez nous aux enfans. Mais si l'on se met tout simplement à la place des spectateurs romains, au lieu de rechercher les interprétations d'une érudition curieuse, on sera entraîné par la suite des idées à comprendre *sucula* dans son sens naturel, comme les autres diminutifs précédens *ensiculus, securicula, sicilicula, maniculæ*. On sait d'ailleurs que des figures d'animaux, de bœufs, de béliers, de moutons, etc., et des mains jointes, servaient très-communément de jouets d'enfant. Le prince de Biscari (*Ragionamento sopra gli antichi ornamenti e trastulli de' bambini*) avait dans son cabinet quatre petits monumens en agate et en autres pierres, représentant deux mains ainsi unies, et il en a donné la gravure. La *sucula* est, selon lui, *una porchetta, una troia*, et il possédait aussi *un' simile crepundio*, troué d'un bout à l'autre, et destiné probablement à être porté suspendu au cou, en façon d'amulette.

Dans l'hypothèse des commentateurs, il est impossible de conserver le jeu de mots avec une traduction littérale; il faudrait un équivalent, soit qu'on mît au lieu de *sucula* une petite grue, soit qu'on y substituât un petit moulin. Dans le premier cas, la réponse de Gripus serait : « Puisses-tu crever avec ta grue et toutes les grues du monde; » dans le second : « Avec ton moulin et tes moulinets. »

Si potes (v. 1083). M. Bothe propose *si potest;* changement superflu. *Si potes* est une locution semblable à cette autre si commune, *sodes*.

Ecce Gripi scelera (v. 1084). Toutes choses funestes, fatales, désastreuses étaient nommées *scelera*. Pline appelle les inondations, les incendies, les tremblemens de terre, *scelera naturæ*. C'est pour cela qu'on s'écriait *me scelestum!* « que je suis malheureux! » comme Gripus dans cette scène même (v. 1073, 1090). *Voyez* TÉRENCE, *Eunuque,* acte II, sc. 3, v. 32, et *les Captifs*, v. 695.

Congnato meo (v. 1104). Démonès et Pleusidippe ne se connaissaient pas au commencement de la pièce (v. 21-38); comment Démonès sait-il à présent que Pleusidippe est de la même famille que lui? Trachalion aura pu le lui apprendre. Mais il devait y avoir ici quelques mots d'explication qui manquent, ou par l'inexactitude des copistes, ou par la faute de l'auteur.

Atque adorna, etc. (v. 1112). Voyez *Amphitryon*, v. 805-811.

Porci sacres (v. 1114). Voyez *les Ménechmes*, v. 204.

Gratum (v. 1127). *Voyez* le vers 48 du Prologue d'*Amphitryon*.

Licet (v. 1128). La péripétie est agréable et gaie, mais un peu hors de propos; *semper ad eventum.*

O Gripe, Gripe, etc. (v. 1141). Ici l'esprit de la fable se montre avec un nouvel éclat, et le caractère de Démonès reprend sa dignité. Que ne l'a-t-il toujours conservée! Mieux vaudrait assurément, pour l'honneur du poète, que le vieillard ne fût jamais descendu à des bouffonneries de bateleur ou à des extravagances de libertin pour divertir le peuple.

Noster (v. 1151). Voyez *Amphitryon*, v. 243.

Mihi quom lusi, etc. (1154). C'est une métaphore prise des joueurs désintéressés qui ne demandent qu'à prendre le plaisir du jeu, sans se soucier du gain. Le bonhomme veut dire qu'il était content du plaisir que lui avait procuré cette valise en lui faisant recouvrer sa fille, et qu'il ne demandait pas à faire d'autre profit. D.

M. Bothe est trop sévère pour la leçon vulgairement adoptée, absurde, selon lui; et il n'est pas heureux dans la correction *ego, nisi quom lusi*, etc.

Illic (v. 1165). Madame Dacier a totalement erré dans ce passage; elle croit que Démonès parle de lui-même à la troisième personne. Comment a-t-elle pu oublier que, dans ce cas, on met toujours *hic*, jamais *illic*?

Et ipsum (v. 1166). Dans ce discours comme dans le précédent (v. 1146), la morale de Démonès est plus prudente que magnanime. C'est la morale de l'utilité, de l'intérêt, la morale romaine.

Censionem (v. 1179). Tous les interprètes se sont éloignés de la pensée de Plaute, excepté M. de Saumaise, qui a fort bien vu que Plaute joue ici sur l'équivoque du mot *censeo*, qui signifie « j'en suis d'avis, » et qui est aussi un terme d'encan, et signifie « estimer une chose, la mettre à prix. » Pleusidippe donc, fatigué d'entendre toujours ce mot *j'estime*, dit à son valet: « Dis donc combien tu l'estimes? » et le valet continuant de dire: « Qui, moi?... j'estime, » Pleusidippe continue la même pensée, et dit: « Prends-la donc au prix que tu lui as mis. » Car, après que l'on est convenu du prix, il ne reste plus qu'à enlever la chose que l'on a marchandée. On pourrait encore suivre la pensée de M. Gronovius, qui explique ce passage d'une autre manière, en disant que *sumere* est faire une somme totale, et *censere* choisir le numéro que l'on doit retenir pour ce total, etc., etc. De tout ce qui a été dit sur ce passage, je ne trouve que ces deux explications que l'on puisse suivre. Mais la première me plaît davantage; c'est celle que j'ai suivie dans ma traduction. D.

M. Bothe préfère Gronovius.

Etiamne adveniens conplectar, etc. (v. 1183). Pleusidippe ressemble fort en ce moment à M. Diafoirus fils: « Baiserai-je, mon père? » Mais ce qui convenait parfaitement à M. Diafoirus, serait intolérable dans le rôle d'un amant aimé. Le trouble amoureux de Chéréa, qui va jusqu'au délire, est mieux contenu dans les bornes des convenances et du vraisemblable (TÉRENCE, *Eunuque*, acte II, sc. 4; acte III, sc. 5).

Delectum dimisit (v. 1185). Pleusidippe joue ici sur une autre équivoque du mot *censco*, qui est le terme des censeurs lorsqu'ils recevaient les chevaliers, ou qu'ils les faisaient passer en revue. Trachalion ayant toujours continué de dire *censeo*, s'avise enfin de dire *non censeo*, « je ne suis pas d'avis, » et Pleusidippe prend ce mot au pied de la lettre, comme si Trachalion disait qu'il ne fait plus la fonction de censeur, qu'il a achevé. « Je suis perdu, dit-il, il a achevé de faire sa fonction, je suis venu trop tard, il ne reçoit plus personne. » D.

Recuperatores (v. 1188). Voyez *les Bacchis*, v. 235, et les *Antiquités romaines* d'Adam, au mot *Recuperatores*.

Lenones ex gaudio, etc. (v. 1190). Ce passage est un peu difficile. Il dit qu'il croit que les marchands d'esclaves sont nés de la joie, que la joie est leur mère, parce qu'elle se montre partout lorsqu'il leur arrive quelque malheur. Cette plaisanterie est fondée sur ce que les bonnes mères suivent partout leurs enfans lorsqu'ils ont du mal. Je n'ai pas trouvé que cela fût agréable en notre langue. D.

Longis literis (v. 1200). Pour la publication des avis ou des demandes, on employait les crieurs, *præcones* (*le Marchand*, v. 657), ou les affiches. M. Letronne a fait un mémoire intéressant sur un papyrus contenant offre de récompense à qui ramènera des esclaves fugitifs.

Verum (v. 1208). Les anciens disaient *verum* pour *veru*, comme *genum* pour *genu*, *cornum* pour *cornu*, etc. Gripus joue ici sur la ressemblance des deux mots *verum*, qui signifie une broche, et *ver*, qui signifie printemps. D.

Inraso capite (v. 1209). Madame Dacier, ainsi que plusieurs autres interprètes, pensent que *inraso*, dans cette phrase, est synonyme de *raso*; et, pour le prouver, ils rappellent l'usage établi chez les anciens de se faire couper les cheveux en signe de délivrance après un naufrage, ou même comme augure favorable pendant la tempête. Mais on a dit, au commencement de la pièce (v. 43, 234), que Labrax avait une chevelure blanche et frisée. Cette annonce n'était pas faite sans intention par le poète, il voulait que les spectateurs reconnussent le personnage à sa figure ; dans le cours de l'action, Labrax n'avait guère eu le temps d'aller à la ville chercher un barbier. Il est plus vraisemblable de prendre ici la préfixe *in* pour une privative, comme dans *intonsus*.

Medicus... mendicus (v. 1210, 1211). Cela est plus heureux dans le latin que dans la traduction, dit madame Dacier, parce que *medicus* et *mendicus* se ressemblent plus que *médecin* et *mendiant*, quoique cela fasse le même nombre de lettres. Ces jeux de mots, où le sens est totalement changé par une addition ou par une substitution de lettres, étaient du goût de Plaute (*Trinumus*, v. 302).

Madame Pernelle dit plus naturellement :

.....Vous êtes un sot, en trois lettres, mon fils.

De graves écrivains, dans des écrits sérieux, n'ont pas dédaigné ces facéties, qui ne se présentaient pas toujours heureusement à leur esprit. Rousseau aurait bien pu se dispenser de dire, dans *Émile* (liv. IV): « Le repas serait le repos. ».... « Il ne nous vendrait pas du poison pour du poisson. »

Talentum argenti conmodum (v. 1224). *Talentum conmodum* est un talent entier, où il ne manque rien, qui est de poids. D.

Sinus, epichysis, etc. (v. 1225). Varron se plaint que, de son temps, les formes grecques l'avaient emporté sur les vases autrefois en usage, tels que le *sinus*. C'était probablement un grand pot ou une espèce de flacon. *Epichysis*, ainsi que l'indique son nom, servait à transvaser le vin ou à le verser dans les coupes. *Cantharus* et *gaulus* étaient aussi des vases à boire qui avaient pris leur nom de l'objet auquel ils étaient assimilés par la forme: κάνθαρος, un scarabée (apparemment les deux anses figuraient les ailes); γαῦλος, une barque ronde.

Tramas, etc. (v. 1230). Du fil pourri et qui n'est d'aucun usage. *Trama*, la trame, le fil qui passe entre ce que les tisserands appellent *stamen* et *subtemen*. — *Curculiunculos* est un diminutif de *curculio*, « un petit ver qui ronge le blé. » D.

Os calet (v. 1232). *Voyez* la note sur le vers 759 du *Carthaginois*.

Adroget (v. 1238). *Promissor* est celui qui promet, *adpromissor* est la caution, celui qui s'engage pour un autre. Tout de même *rogator* est celui qui demande, et *adrogator* celui qui demandé conjointement avec lui. Gripus dit donc qu'il veut que Vénus soit témoin des conditions qu'il va dicter au marchand, qu'elle stipule pour lui avec le marchand, etc. D.

Tene aram (v. 1242). Soit qu'on adressât des prières aux dieux, soit qu'on les prît à témoin d'un engagement, il fallait qu'on touchât l'autel en prononçant les paroles, pour que l'invocation ou la promesse ne fût pas vaine.

Si quidem, hercle, Jovis fuit, etc. (v. 1267). Il veut dire qu'elle est si bien à lui, que, quand elle serait tombée entre les mains de Jupiter, il n'aurait pas laissé d'en être le véritable propriétaire. D.

Quœ hœc factio 'st (v. 1277)? J'entends ces mots autrement que madame Dacier et que les commentateurs; ma raison est dans le vers 794 des *Bacchis*, et dans le 397ᵉ d'*Amphitryon*.

Tun' meo pontifex, etc. (v. 1283). Madame Dacier pense qu'il y a quelque difficulté dans ce passage; peut-être parce que Gronovius y avait voulu trouver trop de finesse. Il voyait là une allusion à la somme d'argent que les deux parties mettaient en dépôt chez le pontife, pour que cet argent, appelé *sacramentum*, fût pris à titre d'amende à celui qui perdait son procès. Dans ce sens Labrax voudrait dire : « Es-tu pontife, pour connaître de mes sermens, et t'adjuger l'amende du parjure? » Madame Dacier pense avec raison qu'il faut expliquer simplement le passage, en ce sens que le collège des pontifes était un tribunal où se portaient les cas religieux, et qu'on pouvait leur déférer un faussaire comme parjure, indépendamment de l'action civile. C'est ainsi que, chez les modernes, la juridiction canonique s'est perpétuellement mêlée aux affaires temporelles.

Judicem, Ni dolo malo, etc. (v. 1286, 1287). Ici comme plus haut (v. 623, 624); et selon l'usage que nous avons eu lieu d'expliquer déjà dans la note du vers 475 des *Ménechmes*, la question judiciaire est posée sous la forme d'une gageure.

Quinque et viginti.... annos (v. 1288). Voyez *Pseudolus*, v. 290.

Alio 'st opus (v. 1288). Labrax demandait un homme avec qui il pût gager; Gripus lui présente son maître Démonès. Mais Labrax ne le veut pas accepter, il dit qu'il en faut un autre, et voici la finesse de sa réponse; il ne cherche qu'à échapper, et, pour cet effet, il demande que Gripus lui fournisse un autre homme, parce qu'il sait bien que personne ne voudra s'engager pour un esclave qui a son maître, au profit duquel la gageure ne manquerait pas d'aller. D.

Fateor (v. 1290). Ces menteurs sont plutôt des fanfarons de menterie que des fourbes endurcis. Car ils se trahissent toujours par des aveux, lorsqu'il leur importe le plus de nier la vérité, mais lorsque le dénoûment ou un effet comique l'exige. Et cependant ils ne cessent de se vanter d'être imperturbables au tribunal du préteur et à l'autel même de Jupiter.

Mille numos (v. 1312). Il paraît par les vers suivans que ces *mille numi* étaient la moitié d'un talent. Nouvelle preuve que les *numi* sont des didrachmes. Il s'agirait alors du talent euboïque, lequel valait un tiers de moins que le grand talent proprement dit, ou talent attique. Festus dit que le talent euboïque se composait de quatre mille deniers romains, et l'on sait que le denier était l'équivalent de la drachme.

Pollucti (v. 1325). *Polluctum* était, dans certains sacrifices publics à Hercule, à Jupiter *Dapalis*, etc., la part qu'on livrait au peuple, celle des dieux ayant été prélevée. *Voyez* la note du v. 340.

Comisatum omneis, etc. (v. 1328). A présent l'action théâtrale est terminée, *transacta fabula*; l'acteur a dépouillé son personnage et presque déposé son masque : ce n'est plus Démonès, c'est l'histrion qui adresse au public cette facétieuse requête. Nous ne voyons plus une de ces incartades bouffonnes qui produisaient des disparates non moins choquantes qu'inattendues, pour nous du moins, dans le beau rôle du vieillard. Il faut croire que les Romains ne s'en trouvaient point affectés de même que nous ; Plaute assurément n'était pas homme à braver les sifflets.

Mais il y a ici plus qu'une matière à la critique d'art et de goût, il y a une grave étude d'histoire, à ne considérer que la partie sérieuse du rôle, sans avoir égard aux anomalies ridicules, ni à la différence de l'impression qu'elles faisaient sur les Romains et de celle qu'elles pourraient faire sur un public français.

La moralité de la fable se personnifie en Démonès : voyons quel en est l'esprit. De cette haute portée qu'elle semblait vouloir prendre au commencement, lorsqu'elle élevait la pensée vers les cieux, séjour de la justice éternelle qui voit tout, où retombe-t-elle? quelle est sa fin? L'intérêt. « Je me sais gré d'avoir protégé deux infortunées, j'ai acquis deux clientes. — Ne gardons pas le bien d'autrui, la restitution nous portera profit. » Ailleurs encore un sentiment pareil appliqué à d'autres objets se retrouve clairement expliqué dans les discours d'un jeune sage (Lysitélès du *Trinumus*). Le profit est la sanction du devoir, la richesse un honneur. Avec de tels principes de morale publique, une nation peut devenir puissante par la force et par l'habileté ; mais sa puissance doit tomber promptement par la corruption.

FIN DU TOME HUITIÈME.

www.ingramcontent.com/pod-product-compliance
Lightning Source LLC
Chambersburg PA
CBHW071607230426
43669CB00012B/1859